JN093118

読み解き古代史料

石上英一
田島公
加藤友康
山口英男

山川出版社

はじめに

古代日本には、文書・記録・史書・法制史料・文芸作品(物語・漢詩文・和歌など)・仏典、木簡や墨書・刻書の施された土器・陶磁器、文字の記された布帛や器物、銘文の施された仏像や宗教遺物など、多種多様な文字資料が残されています。

言語体系は、口頭言語(音声言語)と書記言語(文字言語)により構成されています。古代日本においては、中国から直接に伝来した書記言語体系(漢文)、および朝鮮三国(百済・新羅・高句麗)から、あるいは朝鮮三国からの渡来民を介して伝来した中国の書記言語体系(漢文)が、書記言語体系の形成の一つの核となっています。古代においては、伝来した正格の漢文(文字、語彙、文法)をもとに、漢文の文法をもとにしつつも国字(倭字)や日本的用字法・日本的音韻を含む漢字と日本的用語法とから構成される変体漢文(和化漢文)、さらには倭語の文法にもとづき漢字・万葉仮名・片仮名・平仮名と漢語・和語の語彙からなる和文の、三つの書記言語体系が展開されました。また、天皇の宣命の文は、漢文による書式と漢字とを用いて和語を書記して提示されました。漢字のみで書かれた文章を和語で解読、訓読するために、八世紀末以降に返り点、さらに訓点が漢文の解読、訓読に使用されるようになりました。一方、万葉集に収録された和歌のごとく、漢字による和音表示により和文を書記する方法が展開し、片仮名・平仮名の形成により、醍醐天皇中宮藤原穏子(八八五年生、九五四年崩御)の日記「太后御記」のごとく、和文による叙述が確立します。また、漢文で記される男性の日記にも変体漢文の語句が使用される事例が見られるようになります。本書は、このような日本における書記言語体系の展開・変成過程である八世紀から十二世紀の時期の諸史料を、古代史料を学ぶ機会として提示することとします。

なお、奈良・平安期の文書・記録の解読には、訓点語の知識も必要です。訓点語については、築島裕編著『訓點語彙集成　總論・載錄文獻一覽』(汲古書院、二〇〇九年)、吉田金彦・築島裕・石塚晴通・月本雅幸編『訓点語辞典』(東京堂出版、二〇〇一年)をご覧ください。

本書を執筆した加藤友康、山口英男、田島公と石上は、『大日本史料』の編纂に携わってきました。また、それぞれ正倉院文書目録編纂や禁裏・公家文庫調査などにも携わってきました。本書は、各々の経験をもとに、「Ⅰ 文書の作成と機能」「Ⅱ 制度と政務」「Ⅲ 儀式書と故実」「Ⅳ 記録と貴族社会」の四章により、八世紀から十二世紀の諸分野の史料をもって史料解読の実例を提示するものです。本書掲載諸史料の事例を参考にして、さまざまな分野の古代史料の解読や利用を、読者諸氏が進められることを期待します。

二〇二四年七月

石上　英一

目次

凡例

入門書としての性格を考え、以下のような基準によっている。

・釈文

一、原則として常用漢字を用い、常用漢字以外のものは正字とした。ただし字体が著しく異なると判断されるものについては、旧字・異体字・俗字などを用い、学習の便を図った。

一、傍注は、〔 〕で校訂注を、( )で説明注を示した。

一、原文中の朱書きは『 』で示した。割書の中の割書は〈 〉で囲み、／で改行位置を示した。

一、敬意を表す闕字は、一字空白とした。

一、重ね書きの部分で、下に書かれた文字が判読できる場合は、傍注〔 〕内に消された文字を記し、その冒頭に×を付した。

・読み下し

一、歴史的仮名遣いを基本とし、読解の便宜のため、なるべく平仮名で表記した。
　ふりがなは現代仮名遣いを主としたが、学習のため、歴史的仮名遣いを用いた箇所もある。

一、原文中の割書部分は、〈 〉を付して示した。

・現代語訳

一、文意を明確にするために、適宜語句を補ったり言いかえたりした箇所がある。

一、原文中の割書部分は、〈 〉を付して示した。

・写真下に記した史料名は、巻数などの表記に算用数字を用いた。

〔付記〕史料・書誌情報は、各分野および各章執筆者の慣用の表記に従った。

I 文書の作成と機能

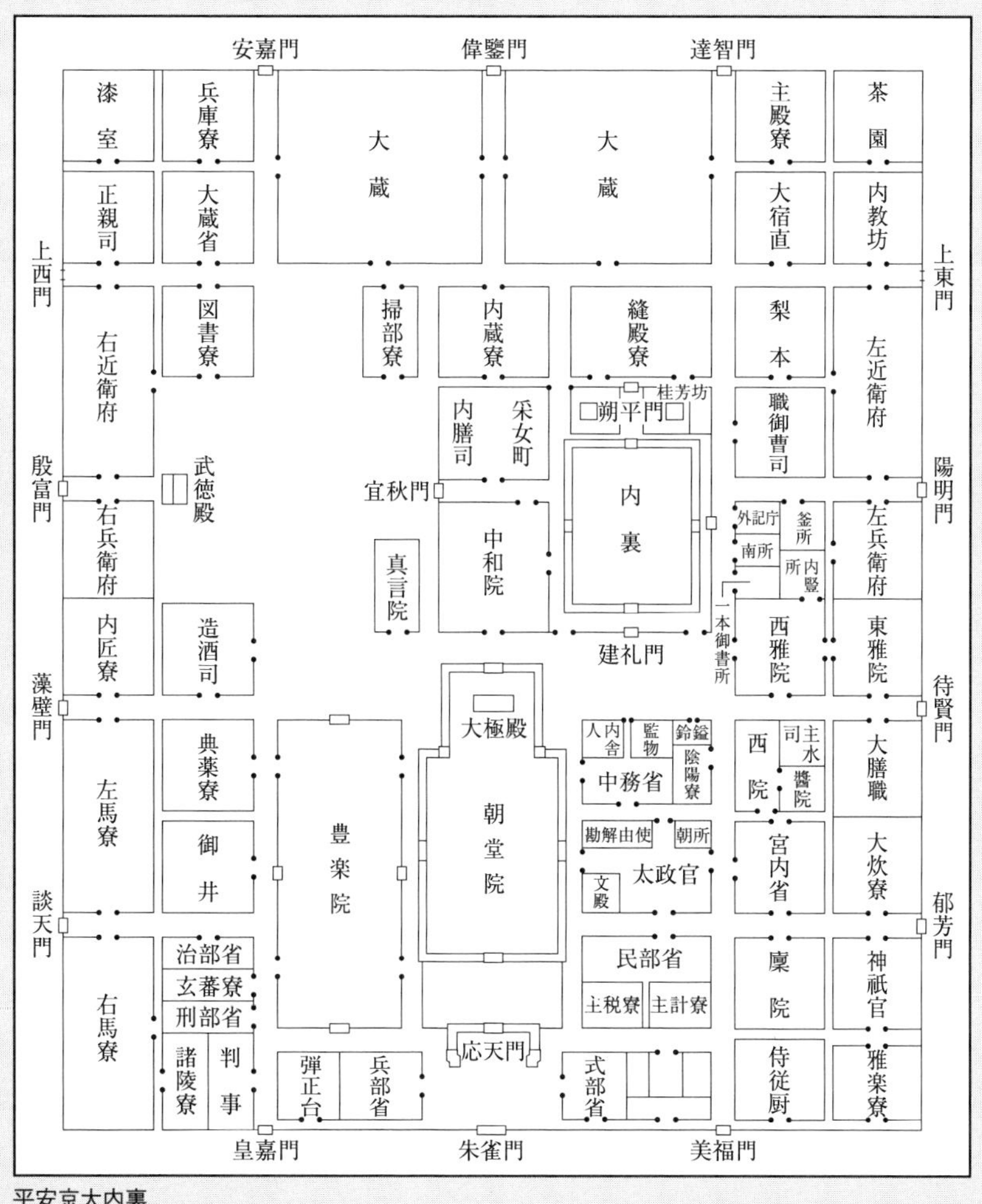

平安京大内裏

『続日本紀』天平15年10月15日条（名古屋市蓬左文庫所蔵）

1 史書

歴史事象の時間を確定できるのは、発信日時の明らかな公私の文書と、客観性・同時性を確認できる日記である。しかしながら、八世紀の史料は、編纂された史書や法令集が歴史事象確認の基礎史料となる。文書として発信された法令については、史書への採録の際に改変されている可能性、法令発信日と史書への採録にあたり比定された日が異なる可能性などに注意しなければならない。また、写本として伝えられてきた史書を用いる際には、本文校訂も必要である。

釈文

冬[1]十月辛巳、詔[2]曰、朕以薄徳、恭承大位、
志存兼[3]済、勤撫人物、雖①率士[4]〔土〕之賓〔濱〕、已霑
仁恕②、而普天之下、未洽法思〔恩〕、誠欲頼三寶
之威霊、乹坤相泰、脩萬代之福業、動植
咸榮、奥〔粤〕、以天平十五年歳次癸未十月
十五日、發菩[5]薩大願、奉造盧舎[6]那佛金銅
像一軀、盡国銅而鎔象、削大山以構堂、廣
及法界、為朕[7]智識、遂使同蒙利益、共致
菩提、夫、有天下之冨者朕也、有天下之
勢者朕也、以此冨勢、造此尊像、事也③易（之『イ』）
成、心也④（之『イ』）難至、但恐、徒有榮⑤（『止』勞）人、無⑥能感⑦聖、
或生誹謗、反隨〔堕〕罪辜⑧、是故、預智識者、懇
發至誠、各招介福、宜⑨（『止』『止』）日（毎毎日）毎三拜盧舎那
佛、自當存念、各造盧舎那佛也、如更有
人、情願持一枝草一把土土⑩（『止』）助造像者、恣

[注] ①雖、左傍下部「虫」を「不」に作る。②恕、「怒」の「又」に「口」を重ね書きして恕に改む。③④也の左傍「之『イ』」。⑤榮、『止』(止の草書体「ヒ」)で抹消し「勞」傍書。⑥無、下部の連火を「火」に作る俗字。⑦感、「咸」に「心」加筆。⑧辜、下部の「辛」を「羊」に作る。⑨宜日毎、「宜」の左傍に「毎」と記し白抹して「宜」を生きに戻し、「日」を『止』、「毎」を『止』で抹消し左傍に「毎日」(「毎」、「日」に加筆し「毎」と改む)と書す。本文「日」の右傍に附箋貼痕。⑩土、『止』で抹消。「土」右傍に附箋貼痕。⑪斂、旁を「殳」に作る。⑫焉、『止』で抹消し左傍に「矣」と書す。**[注附記]** 校異注朱書は

聴之、國郡等司、莫㠯此事、侵擾百姓、強令収斂⑪、布告遐迩、知朕意焉⑫『止』矣

『 』を付す。注③④⑨⑩⑫、角倉素庵による校注。

読み下し

冬十月辛巳、詔して曰はく、「朕、薄徳を以て、恭しく大位を承け、志、兼済に存して、勤めて人物を撫づ、率土之浜、已に仁恕に霑ふと雖も、而して普天之下、法恩洽くあらず(未)、誠に三宝之威霊に頼りて、乾坤相ひ泰かにし、万代之福業を脩めて、動植咸く栄えむとす(欲)、粤に、天平十五年歳癸未に次る十月十五日を以て、菩薩の大願を発して、盧舎那仏の金銅像一軀を造り奉る、国の銅を尽して(而)象を鎔、大山を削りて以て堂を構へ、広く法界に及ぼして、朕が智識とす(為)、遂に同じく利益を蒙りて、共に菩提を致さ使めむ、夫れ、天下之富を有つは(者)朕也、天下之勢を有つは(者)朕也、此の富と勢とを以て、此の尊き像を造らむ、事成り易く、心至り難し、但恐るらくは、徒に人を労すこと有りて、能く聖に感くること無く、或は誹謗を生して、反りて罪辜に堕さむことを、是の故に、智識に預かる者は、懇に至れる誠を発し、各介なる福を招きて、日毎に三たび盧舎那仏を拝む宜し、自ら念を存して、各盧舎那仏を造る当し、如し更に人有りて、一枝の草、一把の土を持ちて像を助け造らむと情に願はば(者)、恣に聴せ、国郡等の司、此の事に因りて、百姓を侵し擾し、強ひて収め斂め令むること莫れ、遐邇に布れ告げて、朕が意を知らしめよ」とのたまふ、

語句説明

1冬十月辛巳　天平十五年(七四三)十月十五日。解説(3)参照。**2詔曰**　「曰はく」で引用を始め、引用文の末に「とのたまふ」と補読し引用の終止を明示する(『訓点語辞典』東京堂出版、二〇〇一年、二四一〜二四二頁。**3兼済**　あらゆるものを救う。**4率士(土)之賓(浜)・普天之下**　地の続く限り、普く覆う天の下。「詩経」小雅・北山之什「溥天之下、莫レ非二王土一、率土之浜、莫レ非二王臣一」**5菩薩(薩)大願**　仏が衆生を救おうとする誓願。**6盧舎那佛(仏)**　華厳経などの教主ヴァイローチャナ。万物を照らす仏。サンスクリット語の輝くものの子を意味するヴァイローチャナは、仏陀の智恵の広大無辺なさまを表す。ヴァイローチャナは、六十巻本の大方広仏華厳経(華厳経。東晋天竺三蔵仏駄跋陀羅訳)では盧舎那仏、八十巻本の大方広仏華厳経(唐于闐国三蔵沙門実叉難陀訳)では毘盧遮那仏と表記される。大仏造立の時期には旧訳の六十巻本と新訳の八十巻本の両経が併用された。天平十五年十月十五日盧舎那仏造立詔では、六十巻本の表記を用いている。**7智識**　善知識。仏法を開示顕現して人を仏道に導く指導者・友のこと(「大方広仏華厳経」(六十巻本)巻第四十七・入法界品巻第三十四之四。『大正新脩大蔵経』九・華厳部一・二七八、六九七頁下段)。

現代語訳

(天平十五年)冬十月辛巳(十五日)、天皇が詔して曰われますには、「朕は、不徳ながらも、恭しく天皇の位を承け、人々を普く済うことを志し、人と物を慈しむことに勤めている。この国は、地の果てまで、すでに仏の情け深い思いやりを受けてはいるが、なお天下に洽く仏恩が行き渡ってはいない。三宝の威霊を頼り、世が泰かになり、万世に伝わるよい行ないを修めて、動物と植物が咸く栄えることを願っている。ここに天平十五年、太歳(木星)が癸未に次る年の十月十五日、衆生を苦海から救い彼岸に導かんとする菩薩の誓願を発して、盧舎那仏の金銅像一軀を造り奉ることとする。国の銅を尽して像を鋳造し、大山を削って堂を構築する企てを、広く世に及ぼして、人々を朕の智識となし、ついに皆が同じく利益を蒙り、ともに菩提の境地に到るようにしたい。天下の富を有つのは朕であり、天下の勢いを有つのも朕である。この富と勢いとをもって、この尊像を造る。大仏を形としてつくることは易いが、大仏を信仰する心を生み出すことは難しい。

ただし恐れるのは、人々を徒らに労れさせるだけで、仏を心に深く感じさせることができず、あるいは誹謗を生み、かえって罪辜に堕ちる者を産み出してしまうことである。このゆえに、智識として大仏造立に預かる者が、心をこめて誠実に、おのおの大きな幸せを招くように、毎日三度、盧舎那仏を拝み、念をこめて盧舎那仏造営にあたらねばならない。もしさらに、一枝の草、一把みの土を持って像の造営に参加したいと情から願う者があるならば、願い通りに聴せ。国司・郡司は、この事により、百姓を侵したり擾したりして、無理やりに税や役などを取り立ててはならない。このことを国内の全地域に布告して、朕の意が知られるようにせよ」と曰われました。

▼解説

⑴**続日本紀**　『続日本紀』の古写本には、徳川家康の遺品で徳川義直に譲られた本(駿河御譲本)として尾張徳川家に伝えられてきた名古屋市蓬左文庫所蔵本(影印本、『続日本紀　蓬左文庫本』一〜五)がある。このうち、巻十一〜巻四十は、北条実時(一二二四〜七六年)が創建した金沢文庫に伝来した鎌倉時代後期の写本で、『続日本紀』の最古写本であり、徳川義直のもとで角倉素庵による校訂が加筆されている(巻一〜巻十は慶長十九年〈一六一四〉に家康のもとで書写された卜部本系の内閣文庫所蔵本〈特084—0002〉により補写)。『続日本紀』には別に、卜部家累代相伝本(卜部本。今、佚)を永正十二年(一五一五)に三条西実隆・公条父子が転写した永正本(今、佚)の系統より出た吉田兼右書写本(天理図書館)・谷森善臣旧蔵本(宮内庁書陵部)・東山御文庫本(京都御所東山御文庫)・高松宮本(国立歴史民俗博物館)などがある。活字本には、『新訂増補国史大系』(底本は谷森本。吉川弘文館)と、蓬左文庫本を底本とし、訓読・注解を付した『新日本古典文学大系』12〜16(岩波書店、一九八九〜九八年)がある。

天平十五年十月十五日詔の訓読・語注は、『新日本古典文学大系』13・続日本紀二、参照。

⑵**詔書**　『続日本紀』などの史書、『類聚三代格』などの法令集に詔が採録されているが、それらは諸写本により文字の異同があり、また法令としての詔の書式を略している。詔などの法令の書式を定めるのは公式令であり、養老令(天平宝字元年〈七五七〉施行)の公定注釈書『令義解』(天長十年〈八三三〉十二月十五日撰上、承和元年〈八三四〉十二月十八日施行)巻六・公式令(令の第二十二篇)の第一条詔書式には、次の如く記される(内閣文庫所蔵紅葉山文庫本。義解を除いて令本文を掲出。『二色刷影印 紅葉山文庫本 令義解』、東京堂出版、一九九九年。『新訂増補国史大系』第二十二巻、律・令義解。『日本思想大系』3律令、岩波書店、一九七七年。読点は『日本思想大系』による)。

詔書式
明神御宇日本天皇詔旨云云、咸聞、
明神御大八州天皇詔旨云云、咸聞、
天皇詔旨云云、咸聞、
詔旨云云、咸聞、
　　年月御畫日、
　　中務卿位臣姓名宣
　　中務大輔位臣姓名奉
　　中務少輔位臣姓名行
太政大臣位臣姓
左大臣位臣姓
右大臣位臣姓
大納言位臣姓名等言、詔書如右、請奉　詔、付外施行、謹言、

年月日

可、御畫、

右御畫日者、留中務省為案、別冩一通印暑〔署〕、送太政官、大納言覆奏、畫可訖、留為案、更冩一通誥、訖施行、中務卿若不在、即於大輔姓名下注宣、少輔姓名下注奉行、大輔又不在、於少輔姓名下、併注宣奉行、若少輔不在、餘官見在者、並準此、

また、「更冩一通誥、訖施行」の義解には、「謂、凡施行詔書者、於在京諸司、直冩詔書、副官符行下、若其外國者、更謄官符施行」と記される。すなわち、詔は次の如き過程で発令される(『日本思想大系』3律令の公式令補注「1e 詔書の起草・発布・施行」、六四〇頁。石上英一『日本古代史料学』、東京大学出版会、一九九七年、八四〜八八頁)。

1〔詔書草の作成〕 詔を発令すべき案件が生じると、内記(ないき)が詔書草を起草し、天皇が詔書草を覧(み)る。

2〔詔の作成〕 中務省(なかつかさ)で内記が詔書草をもとに詔を清書し、天皇が詔を覧て文末の「其年其月 日」に「十」の如く日を画(か)き入れる(詔A)。

【詔A】

詔旨云々咸聞

年月「御畫」日

3〔詔の太政官への送付〕 中務省に御画日(ごかくじつ)のある詔(詔A)を留めて案とし、別に詔一通を写して中務卿・大輔(たいふ)・少輔(しょう)が位署を加え、内印(ないいん)(天皇御璽(ぎょじ))を捺(お)し、太政官に送る(詔B1)。

【詔B1】

詔旨云々咸聞

年月日

中務卿位臣姓名宣

中務大輔位臣姓名奉

中務少輔位臣姓名行

4〔詔の太政官から天皇への覆奏〕 太政官で、外記が詔の奥に大臣・大納言の位姓と「詔書如右、請奉詔、付外施行、謹言／其年其月其日」を書き加え、大臣・大納言が名を書き加え、大納言が天皇に覆奏する(詔B2)。

【詔B2】

詔旨云々咸聞

年月御畫日

中務卿位臣姓名宣

中務大輔位臣姓名奉

中務少輔位臣姓名行

太政大臣位臣姓「名」

左大臣位臣姓「名」

右大臣位臣姓「名」

大納言位臣姓名等言、詔書如右、請奉 詔、付外施行、謹言、

年月日

5〔天皇による詔の裁可〕天皇が詔を覧て奥に「可」を画き入れる(詔B3)。

【詔B3】

詔旨云々咸聞

年月御畫日

中務卿位臣姓名宣

中務大輔位臣姓名奉

中務少輔位臣姓名行

太政大臣位臣姓「名」

左大臣位臣姓「名」

右大臣位臣姓「名」
大納言位臣姓名等言、詔書如右、請奉 詔、付外施行、謹言、
年月日
「可」(天皇御画)

6 〔太政官による詔の施行〕 太政官は「可」の加えられた詔(詔B3を案として留め、さらに詔一通を写して施行する(詔C)。

7 官人には、詔使が詔(詔C)を誥す。八省には、大納言以上が、詔の写し(詔D1)を付して施行させる。在京諸司には、弁官が詔の写し(詔D2)を頒下する旨の太政官符を作成し施行を命じる。在外諸司には、弁官が詔の本文(詔E)を書き込んだ太政官符(謄詔官符)を作成し施行を命じる。

史書採録の詔は、御画可のある詔(詔B)、施行のための詔(詔C)、八省に送られた詔(詔D1)、在京諸司に頒下された詔(詔D2)のいずれかであり、かつ採録にあたり、年月日や大臣・大納言の署判と施行文言が省略される。天平十五年大仏造立詔も、文末の御画日以下が省略されている。『朝野群載』巻十二所収、昌泰元年(八九八)十一月廿一日詔(『政事要略』巻二十五、詔本文のみ掲載)は、施行詔B3に相当する書式(御画可まで引用)を備えている(『大日本史料』第一編之二、昌泰元年十一月一日条参照)。

(3)**大仏造立** 聖武天皇は、天平十二年(七四〇)八月二十九日付の大宰少弐藤原広嗣(宇合の子、不比等の孫)の上表文が九月三日に朝廷に届くと、ただちに広嗣の謀反と断じて征討軍を派遣した。聖武天皇は、広嗣の乱の鎮定を進めると同時に、十月十九日に造伊勢国行宮司を任じ、十月二十九日、広嗣降伏の報をえる前に関東行幸に出発し、伊賀国・伊勢国を経て十二月四日に美濃国府に至り(広嗣が処刑され反乱が鎮圧された報は十一月五日に到着)、十二月六日に近江国に入り、十五日には恭仁宮に入った。聖武天皇は、天平十三年(七四一)正月一日に恭仁宮で朝賀を受け、二月十四日に国分寺・国分尼寺建立の詔(あるいは勅)を発し(参考史料参照)、天平十四年(七四二)二月五日、恭仁京の東北道を開き近江国甲賀郡に通わせ、八月二十七日に紫香楽宮(甲賀市信楽町の宮町地区に造営)に行幸し九月四日に恭仁京に帰還した。さらに、同年十二月二十九日に紫香楽宮に行幸し翌十五年正月二日に恭仁宮に帰還した。また天平十五年四月三日より同月十六日、七月二十六日より十一月二日まで紫香楽宮に滞在し、十月十五日に盧舎那仏造立詔を発布した。大仏は、紫香楽での造立が試みられるが果たせず、平城京の東の春日山の西麓の現在の東大寺大仏殿の地に造立され天平勝宝四年(七五二)四月九日に開眼供養が行なわれた。

天平十五年十月十五日詔は、次の四段に分かれる(『続日本紀』。『東大寺要録』巻一・本願章第一・天平十五年冬十月辛巳詔。『朝野群載』巻十六・東大寺大仏殿仏前板文所引天平十五年十月十五日勅参照)。

〔第一段〕朕以薄徳、恭承大位、志存兼済、勤撫人物、雖率土之浜、已霑仁恕、而普天之下、未洽法恩、誠欲頼三宝之威霊、乾坤相泰、修万代之福業、動植咸栄、
〔第二段〕粤、以天平十五年歳次癸未十月十五日、発菩薩大願、奉造盧舎那仏金銅像一躯、尽国銅而鎔象、削大山以構堂、広及法界、為朕知識、遂使同蒙利益、共致菩提、
〔第三段〕夫、有天下之富者朕也、有天下之勢者朕也、以此富勢、造此尊像、事也易成、心也難至、但恐、徒有労人、無能感聖、或生誹謗、反堕罪辜、是故、預知識者、懇発至誠、各招介福、宜毎日三拝盧舎那仏、自当存念、各造盧舎那仏也、如更有人、情願持一枝草一把土助造像者、恣聴之、
〔第四段〕国郡等司、莫因此事、侵擾百姓、強令収斂、布告遐邇、知朕意焉、

盧舎那仏造立詔は、第一段で、三宝の威霊により天地安泰となり、万代

の福業により生命が栄えることを祈る。三宝威霊と万代福業は、盧舎那仏造立を示す。第二段は、第一段で述べた目的の実現のために盧舎那仏を造立し、人々とその利益を同じくし、ともに悟りを得ることを提示する。盧舎那仏は、黄金の輝きにより盧舎那仏の光明遍照の形象を表すための金銅像で、国中の銅を尽くし、大山を削り殿舎を構えることが示されている。紫香楽の地に造立の始まった盧舎那仏は、造立地の将来の発掘調査の成果を待たねばその規模はわからないが、国銅を尽す決意が示されているからには、丈六仏の大きさではなく、巨大な像であったと考えられる。第三段は、知識結により造立を行なうことを述べる。即ち、みずからは天下の富と権勢をもつ故に造立は可能であるが、それだけでは形をつくることはできても盧舎那仏造立の真の意義を成就することはできず、人々を労らすのみで盧舎那仏に感ずることなく、誹謗を生み罪に堕ちるばかりである、そこで智識(知識)により造立する、と述べる。智識は、仏教に帰依し僧尼に従い仏事に結縁、奉仕し功徳にあずかる在家の信者、その集団を表している。聖武天皇は、盧舎那仏造立を天皇一人の富と力によるのではなく、造立の知識を結い、天皇みずからもその一員となり、一木一草を持ち寄っての、国を挙げての事業とすることを企てた。第四段は、国郡司は知識による造立の趣旨に従うべきことを述べる。

参考史料

❶『類聚三代格』巻三　天平十三年二月十四日勅（『新訂増補国史大系』第二十五巻、東寺観智院本）

勅、朕以薄徳、忝承重任、未弘政化、寤寐多慚、古之明主、皆能光業、國泰人樂、災除福至、何修何務、能致(臻イ)此道、頃者、年穀不豊、疫癘頻至、慙懼交集、唯勞罪己、是以、廣為蒼生、遍求量〔景〕福、故前年、馳驛增飾天下神宮、去歲、普令天下造釋迦牟尼佛尊金像高一丈六尺者、各一鋪、并寫大般若經各一部、自今春已來、至于秋稼、風雨順序、五穀豊穰(稼イ)、此乃、徵誠啓願、靈貺如答、載惶載懼、無以安(自イ)寧、案經云、若有國土講宣〔宣〕讀誦、恭敬供養、流通此經王者、我等四王、常來擁護、一切災障、皆使消殄、憂愁疾疫、亦令除着〔差〕、所願遂心、恒生歡喜者、宜令天下諸國、各令〔衍〕敬造七重塔一區、并寫金光明最勝王經、妙法蓮華經各十〔一カ〕部、朕、又別擬寫金字金光明最勝王經、每塔各令置一部、所冀、聖法之盛、与天地而永流、擁護之恩、被幽明而恒滿、其造塔之寺、兼為國華、必擇好處、實可長久、近人則不欲薫臭所及、遠人則不欲勞衆歸集、國司等、各宜務存嚴飾、兼潔(盡イ)清、近感諸天、庶幾臨護、布告遐迩、令知朕意、又有諸願等、條例如右〔左〕、

一　每國僧寺・尼寺、各水田一十町、

一　每國造僧寺、必令有廿僧、其寺名為金光明四天王護國之寺、尼寺一十尼、其寺名為法華滅罪之寺、兩寺相去〔共〕、宜受教戒、若有闕者、卽須補滿、其僧尼、每月八日、必應轉讀最勝王經、(每イアリ)至月半、誦戒羯磨、

一　諸國置上件寺者、每月六齋日、公私不得漁獵煞生、國司等恒(宜イアリ)加檢校、

一　願、天神地祇、共相和順、恒將福慶、永護國家、

一　願、開闢已降、先帝尊靈、長幸珠林、同遊寶刹、

一　願、太上天皇(元正)、大夫人藤原氏(宮子)、及皇后藤原氏(光明子)、皇太子(阿倍内親王)已下親王、及正二位右大臣橘宿祢諸兄等、同資此福、倶向彼岸、

一　願、藤原氏先後太政大臣(鎌足・不比等)、及皇后先妣從一位橘氏大夫(三千代)(人之イ)靈識、恒奉先帝、而陪遊淨土、長顧後代、而常衛聖朝、乃至、自古已來、至於今日、身為大臣、竭忠奉國者、及見在子孫、倶回此福、

各継前範、堅守君臣之禮、長紹父祖之名、廣治郡生〔群〕、通該庶品、同解憂□〔悩イ〕、共出塵範〔籠イ〕、

一願、若悪君邪臣、犯破此願者、彼人及子孫、必遇灾禍、世世長生無佛法處、

天平十三年二月十四日

❷**『続日本紀』巻十四　天平十三年三月乙巳(二十四日)条**(『続日本紀　蓬左文庫本』二。参考、『新日本古典文学大系』13・続日本紀二)

詔曰、朕以薄徳、恭承重任、未弘政化、寤寐多慙、古之明主、皆能光業、国泰人樂、灾除福至、脩何政化、能臻此道、頃者、年穀不豊、疫癘頻至、慙懼交集、唯勞罪己、是以、廣為蒼生、遍求景福、故前年、馳使増飾天下神宮、去歳、普令天下造釋迦牟尼佛尊像高一丈六尺者、各一鋪、并寫大般若経各一部、自今春已来、至于秋稼、風雨順序、五穀豊穣、此乃、徴誠啓願、霊貺如答、載憧〔惶〕載懼、無以自寧、案経云、若有国土講寅〔宣〕讀誦、恭敬供養、流通此経王者、我等四王、常来擁護、一切灾障、皆使消殄、憂愁疾疫、亦令除差、所願遂心、恒生歡喜者、宜令天下諸國、各令敬造七重塔一區、并寫金光明□冣勝王經、妙法蓮華經一部〔各十イ〕、朕、又別擬、寫金字金光明□冣勝王經、毎塔各令置一部、所冀、聖法之盛、与天地而永流、擁護之恩、被幽明而恒満、其造塔之寺、兼為國華、必擇好處、實可久長、近人則不欲薫臰所及、遠人則不欲勞衆歸集、國司等、各宜務存嚴飾、兼盡潔清、近感諸天、庶幾臨護、布告遐迩、令知朕意、又毎國僧寺、施封五千〔十〕戸、水田一十町、尼寺水田十町、僧寺必令有廿僧、其寺名、為金光明四天王護國之寺、尼寺一十尼、其名為法華滅罪之寺、兩寺相去、宜受教戒、若有闕者、即須補満、其僧尼、毎月八日、必應轉讀冣勝王經、毎至月半、誦戒羯磨〔摩〕、毎月六斎日、公私不得漁猟〔獵〕殺生、國司等宜恒加檢校、

〔注〕(1)角倉素庵による校異注、略す。(2)九・十行目「□」、「冖」と「敢」の合字。

＊　＊　＊

国分寺建立勅は、『類聚三代格』巻三、『政事要略』巻五十五に天平十三年二月十四日勅として収載され、『続日本紀』巻十四に天平十三年三月乙巳(二十四日)条に詔として収載される。発布日は、『続日本紀』延暦二年(七八三)四月甲戌(二十八日)条に「先是、去天平十三年二月、勅処分、毎國造僧寺(下略)」、『類聚三代格』巻三所収延暦二年四月廿八日太政官符に「去天平十四年五月廿八日下四畿内及七道諸國符偁、奉去天平十三年二月十四日　勅處分、毎國造僧寺(下略)」とあり二月十四日が正しく、法令形式も勅であり、『続日本紀』巻十四は発布日と形式を誤って収録している。また、『類聚三代格』『政事要略』は、勅に続いて「又有諸願等、條例如左」として条例三条と願文五条を掲げるが、『続日本紀』巻十四では条例を詔の文末に続け願文は掲載していない。『新日本古典文学大系』12・続日本紀一、補注「国分寺建立の詔」参照。史書の記事は、出典が法令であれば、法令そのものとの対比を行なわねばならない。法令集においても、法令収録の際に一部を省略したり字句を誤ったり、伝写過程で文字の異同が生じることもある。法令については、法令集や史書への採録のされ方、写本伝来過程における変形や誤記に注意しなければならない。

参考文献

石上英一「コスモロジー——東大寺大仏造立と世界の具現」(上原真ほか編)『列島の古代史』七、岩波書店、二〇〇六年)。吉岡眞之・石上英一「書誌」(『新日本古典文学大系』12・続日本紀一、一九八九年)。

(天平宝字２年８月１日)孝謙天皇宣命写（正倉院古文書・続修１②　正倉院宝物）

2　法令と史書

史書は、法令（宣命・詔・勅、太政官符・太政官奏、宣旨など）、叙位・除目の情報などを集めて編纂される。紹介するのは、法令が、官人により写し取られ、また史書にも掲載されている事例である。

釈文

[1]現神御宇天皇詔旨[2]良奈麻止(衍)宣勅乎、親王・諸王・諸臣・
百官人等、[3]衆聞食宣、高天原神積坐皇親神①
魯弁魯神美神魯美命吾孫将知食国天下止、事依奉乃任尓、
遠皇祖御世始弖天皇御世御世聞看来東食
国高御座乃業止奈止(母)随神所念行久止宣天皇勅、
衆聞食宣、加久聞看来天日嗣高御座乃
業波、天坐神・地坐祇乃相宇[4](豆)王奈比奉相扶奉事尓
依弖之此座平安御坐弖、天下者所知物尓在自止
奈母随神所[5]念行須、然皇止坐弖天下政乎聞
看事者、労岐重棄事尓在家利、年長久日□(多)久、
此座坐波、荷重力弱之弖不堪負擔②、加以、□(挂)畏
[6]朕婆々皇太后朝乎母(尓)③[7]人子之理尓不得定者(省)波、
④聖情母日夜不安、是以、此位避弖聞(間)乃人尓在
弖之如理婆々尓波仕奉倍自止所念行弖奈母日嗣止定
賜弊流[8]皇太子尓授賜久止宣天皇御命、衆聞
食宣、
[9]内召五位已上宣命

〔注〕①初め「皇親神魯弁魯神美」と書し、尋で割書右行「魯弁魯」の三字目の「魯」と同左行「神美」を墨抹し、「皇親神魯弁」「神魯美」を補い、「神魯美」と改める。②負擔　『続日本紀』蓬左文庫本、負荷につくる。③乎　『続日本紀』蓬左文庫本、「乎」に、谷森本など、「尓」につくる。④聖　『続日本紀』蓬左文庫本等、「朕」につくる。

読み下し

現神と御宇天皇が詔旨らまと宣りたまふ勅を、親王・諸王・諸臣・百官人等、衆聞食へと宣る、高天原に神積坐す皇親神魯弃・神魯美命の吾孫の知らさむ食国天下と、事依さし奉りの任に、遠皇祖の御世を始て天皇が御世御世と聞こし看し来る食国高御座の業となも神随ら念し行さくと宣る天皇が勅を、衆聞食へと宣る、かく聞こし看し来る天日嗣高御座の業は、天に坐す神・地に坐す祇の相うづなひ奉り相扶け奉る事に依りてし此の座には平けく安けく御坐まして、天下は知らしめす物に在しとなも神随ら念し行す、然れども皇と坐て天下の政を聞こし看す事は、労しき重しき事に在りけり、年長く日多く此の座に坐せば、荷重く力弱くして負ひ擔ち堪へず、加以、挂けまくも畏き朕がはは皇太后の朝にも、人の子の理に得定省ねば、聖情も日夜安からず、是を以て、此の位避りて間の人に在りてし理の如はははには仕へ奉るべしと念し行してなも日嗣と定め賜へる皇太子に授け賜はくと宣りたまふ天皇御命を、衆聞食へと宣る、

内に五位已上を召して宣命、

語句説明

1現神御宇天皇詔旨　『続日本紀』天平宝字二年(七五八)八月庚子朔(一日)条に、孝謙天皇宣命として掲げられている。公式令第一条詔書式条に、詔書式で最上の主語表記は「明神御宇日本天皇」と規定されている。和文の詔書を宣命とも称し、和文の詔書の文体を宣命体という。**2詔旨良麻止**「おほ」「み」、尊敬の接頭語。「こと」は言葉。「みこと」は天皇のお言葉。「らま」は体言について意味を強める接尾語。「おほみことらまと」は「天皇のお言葉として」。金子武雄『続日本紀宣命講』(高科書店、一九八九年復刊、一九四一年初版、四七〜四八頁)参照。**3衆聞食宣**「衆」は他の宣命で「諸」とも記し、詔を宣される対象の「親王諸王諸臣百官人」のこと。「聞き食へ」の「食へ」は「聞くこと」をさせて「いただく」謙譲語で、「聞かせて頂け」(承れ)。**4宇豆奈比**「うづなう」は、良しとする。「うづ」は珍・貴の意。「なひ」は名詞を承け動詞をつくる接尾語。**5所念行須**「所＋動詞」は、漢文式の敬語表記で、『延喜式』巻八・大殿祭祝詞に「所知食止」を「古語云、志呂志女須」(「所知食」は「知ろし食す」)。「知ろし」は「知らす」に同じ、「知らす」は「知る」の「知ら」(未然形)＋「す」(尊敬の助動詞)で、「お治めになる」。「行」はその前の語が敬語であることを示すので「めす」と読む(金子、四三〜四四頁)。「めす」は「みる」の尊敬語の補助動詞で、尊敬の動詞の連用形につき尊敬の意を強める。**6朕婆々皇太后**　光明皇太后。**7人子之理尓不得定省者波**『礼記』曲礼上、「凡為㆓人子㆒之礼、冬温而夏清、昏定而晨省、定、安㆓其牀衽㆒也、省、問㆓其安否何如㆒也」。「昏定而晨省」は、「夜は父母の蒲団を敷き朝は機嫌を伺って、子が親に孝行すること」(『日本国語大辞典』)。『続日本紀宣命講』、「昏定而晨省の意であるが、注に、定、安㆓其牀衽㆒也、省、問㆓其安否何如㆒也とある。要するに朝夕よく父母に仕える意である」(二一五〜二一六頁)。本居宣長『続紀歴朝詔詞解』四巻(『増補本居宣長全集』五、吉川弘文館、一九二六年、一三七〜一三九頁)、「不得定省波は、エツカヘマツラネバと訓べし」(一三九頁)。『新日本古典文学大系』14・続日本紀三(岩波書店、一九九二年)、「『仕奉』の具体的な表現が『定省』であると考え、宣長の訓に従う」(二六三頁)。**8皇太子**　大炊王。淳仁天皇。父は舎人親王。天平五年(七三三)生、天平神護元年(七六五)十月二十三日没。天平宝字元年(七五七)四月、皇太子となり、孝謙天皇の譲位により、天平宝字二年八月一日、即位。天平宝字六年(七六二)、孝謙太上天皇と不和になり、藤原仲麻呂の乱の後に廃位されて、天平宝字八年(七六四)十月に淡路国に配され、翌年配所から逃亡をはかり没した。淡路廃帝と呼ばれた。**9内召五位已上**

宣命　朝堂院に親王・諸王と五位以上の官人を参集させて宣命使が宣命を宣り伝えたことを示す。

現代語訳

現神として天下を治められる天皇の詔旨として仰せくだされる勅を、親王・諸王・百官人等は皆々承れと宣られる。

高天原に神として留まっておられる天皇の御祖神の神魯岐命・神魯美命が、吾が子孫がお治めなさる天下であると、統治のことを託し申し上げられたとおりに、遠い皇祖の御世を始として、歴代の天皇の御世御世、お治めなされてきた国の高御座の業であると、神として思し召されて仰せられる天皇の勅を、皆々承れと宣られる。

かくお治めになられてきた天日嗣の高御座の業は、天に坐す神、地に坐す祇が、ともに良しとされ、ともに扶け奉ることに依りてこそ、天皇の座は平らかで安らかにあらせられて、天下をお治めなされるものであろうと、神としてお思いになられる。しかるに、天皇とあらせられて、天下の政を行ない賜うことは、労多く重いことである。年長く日多く天皇の座にあらせられると、荷は重く、力弱くして、負い擔うことに堪えられない。そればかりではなく、朕の心に思うのも恐れおおい母の皇太后陛下にも、人の子の理のとおりにお仕えすることができず、私の情も日夜安らかではない。それゆえに、この位を避り、間のある人になってこそ、道理のごとく母に仕へ奉ることができるであろうとお思いになられて、位を日嗣と定められた皇太子にお授けになられると宣りたまわれる天皇の御命を、皆々承れと宣りたまう。

内に五位以上を召して宣命があった。

▼解説

続修正倉院古文書第一巻②（『正倉院古文書影印集成』五・続修巻一〜五。『大日本古文書』四、二八二〜二八五頁）には、四紙に追込みで、次の六条が、天平宝字二年当時、造東大寺司案主であった上村主馬養により書写されている（『正倉院展図録』第五八回、二〇〇六年参照）。石上英一「正倉院文書に見る書記文化圏の形成」（藏中しのぶ編『古代文学と隣接諸学』2、竹林舎、二〇一七年）第二節「宣命を写す─政治状況を記録する」参照。

A　天平宝字二年八月一日勅（『続日本紀』天平宝字二年八月庚子朔条、第六段の詔〈尊号を奉る上表に答える詔〉に相当）『大日本古文書』四、二八二4〜二八三3

『大日本古文書』は首部（二八二頁第三行）に、原本にはない「天平寶字二年詔書草」の題を加える。

B　（天平宝字二年八月）二日入内一名叙位四名　『大日本古文書』四、二八三5〜6

C　二日女叙位十一名、附記男官叙位一名　『大日本古文書』四、二八三7〜10

D　諸司主典已上禄法　『大日本古文書』四、二八三11〜二八四6

E　叙位三十四名・参議補任二名　『大日本古文書』四、二八四7〜二八五1

F　（天平宝字二年八月一日）宣命（前掲）

なお、『大日本古文書』四は、「孝謙天皇詔勅草」と題して六条をまとめて掲げている。

『新日本古典文学大系』14・続日本紀三、巻二十一補注（五三一頁）によれば、A〜Fと『続日本紀』天平宝字二年八月庚子朔条・辛丑条（二日）とは、表「続修正倉院古文書第一巻②と『続日本紀』との対照」のように対応する。

『続日本紀』巻二十一天平宝字二年八月庚子朔条の初めに掲げる孝謙天

皇譲位詔は、次のとおりである(『新日本古典文学大系』14・続日本紀三)。

天平宝字二年八月庚子朔、高野天皇禅㆓位於皇太子㆒、詔曰、現神御宇天皇詔旨良麻止宣勅乎、親王諸王諸臣百官人等、衆聞食宣。高天原神積坐皇親神魯弃・神魯美命吾孫知食国天下止、事依奉乃任尓、遠皇祖御世始弖天皇御世御世聞看来食国高御座乃業止奈母随神所念行久止宣天皇勅、衆聞食宣。加久聞看来天日嗣高御座乃業波、天坐神地坐祇乃相宇豆奈比奉相扶奉事尓依弖之此座平安御坐弖、天下者所知物尓在良自止奈母随神所念行須、然皇止坐弖天下政乎聞看事者、労岐重棄事尓在家利、年長久日多久此座坐波、荷重力弱之氏不堪負荷、加以、掛畏朕婆婆皇太后朝尓母人子之理尓不得定省波、朕情母日夜不安、是以、此位避弖間乃人尓在弖之如理婆婆尓波仕奉倍自止所念行弖奈母日嗣止定賜弊流皇太子尓授賜久止宣天皇御命、衆聞食宣、

表　正倉院古文書・続修１②と『続日本紀』との対照

	『続日本紀』天平宝字二年八月	正倉院古文書続修第１巻②	
庚子朔条	(1)孝謙天皇譲位宣命	F　譲位宣命	
	(2)淳仁天皇即位宣命	D　諸司主典已上禄法	(2)の即位宣命の「辞別宣久」に記す「百官職事已上」「諸社禰宜祝」へ「大御物」「僧尼」へ布施を賜うことの内容を記す。
	(3)叙位・女叙位	C　二日，女叙位十一名，附記男官叙位一名	(3)の一部。
		E　叙位三十四名，参議補任二名	(3)の三十五名叙位に対応(順不同)。参議補任記事は続日本紀になし。
	(4)百官上表(孝謙と光明子に尊号を上る表)	なし	
	(5)僧綱上表(孝謙と光明子に尊号を上る表)	なし	
	(6)孝謙詔(上表へ答える孝謙の詔)	A　天平宝字二年八月一日勅(尊号を上る上表に答える勅)	
	(7)孝謙勅(藤原仲麻呂の名号諮問)	なし	
辛丑条	(8)僧延慶，爵位を辞す	なし	
	(9)山口忌寸佐美麻呂等二名叙位	B　二日，入内一名叙位四名	(9)の二名のほかに二名。

続修正倉院古文書第一巻所収の宣命写は、『続日本紀』所収宣命と文字の異同があり、また書写の際の誤入や誤写訂正がみられるが、『続日本紀』所収宣命と祖本(宣命の原本)を同じくする写しである。また、続修正倉院古文書第一巻②をなすAからFまでの記録は、『続日本紀』が記す八月一日の宣命・叙位の次第と異なり、禄法のように具体的な禄物を記す記事を有すること、叙位記事は叙位儀の場で読みあげられた人名を筆録した記録またはそれを転写したものと思われることなどから、八月二日以降に、八月一日・二日の孝謙譲位、淳仁即位の記録として書写されたものと考えられている(『新日本古典文学大系』14・続日本紀三、補注、五三一～五三二頁)。

なお、孝謙天皇の大炊王への譲位については、宣命に、天皇として天下統治には苦労が多く年長く日多くの在位は荷重く負担に堪えられないこと、母の光明皇太后に仕えるためであることがのべられている。

参考史料

❶『続日本紀』巻二十一　天平宝字二年八月庚子朔条　淳仁天皇即位宣命

是日、皇太子受㆑禅、即㆓天皇位於大極殿㆒、詔曰、「明神大八州所知天皇詔旨良麻止宣勅、親王・諸王・諸臣・百官人等、天下公民、衆聞食宣、掛畏現神

坐倭根子天皇我皇、此天日嗣高御座之業乎拙劣朕尓被レ賜弖、仕奉止仰賜比授賜閇波、頂尓受賜利恐美、受賜利懼、進母不レ知尓、退母不レ知尓、恐美坐久止宣天皇勅、衆聞食宣、然皇坐弖天下治賜君者、賢人乃能臣乎得弖之天下乎平久安久治物尓在良之止奈母聞行須、故是以、大命坐、宣久、朕雖二拙弱一、親王始弖王臣等乃相穴奈比奉利相扶奉牟事依弖之此之仰賜比授賜夫食国天下之政者、平久安久仕奉倍之止奈母所念行須、是以、無二諂欺之心一、以二忠赤之誠一、食国天下之政者衆助仕奉止宣天皇勅、衆聞食宣、辞別宣久、仕奉人等中尓自何仕奉状随弖一二人等冠位上賜比治賜夫、百官職事已上及大神宮乎始弖諸社禰宜・祝尓大御物賜夫、僧綱始弖諸寺師位僧尼等尓物布施賜夫、又百官司乃人等、諸国兵士鎮兵伝駅戸等、今年田租免賜久止宣天皇勅、衆聞食宣、

読み下し

詔して曰はく、「明神と大八洲知らしめす天皇が詔旨らまと宣りたまふ勅を、親王・諸王・諸臣・百官人等、天下公民、衆聞食へと宣る、掛けまくも畏き現神と坐す倭根子天皇我が皇、此の天日嗣高御座の業を拙く劣き朕に賜はりて、仕へ奉れと仰せ賜ひ授け賜へば、頂に受け賜はり恐み、受け賜はり懼ぢ、進みも知らに退きも知らに恐み坐さくと宣りたまふ天皇が勅を、衆聞きたまへと宣る、然るに皇と坐して天下治め賜ふ君は、賢人の能臣を得てし天下をば平けく安けく治むる物に在るらしとなも聞こし行す、故、是を以て、大命に坐せ、宣りたまはく、朕は拙く弱くあれども、親王たちを始めて王たち臣等の相あななひ奉り相扶け奉らむ事に依りてし此の仰せ賜ひ授け賜ふ食国天下の政は平けく安けく仕へ奉るべしとなも念し行す、是を以て諂ひ欺く心無く忠に赤き誠を以て食国天下の政は衆助け仕へ奉れと宣りたまふ天皇が勅を、衆聞きたまへと宣る、辞別きて宣りたまはく、仕へ奉る人等の中に自が仕へ奉る状に随ひて一二人等の冠位上げ賜ひ治め賜ふ、百官の職事已上と大神宮を始めて諸社の禰宜・祝とに大御物賜ふ、僧綱を始めて諸寺の師の位の僧尼等に物布施し賜ふ、又、百官司の人等、諸国の兵士・鎮兵・伝駅戸等の今年田租免し賜はくと宣りたまふ天皇が勅を、衆聞たまへと宣る」とのたまふ。

❷（天平勝宝九歳〈七五七〉）三月二十五日宣命写（正倉院古文書正集第四十四巻①。『大日本古文書』四、二二五～二二六頁）

天皇我大命良末等宣布大命乎衆聞食イ①倍止宣此乃天平勝寶九歳三月廿日天乃賜倍留大奈留瑞乎頂尓受賜波理貴美恐美親王等王等臣等百官人等天下公民等皆尓受所賜貴刀夫倍支物尓雖在合間供奉政乃趣異

❷（天平勝宝９歳）３月25日宣命写
（正倉院古文書・正集44①　正倉院宝物）

志麻尓在尓他支事交倍波恐美供奉政畢弖後尓趣波
宣牟加久太尓母宣賜祢波汝等伊布加志美意保々志
念牟加止奈母所念止宣大命乎諸聞食宣
　　三月廿五日中務卿宣命
三月②、、

〔注〕①「衆聞食」の次に「倍」を大字で「イ」まで書きかけて墨抹。②「三月」を墨抹。

＊　＊　＊

天平勝宝九歳三月二十五日宣命は、『続日本紀』巻二十に採録されていない、「天下大平」の瑞字出現の詔書である。造東大寺司の官人で写経所に関わる職務の者が、宣命を書き写したものと考えられ(裏、空)、先に掲げた宣命写と、「宣」などの筆致が似ているので、上村主馬養の書写になると推定される。

『続日本紀』の前半部二十巻分は、淳仁天皇の時期に『日本書紀』を継ぐ正史として編纂された「曹案三十巻」が光仁天皇のもとで改訂された際、巻三十の天平宝字元年紀の稿本が亡失したとされ、桓武天皇のもとで亡失巻を再編し三十巻が二十巻に再編成された。そのためか、改元の宣命が正史に採録されないという事態が生じたと思われる(『新日本古典文学大系』続日本紀三、五一二頁)。読み下し文は、『新日本古典文学大系』続日本紀三(五一二頁)、詳細な注解は金子武雄『続日本紀宣命講』(四四八〜四五二頁)に記されている。

八月に天平宝字と改元された天平勝宝九歳は、藤原仲麻呂が政治の実権を握るために、道祖王の廃太子(三月二十九日)、大炊王の立太子(四月四日)、橘奈良麻呂の変(七月)がつぎつぎと起こった政変の年であった。『続日本紀』巻二十には、「天下大平」の瑞字出現とそれを典拠とする天平宝字改元に関して、天平宝字元年三月戊辰(二十日)条に「天皇寝殿承塵之裏、天下大平四字自生焉」、同三月庚午(二十二日)条に「勅、召二親王及群臣一、令レ見二瑞字一」、三月二十九日に道祖王を廃太子したのちの同四月辛巳(四日)是日条に大炊王の立太子に関わり「三月廿日戊辰、朕之住屋承塵帳裏、現二天下大平之字一、灼然昭著、斯乃上天所レ祐、神明所レ標、遠覧二上古一、歴検二往事一、書籍所レ未レ載、前代所レ未レ聞、方知、仏法僧宝、先記二国家大平一、天地諸神、預示二宗社永固一、戴二此休符一、誠嘉誠躍、其不孝之子、慈父難レ矜、無礼之臣、聖主猶弃、宜下従二天教一却還中本色上、亦由二王公等尽レ忠匡弼一、感二此貴瑞一、豈朕一人所レ応二能致一、宜下与二王公士庶一共奉二天貺一、以答二上玄一、洗二滌旧瑕一、遍蒙中新福上、可レ大二赦天下一、(下略)」などの記事がみえる。「天下大平」の瑞字出現は、皇太子道祖王の更迭の企ての可否に対する三宝・神明の徴験として位置付けられているとされる(『新日本古典文学大系』14・続日本紀三、一七六頁)。この後、七月の橘奈良麻呂の変を経て、八月十八日に天平宝字と改元される。『続日本紀』巻二十の天平宝字元年八月甲午(十八日)条にも、「去三月廿日、皇天賜レ我、以二天下大平四字一、表二区宇之安寧一、示二歴数之永固一」と瑞字出現のことが記されている。

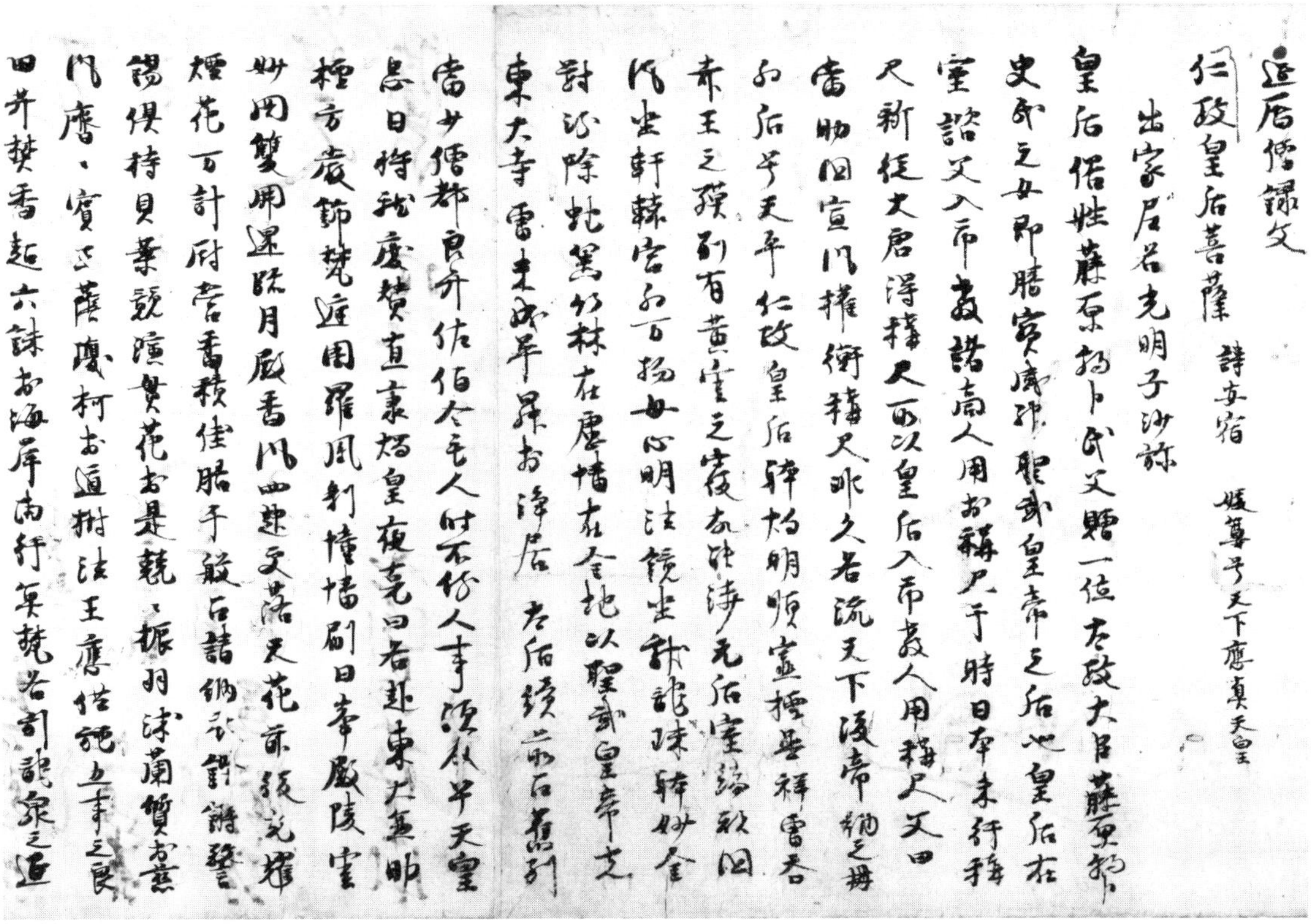

『東大寺要録』巻1・本願章1、仁政皇后菩薩伝（醍醐寺所蔵）

3 伝記と史実

伝記は、史書中の伝でも、独立した作品でも、依拠する史料には、文書・日記など授受関係や日時が明確なものと、言い伝え・説話や主観的な人物評、古典に出典を求めた文章など、必ずしも事実とはいえない可能性があるものがある。人物の事績を明らかにするには、情報が記録された時・場や情報の発信・受信関係、伝来過程が明確な史料により、伝記を批判的に利用することが必要である。また、史書や伝記が、原撰本ではなく写本として伝来する場合、写本の校訂が必要となる。

釈文

●〔朱点〕延暦僧録文[1]
[2]〔朱鉤〕仁①政皇后菩薩諱安宿　媛尊、号天②下〔平〕應③真天皇
出家尼、名光明子沙弥、
皇[3]后、俗姓藤原朝臣氏、父[4]贈一位太政大臣藤原朝臣
史氏之女、即勝[5]寶感神聖武皇帝之后也、皇[6]后、在
室、諮父入市、教諸商人用於稱[7]尺、于時、日本、未行稱
尺、新従大唐得④稱尺、所以、皇后入市[8]、教人用稱尺、父曰、
⑤當助國宣風、權衡稱尺、非久各⑥流天下、⑦後[9]、帝納之冊[10]
為后、号天平仁政皇后、躰[11]灼明順、霊標異祥、曽[12]呑
赤〔玉〕王之⑧璞⑨、別有黄雲之覆、故能渉⑩元后室⑪、端形國
風、坐[13]軒轅宮、為万物母、心明法鏡、坐獻⑫龍珠、躰妙金
剄、断除蚍箆、竹⑬林在慮、情在金地、以[14]聖武皇帝先
東大寺曽未成畢、昇於浄居、太后、續前、召舊別
當少僧都良弁[15]・佐[16]伯今毛人、時、不侍⑭人事、須[17]及于天皇
忌日将就⑮慶賛、⑯直〔宜〕⑰秉燭皇〔星〕⑱夜克日、各[18]赴東大、兼助

檀方、厳飾梵庭、園羅鳳刹、幢幡刷日、峯殿陵雲、
妙閣雙開、還⑲臨月殿、香風四起、更落天花、前後光耀〔輝カ〕⑳、
煙花万計、厨営香積、佳膳千般、召請納衣、鏗鏘謦
錫、倶持貝葉、競演貫花、於是、[19]兢々振羽、沐蘭質於慈
風、齊々賓王、蔭瓊柯於道樹、法王應供、施五事之良
田、卄焚香、超六銖於海岸、両行真梵、各引龍泉之延、
廊布四廂、用接菩提之衆、[20]茲、勝以加席、唯招霊之所
韻、[21]伏願、勝満卄遥涉浄居、馭仙雲於花㉑梵、究竟福
善、會無上道、即天平仁政皇后之能事也、[22]皇后、又造[23]
香山寺金堂、佛事荘厳具足、東西樓挾㉒影帯、左右
危観虚敞、雅灑難名、皇后、[24]又造香薬寺九間佛殿、造
七佛浄土七軀、請在殿中、造塔二區、東西相對、鑄一鐘
口、住僧百余、僧房田薗食料、[25]皇后、又立薬院、給諸病
苦、[26]皇后、又拾〔捨〕㉓料供、毎年受戒十師、[27]経云、施薬至末刧
時、不逢疫病刧、施食不逢飢饉刧、[28]皇后、會悲敬二田、
興建三寶、具四不壊信、修五分法身、財㉔致供養、正行
供養、三輪清浄、無㉕希求、惟為利他、不専為己、[29]皇后、以
勝寶六年、於東大寺大佛前、伏膺和上鑒真、受戒菩
薩戒、卄行願善〔莫〕㉖㉗不自資、盡未来刧、行卄行、有情
界盡、我願乃休、仁政皇后、[30]又添六宗、存本取利、請上㉘
名徳、敷三乗教、即張大教網、在生死流〔海〕㉙、渡人天魚㉚、置
涅槃岸、
[31]大哉解脱服　無相福田衣　被奉如戒行　廣利諸天人
[32]天平仁政皇后、稟天霊淑、静履㉛幽閑、育聖慈仁、感軀
斗之飛電、識微㉜成竅、晃碭山之紫雲、是乃業讃與

王、功参撥乱、徳超父母、道峻尭門、豈伊翟〔霍〕㉝有障㉞、跖㉟蹻㊱合度、葛覃流詭㊲、樛木垂㊳芳㊴而已㊵哉、自[33]天平寶字其㊶年六月七日、冥㊷駕上昇、閣官〔宮〕㊸長寂、清徽㊹自遠、豈留金板、尊年不悉云々矣、已上僧録文、

〔校異〕 底本は、醍醐寺所蔵本『東大寺要録』(巻一・巻二)。仁治二年(一二四一)、東大寺新禅院寛乗(聖守。一二一五〜九一年)書写による『東大寺要録』の最古の写本。東大寺史研究所編『東大寺叢書』一・東大寺要録一(東大寺、二〇一八年)に影印版掲載。『東大寺要録』巻一は、左記の写本等を対校本として、本文を校訂する。ただし、底本を改める必要がある文字についてのみ、校異注を示す。

⑴**東大寺所蔵本** 醍醐寺本または同系統写本を、文明十七年(一四八五)、東大寺僧順円書写。重要文化財。巻一・巻三〜巻十。『東大寺叢書』一・二(二〇一九年)・三(二〇二三年)。略称、東大寺本。⑵**筒井英俊校訂『東大寺要録』** 一九四四年、国書刊行会、一九七一年復刊。巻一・巻三〜巻十の底本は東大寺本。巻二の底本は醍醐寺本。巻一は醍醐寺本を対校本とする。略称、筒井校訂本。⑶**『本要略記』(東大寺要録略記)** 東大寺図書館所蔵東大寺薬師院文庫史料。乾坤、二冊。『東大寺要録』の江戸初期抄録本。東京大学史料編纂所所蔵写真版による。乾所収仁政皇后菩薩伝は、「天平仁政皇后稟天霊淑静履幽閑育聖慈仁感躯斗之飛電識微」までを収む(以下、料紙欠失)。⑷**『日本高僧伝要文抄』** 東大寺宗性撰、三巻。東大寺図書館所蔵宗性自筆本(東京大学史料編纂所所蔵写真版による)。巻二・巻三に、思託撰『延暦僧録』よりの抄録ありて、巻三に仁政皇后菩薩伝の「昇於浄居」までを収む。藏中しのぶ『「延暦僧録」注釈』(大東文化大学東洋研究所、二〇〇八年)に影印掲載。略称、要文抄。『新訂増補国史大系』第三十一・日本高僧伝要文抄(国史大系本要文抄)(吉川弘文館)は底本が宗性自筆本。『大日本仏教全書』一〇一・史伝部一・日本高僧伝要文抄(仏書刊行会、一九一三年。略称、仏教全書本要文抄)所収。⑸**『東大寺雑集録』(雑集録)** 東大寺薬師院実祐撰。『大日本仏教全書』東大寺叢書一。巻三に『東大寺要録』巻一より延暦僧録を収録。

〔注〕 ①**政** 『続日本紀』天平宝字四年(七六〇)六月乙丑(七日)条ニ拠ルニ、正トアルベシ。②**下** 諸本、下。底本、平ヲ誤写。③**天皇** 東大寺本・本要略記・雑集録、天皇。皇后ノ誤記。④**得** 底本、「淂」ノ如キ行書体。⑤**當** 當ノ上、高僧伝要文抄、汝アリ。筒井校訂本、高僧伝要文抄ニ拠リ汝ヲ補。⑥**各** 東大寺本・本要略記・高僧伝要文抄、各。筒井校訂本、名ト作ルハ東大寺本ノ「名」ヲ「各」ト読ミ取リタルカ。雑集録、名。⑦**後** 東大寺本、渡(草書体)ノ右傍貼紙朱書「後」。筒井校訂本、醍醐寺本ニ拠リ後ニ改ム。⑧**王** 東大寺本・要文抄、王。筒井校訂本・国史大系本要文抄、本文ヲ玉ニ改ム。⑨**璞** 底本・東大寺本、偏ヲ「子」「孑」「歹」ノ行書体ノ如ク、旁ヲ「莫」ノ楷書体ノ如ク作ル。本要略記、𢷋。筒井校訂本・雑集録、璞。国史大系本要文抄、底本ノ文字(偏ハ「歹」、旁ハ「莫」ノ草書体ノ如キ字形)ヲ意改シテ、璞ニ作ル。璞ハ、磨キヲ掛ケテイナイ掘リ出シタママノ玉。⑩**渉** 東大寺本・本要略記・雑集録、同ジ。筒井校訂本・要文抄、陟。⑪**室** 東大寺本、室ノ右傍貼紙朱書「寶」。⑫**獻** 東大寺本、行書体ノ「獻」ノ左傍ニ墨圏点ヲ附シ、右傍ニ「献」墨書。⑬**竹** 東大寺本、竹(草書体)ノ右傍墨書「竹」。筒井校訂本、本文ヲ以ト読ミ取リ醍醐寺本ニ拠リ竹ニ改ム。⑭**侍** 雑集録・筒井校訂本、待。⑮**就** 東大寺本、就(行書体)ノ右傍貼紙朱書『就』。⑯**直** 底本・東大寺本、直(宜ノ誤写ナラン)。本要略記、宜(宀ヲ⺈ニ作ル)。筒井校訂本、直ヲ宜ニ改ム。雑集録、直ノ右傍ニ「宜イ」。⑰**秉** 底本・東大寺本・本要略記、下部ヲ「氺」ニ作ル異体字。筒井校訂本、康ト読取リ、醍醐寺本ニ拠リ秉ニ改ム。雑集録、秉。⑱**皇** 底本・東大寺本・本要略記、皇(皇ハ星ノ誤写)。雑集録、星。筒井校訂本、稲垣円清氏所蔵「東大寺本要録」(乾坤二冊)ニ拠リ星ニ作ル。⑲**還** 底本、「皿」ヲ「田」ニ作ル行書体。東大寺本、行書体「還」右傍貼紙朱書「還」。⑳**耀** 諸本、耀。耀ハ仄声(去声)ニテ、輝(平声)ノ誤記カ。㉑**花** 底本・東大寺本・本要略記、花ノ草書体(危ノ楷書体ニ似ル)。筒井校訂本、危ト読取リ醍醐寺本ニヨリ花ト改ム。雑集録、本文ヲ花ニ作リ、校異「㊔花一作危」。㉒**挟** 東大寺本、右ニ貼紙朱書『樓扶』(前ノ樓ト合セテ書ス)。筒井校訂本、本文ヲ雑集録ニ拠リ榭ニ改ム。仏教全書本要文抄、樓挟ヲ接挟ニ作リ、校異「㊔接挟恐樓榭」。㉓**拾** 底本・東大寺本・本要略記・雑集録、拾。捨ノ誤写。㉔**致** 東大寺本・本要略記、敬。雑集録、施。筒井校訂本、施ニ意改。㉕**無** 無ノ上、諸本ナシ。モト、「三論清浄、□無希求、惟為利他、不専為己」ト四字対句二聯カ(平仄調ウ)ニシテ無ノ上ニ一字アラン。㉖**善** 東大寺本、善ノ草書体。筒井校訂本、善ト読取リ、雑集録ニ拠リ莫ニ改ム。㉗**自** 東大寺本、不ノ下ニ挿入符(墨丸)ヲ附シ右傍ニ自ヲ墨書。雑集録、自、アリ。㉘**上** 底本、上ヲ土ノ如ク書シ、第一画「一」右半部ニ加筆シ上トス。㉙**流** 東大寺本、流ノ左傍ニ墨圏点ヲ附シ右傍ニ海ト書ス。本要略記、海。雑集録、海ニ作リ右傍ニ「(流イ)」。㉚**魚** 底本、三行前ノ鑑眞ノ眞トハ字形異ナリ、魚。東大寺本(右傍ニミヲ加ウ)・本要略記・雑集録、魚。筒井校訂本、真。㉛**幽** 東大寺本、幽ノ草書体ヲ出ト誤写、右ニ貼紙朱書『幽』。㉜**微** 底本・東大寺本、草書体ニテ、校訂注㊹ノ徽ト同形。文意ニヨリ微ト読ミ取ル。雑集録、微。㉝**翟** 諸本、翟。霍ノ誤写。伊翟、語句説明32参照。㉞**障** 諸本、同ジ。仏教全書本要文抄、璋。障ノ誤写。㉟**跖** 諸本同ジ。珩ノ誤写。珩璜、語句説明32参照。㊱**蹻** 東大寺本・雑集録、蹻。璜ノ誤写。仏教全書本要文抄、跖蹻ヲ珩璜ニ作ル。㊲**詭** 底本、行書体ノ旁ノ中央部欠

損、誵カ。雑集録、誵ニ「[考]・誵一作統」ト注記。㊳**垂** 東大寺本、乗(草書体)ノ右ニ貼紙朱書『垂』(行書体)。筒井校訂本、乘。雑集録、無。㊴**芳ノ下** 底本・東大寺本、而(草書体)、已ノ誤写。雑集録、已ナシ。雑集録、罕アリ。㊵**已** 底本・東大寺本、而(草書体)、已ノ誤写。雑集録、某。筒井校訂本、雑集録ニ拠リ某ニ改ム。㊶**其** 東大寺本、同ジ。雑集録、某。筒井校訂本、雑集録ニ拠リ某ニ改ム。㊷**冥** 底本・東大寺本、冥(「冖」ヲ「穴」、「日」ヲ「目」ニ作ル)。雑集録、賓(シ、おく)。㊸**宮** 底本・東大寺本、官(宮ノ誤写)。雑集録、宮。㊹**徽** 底本・東大寺本、㉜ノ徽ト同形。文意により徽ト読ミ取ル。雑集録、徽。仏教全書本要文抄、静徽ヲ請徽ニ作リ、校異「[考]請微恐清徽」。

読み下し

（○を付した文字は校訂に従い改めた文字）

延暦僧録文

仁政皇后菩薩 諱安宿媛尊、天平應真天皇

出家尼、名は光明子沙弥　○

〔第一段　出自〕皇后、俗姓、藤原朝臣氏、父贈一位太政大臣藤原朝臣史氏の女、即ち、勝宝感神聖武皇帝の后なり。

〔第二段　資質〕皇后、室に在りて、父に諮りて市に入り、諸商人に稱尺を用ゐることを教ふ。時に、日本、稱尺を行はず、新たに大唐従り稱尺を得。所以に、皇后、市に入り、人に稱尺を用ゐることを教ふ。父曰く、「国を助けて風を宣す当し」といへり。権衡稱尺、久しく非ずして各天下に流す。

〔第三段　立后・帰依〕［立后］後、帝、之を納いれて冊して后とす。天平仁政皇后と号す。躰は灼にして明順、霊は標にして異祥。曽て、赤玉の璞を呑み、別に黄雲の覆ふこと有り。

［仏教帰依］故能く、元后の室に渉り、形を国風に端す。軒轅宮に坐して、万物の母たり。心は法鏡に明にして、坐して龍珠を献ず。躰は妙にして金剛、虵箎を断除す。竹林に慮ること在りて、情は金地に在り。

〔第四段　聖武太上天皇周忌法会〕聖武皇帝、先じて東大寺曽て成り畢らずを以て、浄居に昇る。太后、前に続きて、旧別当少僧都良弁、佐伯今毛人を召す。「時に、人事に侍さず、天皇忌日に及びて将に慶賛を就す須し。星夜に燭を秉げて日に克つ宜し。」

［寺院荘厳］各東大に赴き、檀方を兼助す。厳飾の梵庭、囲羅の鳳刹、幢幡日を刷め、峰殿雲を陵ぐ。

［化仏国土］妙閣双開し、月殿に還臨す。香風四起し、更に天花落ち、前後光輝して、煙花万計。

［招請僧侶］厨は香積を営み、佳膳千般。納衣を召請するに、鏗鏘警錫、倶に貝葉を持し、貫花を競演す。

［参集］是に、兢々たる振羽、蘭質を慈風に沐し、齊々たる賓王、瓊柯を道樹に蔭ひ、法王の応供、五事の良田を施す。

［誦経供養］菩薩の焚香、六銖を海岸に超え、両行の真梵、各、龍泉の延を引き、廊に四廂を布ね、用ひて菩提の衆に接す。

［招霊］茲に、勝げて以て席を加へ、唯招霊の所韻せん。「伏して願はくは、勝満菩薩、遙かに淨居に渉り、仙雲を花梵に馭し、究竟の福善、無上道に会せんことを」。

即ち天平仁政皇后の能事なり。

〔第五段　菩薩行〕［香山寺建立］皇后、又、香山寺金堂を造る。仏事荘厳具足して、東西楼、影帯を挟み、左右の危観虚敞、雅灑名し難し。

［新薬師寺建立］皇后、又、香薬寺九間仏殿を造す、七佛淨土七軀を造し、請して殿中に在り。造塔二区、東西に相対す。一鐘口を鋳し、住僧百余。僧房田薗食料。

［施薬院創建］皇后、又、薬院を立て、諸病苦に給す。

［授戒十師料供］皇后、又、料供を毎年受戒の十師に捨す。経に云はく、「施薬せば末劫の時に至りて、疫病劫に逢はず。施食せば飢饉劫に逢はず。」

［三宝興隆］皇后、悲敬二田を会て、三宝を興建す。四不壊信を具し、五分法身を修す。財施供養、正行供養し、三輪清浄にして、□希求無し。惟利他を為し、専ら己の為にせず。

〔第六段　受戒〕［受戒］皇后、勝宝六年を以て、東大寺大仏の前に、和上鑒真に伏膺し、菩薩戒を受戒す。菩薩の行願、自から資けざるは莫し。尽未来劫、菩薩行を行じ、有情界に尽さば、我が願い乃ち休さん。

［六宗興隆］仁政皇后、又、六宗に添ひて、本を存し利を取り、名徳を請上し、三乗教を敷す。

［救済］即ち、大教網を張り、生死の海に在りて、人天魚を渡し、涅槃の岸に置く。

［讃嘆偈］「大なるかな解脱服　無相福田衣　如戒行を奉ぜられ　広く諸天人に利せん」。

〔第七段　入滅〕［賛］天平仁政皇后、天の霊淑を稟け、静かに幽閑を履み、聖を育み仁を慈み、躯斗の飛電に感じ、微を識り竅を成し、碭山の紫雲を晃かにす。

是乃ち、業は王を讃け與ひ、功は撥乱に参る。徳は父母を超へ、道は尭門より峻たり。

豈、伊霍の璋有りて、珩璜度に合ひ、葛覃流れ詠ひ、樛木芳を垂る而已哉。

［入滅］天平宝字其年六月七日より、冥駕上昇、闍宮長く寂す、清徽自づから遠し。豈、金板に留め、尊年を悉さ不らんや、云々矣。已上、僧録文。

○漢字の音には、便宜、漢音を用いた。

語句説明

1延暦僧録文　延暦僧録、唐僧思託、延暦七年（七八八）二月三日撰（河内・金剛寺蔵「龍論鈔」所収逸文、後藤昭雄『平安朝漢文文献の研究』吉川弘文館、一九九三年）。思託（生没年未詳）『日本高僧伝要文抄』巻三所引延暦僧録第一所収「従高僧沙門釈思託伝」〈自叙伝〉は、唐の天台僧で、天平勝宝五年（七五三）に鑑真に従い来日。思託は、淡海三船撰『唐大和上東征伝』のもととなった「大唐伝戒師僧名記大和上鑑真伝」（今、逸）とともに、鑑真をはじめ上宮太子などを含め一四二名の僧俗の伝を収めた『延暦僧録』五巻を撰述した。『延暦僧録』は、日本最初の僧伝集で、現在は散逸し、宗性撰『日本高僧伝要文抄』や『扶桑略記』『東大寺要録』などに逸文が残る。藏中しのぶ『『延暦僧録』注釈』（大東文化大学東洋研究所、二〇〇八年）参照。**2仁政皇后菩薩** 諱安宿媛尊、号天平應真天皇 **出家尼、名光明子沙弥**　藤原光明子。大宝元年（七〇一）生、天平宝字四年（七六〇）六月七日崩。父は藤原不比等、母は県犬養橘宿祢三千代（天平五年〈七三三〉正月十一日薨）。不比等の三女。名は安宿媛。天平十二年（七四〇）五月一日願経（五月一日経）に「皇后藤原氏光明子」とあり、光明子の名は、金光明経によると考えられる。皇太子首皇子（のち聖武天皇）に嫁し、養老二年（七一八）年、女（阿倍内親王。天平十年（七三八）皇太子、天平勝宝元年（七四九）即位〈孝謙天皇〉）を生み、聖武天皇即位（神亀元年〈七二四〉二月四日）に伴い、夫人となり、神亀四年（七二七）閏九月二十九日、皇子（基王とも某王とも）を生む。十一月二日、皇子は皇太子となるが、同五年（七二八）九月十三日夭逝。天平元年（七二九）八月十日、皇后となる。天平感宝元年（七四九）七月二日（同日、天平勝宝に改元）の孝謙天皇即位に伴い、皇太后となる。天平勝宝八歳（七五六）五月二日に聖武太上天皇崩御の後、その遺愛の品を東大寺大仏に献じた（天平勝宝八歳六月二十一日国家珍宝帳)。天平宝字二年(七五八)八月一日、中臺天平応真仁正皇太后の尊号を奉じられた。『続日本紀』天平宝字四年六月乙丑(七日)条に伝あり。**3皇后…后也**　第一段、出自。**4父贈一位太政大臣藤原朝臣史氏**　藤原不比等。六五九年生。養老四年(七二〇)八月三日薨、右大臣正二位。藤原鎌足(六一四〜六六九年)の次男。文武天皇夫人藤原宮子の父で聖武天皇の外祖父。藤原光明子は三女。大宝律令・養老律令編纂に携わる。養老四年十月二十三日、贈太政大臣正一位。四人の男、武智麻呂・房前・宇合・麻呂が、それぞれ藤原氏四家の南家・北家・式家・京家の祖。天平宝字四年八月七日、淡海公を追封。**5勝寶(宝)感神聖武皇帝**　聖武天皇。天平宝字二年八月九日、淳仁天皇により追上された尊号(謚号)。伝は本章[1]節「史書」参照。**6皇后…流天下**　第二段、皇后たる資質。**7稱(称)尺**　重さをはかる稱(はかり。秤)と長さをはかる尺。日本では、大宝令の雑令度地条で五尺を歩(二五平方尺＝一歩)とし、一段は二五〇歩(長二十五歩×幅十歩)とした。この尺は土地などをはかる大尺で、高麗法の一尺(高麗尺とも称される。約三五・五センチ)。『続日本紀』和銅六年(七一三)二月壬子(十九日)条に「始制二度量・調庸・義倉等類五条事一、語具二別格一」、四月戊申(十六日)条に「頒二下新格并権衡・度量於天下諸国一」とあり、『令集解』巻十二田令一・田長条古記(大宝令の注釈書)引用の和銅六年二月十九日格で、六尺を歩(三六平方尺＝一歩)に改めた。和銅六年格の一尺(約二九・六センチ)は唐制の大尺(大宝令の一尺を大尺とすれば、唐大尺は小尺となる)で、高麗尺の六分の五の長さ。土地計測の尺の変更により面積の単位も変更となるが、一尺の長さが六分の五となったことに伴い、一歩の面積が三六分の二五となったので、一段が二五〇歩から三六〇歩に変更されたが、実面積は変更なかった。「于レ時、日本、未レ行二稱尺一、新従二大唐一得二稱尺一」について、狩谷棭斎『本朝度量権衡攷』(国立公文書館所蔵内閣文庫、一八二一—〇〇九七、修史館本。『東洋文庫』五三七・五四六、平凡社、一九九一年・一九九二年、冨谷至校注、参照)の「本朝度攷」に、「按スルニ続日本紀ニ、又和銅六年二月始制度量、四月、頒下新格及度量権衡於天下諸国ト見エタリ、(中略)然ラハ是時始テ唐制ニ倣ヒテ、大尺ヲ常用トセラレシナルヘシ、(中略)按スルニ、釈思託カ延暦僧録ノ光明皇后ノ伝ニ、皇后在室(中略)後帝納之トアリ、(中略)和銅六年ニハ御年十三ナリ、然ラハ皇后ノ家ニ坐シ時教ヘ給ヒシハ、和銅六年改制ノ稱尺ナルヘシ、(中略)思託ハ唐人ナレハ(中略)皇国ノ典故ヲ知ラテ和銅ノ時マテ皇国ニ稱尺無カリシヲ、皇后ノ始テ教ヘ給ヒシト誤リタルナリ、其実ハ皇后ノ教ヘ給ヒシハ、和銅改制ノ稱尺ニテ、此時稱尺ヲ始テ用ヒシニハアラス」(返点略ス)とあり。**8市**　『周礼』天官・内宰に「凡建國、佐レ后立レ市、設二其次一、置二其敘一、正二其肆一、陳二其貨賄一、出二其度量・淳制一、祭レ之以二陰禮一」、同鄭玄注に「布レ朝者、君所三以建國二也、建レ國者、必面レ朝後レ市、王立レ朝、而后立レ市、陰陽相承之義次、司次也、(中略)鄭司農云、『佐レ后立レ市者、始立レ市、后立レ之也、祭レ之以二陰禮一者、市中之社、先后所レ立レ社也』」とあり。遠藤慶太「市と稲荷の母神と—神大市比売にかかわって—」(『朱』五一号、伏見稲荷大社社務所、二〇〇八年〈三七頁〉)は、『周礼』により、「王と后は陽・陰に象るため、それぞれが朝廷・市場をつかさどる」、「后は市に関連して、度量(長さ・重さ)・淳制(布の規格)をも管掌する」、「光明皇后の伝記には『周礼』に代表される后のありかたが理念的に表現されている」、「皇后たるべき資質、市をつかさどる后の聖性が備わっていたことを強調する役割も帯びている」と論じる。**9後…情在金地**　第三段、入内・立后。**10冊為后、号天平仁政皇后**　「冊為后」は、天皇の命令である冊(詔)を下して皇后とすること。夫人としたこと、天平元年立后のこと、皇后として尊号を奉じられたことをあわせ記す。語句説明**2**参照。**11躰灼明順…別有黄雲之覆**　鎌倉中期または後期の成立とされる東寺観智院本『作文大躰』(『新天理図書館善本叢書』第12巻、世俗諺文 作文大躰、天理大学出版部、二〇一七年)などには、平安中期にさかのぼる可能性のある「筆大躰」に、筆(文、賦)の構成要素が示されている(中沢希男「作文大体箋」『群馬大学教育学部研究紀要』人文・社会科学編、一六巻、一九六六年。中沢希男「賦譜校箋」同一七巻、一九六七年。小沢正夫「作文大体注解」上・下『中京大学文学部紀要』一九巻二号、三・四号、一九八四・一九八五年。山崎誠「作文大体の原初形態について―附録東山文庫本『文筆大躰』翻刻」『調査研究報告』二三号、国文学研究資料館学術資料事業部、二〇〇二年)。「筆大体」には、筆の要素として、発句(施頭〈冒頭におく〉、対句なし〈無対〉、「夫」など)・壮句(三字句、対有り〈偶数句で二句ずつ対にする〉、発句の次、可レ調二平他声一〈対句において、句末文字を平声と他声で調和させる〉)・緊句(四字句、対有り、可調平他声)・長句(五字から九字または十余字、対有り、可調平他声)・隔句(上句と下句の文字数が異なる対句、字数により軽・重・疎・密・平・雑の六種、可調平他声)・漫句(対句なし、不レ調二平他声一)・送句(施レ尾〈末尾におく〉、無対、「者也」など)・傍字(途中に入る文字、「抑」など)が掲げられている(石上英一「源順伝から学ぶ」池田温編『日本古代史を学ぶための漢文入門』、吉川弘文館、二〇〇六年)。「躰灼明順●　霊標異祥〇」は緊句(〇は平声、●は他声〈上声・去声・入声〉の声調)。**12曽呑赤王〔玉〕之璞…**　「曽呑赤玉之璞●　別有黄雲之覆●」は長句(平他不調)で、后が帝王を生む祥瑞を記す。黄雲に覆われる神異を得る慶都が帝嚳(黄帝の曽孫)の妃となり、河で赤龍に遇い感じて孕み帝堯を生んだ故事(『周易』繋辞下第八・周易正義。『宋書』巻二十七・志第十七・符瑞上)、劉太公の妻劉媼が赤珠を呑み漢の高祖を生んだ故事(『史記』巻八・高祖本紀・史記正義所引「帝王世紀」参照)による表現。**13坐軒轅宮…情在金地**　皇后としての仏教帰依を記す。「坐軒轅宮〇　為万物母●　心明法鏡●　坐獻龍珠〇　躰妙金剛〇　断除虵篋●　竹林在慮●　情在金地●」(緊句。四句二聯。第八句は平他不調)。「心明法鏡　坐獻龍珠」は、光明皇后を釈迦如来に宝珠(龍珠)を献じて男子に変成し成仏した娑竭羅龍王の女(龍女)(『妙法蓮華経』巻第五・提婆達多品第十二)にたとえて、光明皇后の仏教帰依を記す。**14以聖武皇帝…即天平仁政皇后之能事也**　第四段、聖武太上天皇周忌法会。**15良弁**　持統天皇三年(六八九)生、宝亀四年(七七三)寂。華厳教学を学び大仏造顕に関わり、天平勝宝四年(七五二)四月九日大仏開眼供養の後の五月一日に東大寺別当となり天平宝字五年(七六一)に辞す。**16佐伯今毛人**　養老三年(七一九)生、延暦九年(七九〇)薨(正三位)。造甲賀宮司主典として大仏造顕に従い、天平十七年(七四五)より東大寺造営に参加。同二十年(七四八)、造東大寺次官。天平勝宝七歳(七五五)より三度、造東大寺長官。延暦元年(七八二)、従三位、同三年(七八四)、参議。**17須及于天皇忌日将就慶賛**　『続日本紀』天平勝宝八歳六月甲辰(二十二日)条に「勅、明年國忌御斎、應レ設二東大寺一、其大佛殿歩廊者、宜下令二六道諸國營造一、必會中忌日上、不レ可二怠緩一」と大仏殿歩廊(回廊)の一周忌法要までの完成が命じられたこと、同天平勝宝九歳(七五七)五月己酉(二日)条に「太上天皇周忌也、請二僧千五百餘人於東大寺一、設レ斎焉」と一周忌法要が行なわれたことが記される。『東大寺要録』巻一「勝寶感神聖武皇帝菩薩傳」(延暦僧録文)に、「所レ住佛殿高十五丈、周廊・鳳刹、門樓・門屋、講堂、食堂・厨坊、戒院、僧房、静室、山居禪室、零居院。堂閣佛像、事々周市、流渠走水、池沼荷レ花。書二一切經論数部一。鑄レ鐘、身円八丈、躰重万釣。三下竟擣、十夫用レ壮、金聲遠振、釼輪長息。又塔二區、各七級。度僧万人、造二無垢衣万領一、飲〔飯〕僧万口、造二錫状千具一(下略)」、同巻二所収「東大寺居士傳大宰帥」(佐伯今毛人伝。延暦僧録文)

の大仏造立・開眼の段の次に、「又造二峯樓一(大仏殿)、高十五丈、周廊九間(大仏殿院回廊)、闈羅鳳刹、佛廟・講堂、廚坊・食屋、戒院(戒壇院)・官坊(政所等)、引レ渠穿レ沼、兼鑄二一口一身圓八丈、躰万鈞〔重脱カ〕、飯僧万口、受レ勅檢校、次申二慶賛一」の段があり、光明皇后伝の聖武太上天皇一周忌の記述と類似・関連する語句(傍線部)がある。「勝寶感神聖武皇帝菩薩傳」末尾に、「天平仁政皇后、(中略)創二茲金地一、而未レ畢レ功、克レ日就レ功、忌辰赴レ慶」と、光明皇后伝に記される造営命令に対応する記載がある。**18各赴東大…競演貫花**　周忌法会開式を緊句十八句(九対。三対〈六句〉一聯で三聯)で記す。第一聯「各赴東大　兼助檀方　厳飾梵庭　闈羅鳳刹　幢幡刷日　峯殿陵雲」は寺院荘厳。聖武太上天皇周忌に向けて、光明皇太后の命を受け、良弁と佐伯今毛人が檀越を助け大仏殿と大仏殿院(回廊と門)の造営を進めたことを記す。第二聯「妙閣雙開　還臨月殿　香風四起　更落天花　前後光耀〔輝〕　煙花万計」(第五句は輝にて第六句と平他声が調す)は、化仏国土。完成した伽藍に天から花が舞いおりるさまを叙す。第三聯「廚営香積　佳膳千般　召請納衣　鏗鏘警錫　倶持貝葉　競演貫花」は、招請僧侶。厨坊が造られ、召請された千僧が集い、法会の準備が整うさまを記す。東大寺造営過程は、福山敏男『奈良朝の東大寺』(高桐書院、一九四七年)、同『寺院建築の研究』中(中央公論美術出版、一九八二年)参照。「梵庭」は大仏殿前庭、「闈羅鳳刹」は前庭に立てられた幢柱と幡、「峯殿陵雲」は十五丈の高さの大仏殿。「妙閣」は東西の七重塔。西塔は天平勝宝五年落成。東塔は、天平勝宝五年着工、天平宝字八年(七六四)落成。「延暦僧録」第二・沙門釈浄三菩薩伝(文室浄三伝)(『日本高僧伝要文抄』巻三)に「香烟颺　迥、天花落レ蘂、音聲供レ佛、佳膳施レ僧」と第二聯・第三聯と同趣旨の表現がある。聖武太上天皇周忌斎会に大仏殿院で使用された荘厳具・供養具は、正倉院宝物として正倉院中倉・南倉に残されている。松嶋順正編『正倉院宝物銘文集成』(吉川弘文館、一九七八年)に、天平勝宝九歳五月二日の年月日が記される花籠(百十二口)、金銅鎮鐸(十口)、道場幡題箋(数百枚)、大幡垂飾組帯(三条)、皁絁幡鎮袋残闕(四口)、黄絁幡街木袋残闕(二口)などが収載される。松本包夫「正倉院の染織幡」前編(『正倉院紀要』三号、一九八一年)に聖武天皇一周忌斎会道場幡の錦袷斜継分四坪幡(完形・残片、三百数十点)・浮文錦袷斜継分五坪幡(完形・残片、約五十点)、羅単金銀糸荘四坪幡(完形・残片、二百数十点)、灌頂幡の錦綾袷六坪幡(残片、二百数十点)が掲げられ、同「上代布帛幡の形式について」(『正倉院宝物にみる仏具・儀式具』紫紅社、一九九三年)に、大灌頂幡・錦道場幡・羅道場幡の三種があったことが示されている。伝に記された忌日斎会の光景は、斎会に参加した思託が実見した記憶に基づいていると考えられる。**19兢々振羽…用接菩提之衆**　四字句と六字句の対句(軽隔句)六対で、三対六句の二聯をなし、忌日法会を記す。第一聯「兢々振羽　沐蘭質於慈風　齊々賓王　蔭瓊柯於道樹　法王應供　施五事之良田」は参集。孝謙天皇以下王臣の参集を記す。第一対「兢々振羽　沐蘭質於慈風」は、忌日法会の始まりにおいて、音楽が奏される中、臣が大仏殿院に参集する情景。「兢」は「競」(きそう)に同じ。「振羽」は、賓客をもてなす大饗の礼で饗饌の器を下げる際に奏する楽で振鷺詩ともされる。振鷺は、群れ飛ぶ鷺から転じて潔白の賢者のこと。「蘭質」は、蘭の如く美しい性質の人々。「沐蘭質於慈風」は、臣(蘭質)が毘盧遮那仏の慈悲(慈風)に沐すること。第二対「齊々賓王　蔭瓊柯於道樹」は、親王・王の大仏殿院参集の情景。「瓊」は玉、「柯」は枝、瓊枝は玉の生ずる木で、皇室の子孫のたとえ。「道樹」は菩提樹。恭しく慎んだ親王・王が、菩提樹の枝に連なる玉の如くに参列するの意。第三対「法王應供　施五事之良田」は、「法王」が大仏、「應供」は供養を受けるに相応しい人(阿羅漢)で故聖武太上天皇。「施五事之良田」は毘盧遮那仏・故聖武太上天皇の安穏な心・身・息・眠・食の供養ための荘厳を施すこと。第二聯「菩薩焚香(井)○　超六銖於海岸●　両行真梵●　各引龍泉之延○　廊布四廂○　用接菩提之衆●」は誦経供養。第一対「菩薩焚香　超六銖於海岸」は、供養の香煙が毘盧遮那仏の前に渉る光景。薬王菩薩が天上から海此岸(須弥山を繞る海に浮かぶ閻浮提州の南の涯)に栴檀の香りを降らし仏を供養した如くに(『妙法蓮華経』巻六・薬王菩薩本事品第二十三、「又雨二海此岸栴檀之香一、此香六銖、價直二娑婆世界一、以供二養佛一」〈『大正新脩大蔵経』九、五三頁〉)、大仏に供養の香を焚く光景。第二対「両行真梵　各引龍泉之延」は、僧侶が頌偈を響き渉らせながら列をなして進む光景。第三対「廊布四廂　用接菩提之衆」は、大仏殿院回廊内側に僧席を設けもてなす光景。**20茲、勝以加席、唯招霊之所韻**「兢々振羽…用接菩提之衆」を受けて、僧衆(両行真梵、菩提之衆)が招霊供養(故聖武太上天皇の霊を招く供養する)を行なうことを記す。**21伏願…會無上道**　忌日法会で実際に献じられた表白文からの抄出と考えられる。「勝満菩薩(井)」は故聖武太上天皇の法号。「仙雲」、仙、即ち仏である勝満菩薩の乗る雲。「花梵」は花のように美しい梵天(天上界)。「福善」は福をもたらす善、「無上道」は最高至上の悟り。**22皇后、又…不専為己**　第五段、菩薩行。**23造香山寺金堂…雅灑難名**　香山寺創建。春日山の南山腹に光明皇后が建立した香山寺(香山堂)について記す。天平勝宝八歳「東大寺山堺四至図」(正倉院宝物)に、春日山の南山腹の堂舎にいたる道に「山房道」と注記あり。この山房は、神亀五年(七二八)十一月三日に智努王を造山房司長官に補し、同月二十八日に智行僧九人を択んで住せしめた「山房」(『続日本紀』)で、神亀四年閏九月二十九日に聖武天皇と夫人藤原光明子の皇子として誕生し、同十一月二日に皇太子となり、神亀五年九月十三日に夭逝した皇子(『続日本紀』)の冥福を祈るために建立された寺院と推定される(家永三郎「国分寺の創建について」『上代仏教思想史研究』畝傍書房、一九四二年。石上英一「コスモロジー—東大寺大仏造立と宇宙の実現—」『列島の古代史』七、岩波書店、二〇〇六年)。「東西楼」・「左右危観」は東西に対面する高殿。**24造香薬寺九間佛殿…僧房田薗食料**　新薬師寺創建。『東大寺要録』巻一(醍醐寺本)・本願章第一・聖武天皇、天平十九年丁亥(七四七)三月条に「仁聖皇后、縁二天皇不豫一、立二新薬師寺一、造二七仏薬師像一」と、光明皇后が聖武天皇病気平癒を祈願して七仏薬師像を本尊とする新薬師寺を建立したと記され、「東大寺山堺四至図」に「新薬師寺堂」と注記される金堂が描かれている。天平勝宝三年(七五一)十月二十三日、聖武太上天皇病気平癒のために新薬師寺で四十九日の続命之法を行なうことが命じられている(『続日本紀』)。平成二十年(二〇〇八)に奈良教育大学構内の東部で金堂(七仏薬師堂)の基壇が発見された(金原正明「よみがえる新薬師寺旧境内」『ザ・グレイトブッダ・シンポジウム論集』九号・論集光明皇后—奈良時代の福祉と文化—、GBS実行委員会編、東大寺、二〇一一年)。金堂は応和二年(九六二)八月三十日に台風で倒壊した(『東大寺要録』巻第四・諸会章第五、「村上御日記」)。現在の新薬師寺は、もとの金堂の東北方に位置する。**25皇后、又立薬院…**　『続日本紀』天平二年(七三〇)四月辛未(十七日)条「始置二皇后宮職施薬院一、令下諸国以二職封并大臣家封戸庸物一充上価、買二取草薬一、毎年進レ之」とある皇后宮職設置の施薬院。あるいは、養老五年(七二一)設置(「興福寺略年代記」『続群書類従』巻八百五十七〈刊本二十九下・雑部〉、および「皇年代記」〈宮内庁書陵部図書寮文庫、二五〇—一五一、第一冊〉の養老七年〈七二三〉条「冬建施薬・悲田二院于興福寺、古記ニ施薬院養老五年建立在之」、『扶桑略記』養老七年条参照)の興福寺施薬院への寄進に関わるか。参考史料の『続日本紀』天平宝字四年六月乙丑条光明皇太后崩伝参照。**26皇后、又拾(捨)料供、毎年受戒十師**　授戒十師料供喜捨。十師は、比丘に具足戒を授ける三師(戒和上・教授師・羯磨師)と七証(「東大寺戒壇院受戒式」『大正新脩大蔵経』七十四)。この記は、毎年の授戒にあたる十師のために料供(食料)を施入したこと表すとすると、東大寺戒壇院の授戒に関わる施入を示す。**27経云…飢饉劫(劫)**　経文は出典未詳。光明皇后の施薬院・悲田院創設の功徳が飢饉・疫病を防ぐことを述べる。**28皇后、會悲敬二田…不専為己**　三宝(仏・法・僧)興隆。悲敬二田は、病人・貧窮者(悲田)と仏・僧(恭敬福田、敬田)。「具四不壊信●　修五分法身○」(長句)、「財施供養●　正行供養●」(緊句、平他不調)、「三輪清淨●　□無希求○　惟為利他○　不専為己●」(緊句二対)は、光明皇后の三宝興隆における態度を讃える。「四不壊信」は、三宝と戒を信じることが堅固であること。「修五分法身」は、光明皇后が、戒・定(禅定による解脱)・慧(智恵による解脱)・解脱・解脱知見(解脱を知る)により学びつくしさらに学ぶことなく彼岸に達する聖者(阿羅漢果。『大般涅槃経』巻第三十六、「阿羅漢果者、即是無学、五分法身、戒定慧解脱解脱知見、因二是五分一、得レ到二彼岸一」〈『大正新脩大蔵経』十二、五八〇頁〉)となったこと。「三輪清浄」は、能施(奉仕者)・所施(奉仕対象者)・施物(奉仕の手段となる物)が清浄であること(『大般若波羅蜜多経』巻第四十八、「不レ見二施者・受者・施物一、三輪清淨而行二布施一」〈『大正新脩大蔵経』五、二七一頁〉)。「□無希求」は、諸本、「無希求」であるが、もと緊句で伝写過程で「□」一字(「敢」などの副詞か)が脱したと考えられる。**29皇后、以勝寶(宝)六年…廣(広)利諸天人**　第六段、受戒。天平勝宝六年(七五四)二月四日に入京した鑑真は(『唐大和上東征伝』、東寺観智院所蔵巻子本〈影印〉、古典保存会、一九三二年)、同年四月五日、東大寺大仏殿前において聖武天皇・光明皇后・皇太子阿倍内親王へ授戒を行なった。『唐大和上東征伝』に「其年(天平勝宝六年)四月初、於二盧舎那仏殿前一、立二戒壇一、天皇初登壇、受二井戒一、次皇后・皇太子、亦登壇受戒、尋為二沙弥澄修等四百卌餘人一授戒、(下略)」とある。『東大寺要録』巻第一本願章第一・延暦僧録文「勝寶感神聖武皇帝菩薩傳」(醍醐寺本)に「即其年四月、勝寶感神聖武皇帝、於二盧舎那佛前一、天皇請二鑒真和上一、登壇受二井戒一、皇太后・皇太子、並随二天皇一受二井戒一、後為二沙弥澄修等一受戒、(下略)」、同延暦僧録文「孝謙天皇」に「即令レ行二壇法一、四月五日、太上天皇、於二盧舎那佛前一、請二鑒真和上一、登壇受二井戒一、鑒真即任二少僧都一、皇太后・皇太子、同受二井戒一、次沙弥四百四十餘人授レ戒、」とある(同第四・諸院章第四・戒壇院、「東征傳云」以下、異事なし)。菩薩戒は、菩薩が受持すべき戒で、鑑真によるのは梵網経による授戒。「井行願●　莫不自資○　盡未来刧●　行井行○　有情界盡●　我願乃休○」(緊句三対)は、光明皇后の受戒への請願を記す。**30又添六宗…置涅槃岸**　「又添六宗○　存本取利●　請上名徳●　敷三乗教○」(緊句二対)は、仏教興隆の功績。六宗(三論宗・成実宗・華厳宗・法相宗・律宗・倶舎宗)。「存本取利」、仏を大切にし衆生利益に尽くすこと。「請上名徳」、名僧を招くこと。「三乗教」は、声聞乗(声聞〈仏の説法を聞いて悟る人〉に阿羅漢〈仏教の修行の最高段階に達した人〉の悟りを得させる教え)・縁覚乗(縁覚〈真理を悟った人〉の地位に達する教え)・菩薩乗(菩薩が修行し仏となる教え)の教法。「張大経網●　在生死流○　渡人天魚○　置涅槃岸●」(緊句二対)は、人衆救済解脱の功績。『大方広仏華厳経』巻五十八(六十巻本)に「張二大教網一、亘二生死海一」(八十巻本異事無し)、同巻四十三「法身金翅鳥、四如意為レ足、慈悲明浄レ眼、住二一切智樹一、菩薩金翅王、生二死大海中一、搏二撮天人龍一、安二置涅槃岸一」(八十巻本異事無し)とあり。衆生を生死の海にある人に喩え、仏の教えを網とし、救いあげて涅槃の岸に置き、また菩薩の化身の金翅王(迦楼羅)が生死の海にある人間・天神・魚龍をつかまえあげて涅槃の岸に置くこと、すなわち人々を解脱の境地にいたらすこと。筒井英俊校訂『東大寺要録』は「渡人天真」

と「魚」を「真」と読み取るが、三行前の「鑑真」の「真」とは字体が異なり、「魚」と読み取る。**31大哉解脱服…廣利諸天人**　第六段最後、受戒し尼となった光明皇太后への讃嘆偈。「大哉解脱服　無相福田衣　被奉如戒行　廣利諸天人」(緊句二対)、『法苑珠林』巻第二十二・入道篇・第十三鬍髪部・第三の剃髪し袈裟を受ける時の偈「大哉解脱服　無相福田衣　披奉如戒行　廣度諸衆生」(『大正新脩大蔵経』五十三、四四八頁)に拠るか。「解脱服」は袈裟、「無相福田衣」は袈裟の美称。**32天平仁政皇后…尊年不悉**　第七段、入滅。第七段(入滅)は、人柄を称える「稟天霊淑…」の六句と「業讃與王…」の四句、治績を称える「伊霍有田璋…」の四句の三節からなる。『日本高僧伝要文抄』巻二・藤原乙牟漏伝にも、似た表現がある。「天平仁政皇后…而已哉」、第七段第一節は三句の讃からなる。第一句「稟天霊淑　静履幽閑」(緊句一対)・「育聖慈仁　感軀斗之飛電　識微成竅　晃碭山之紫雲」(隔句二対)、第二句「業讃與王　功参撥乱　徳超父母　道峻尭門」(緊句二対)は、人柄を称える。「育聖仁慈　感軀斗之飛電」は、『延暦僧録』感瑞応祥皇后菩薩伝(藤原乙牟漏伝)(『日本高僧伝要文抄』巻二)に「感神龍、観飛電、育我儲后、廓清汾虬」とあるによると、「育聖」は阿倍内親王(孝謙天皇)を育くんだこと。「識微成竅　晃碭山之紫雲」は、漢高祖の后の呂后が碭山に隠れていた高祖を雲気により探しあてた故事(『史記』巻八・高祖本紀。『漢書』巻一上・高帝劉邦紀第一上)により、光明子が聖武天皇の偉業を晃かにしたことを賛嘆する句。第二句は、業・功・徳・道の四項で光明子の功績を称える。感瑞応祥皇后菩薩伝にも、「神超附宝、瑞叶美嫌、道冠険山、行高嬀汭」と、神・瑞・道・行の評がある。「撥乱」の乱は、聖武太上天皇崩後に起きた橘奈良麻呂の変(七五七年)。「道峻尭門」の「尭門」は「尭母門」の略称で、漢の昭帝が母(趙倢伃)の胎内にあること尭と同じ十四月で鉤戈門に生まれたので鉤戈門を尭母門ともいう(『漢書』巻九十七上・外戚伝第六十七上)。「道峻尭門」は、聖武天皇の妻、孝謙天皇の母として到達したありさまは、殷・漢の帝王の妻・母と同じであるの意味。第三句「伊霍有璋　珩璜合度　葛覃流詠　樛木垂芳」(緊句二対)は、聖武天皇の皇后としての輔翼をたたえる句。「伊霍」は、殷の伊尹と漢の霍光。伊尹は湯に仕え、相として桀を討ち、湯の崩後、不明暴虐であった孫の太甲を放ち摂政し、のち悔過自責した太甲を帝に迎えた(『史記』巻三・殷本紀)。霍光は、漢の武帝の遺詔を受け昭帝を輔翼し、昭帝の次の昌邑王賀を廃し、宣帝を擁立した(『漢書』巻六・七・八、巻二十七・五行志第七中之下)。「珩璜」は、玉佩に着ける珩(佩の上にあり紐をたらし璜などとつなぐ、佩首の横玉)・璜(佩の下端に着ける、璧を半分にした玉)。『大漢和辞典』に「玉佩」につき「天子のおびもの。佩玉。古の天子は皆玉を佩び、その玉の触れ合う音を以て趨歩の節とした」とあり。『漢書』巻二十七上・五行志第七上に「其於王事、威儀容貌、亦可観者也、故行歩有佩玉之度、登車有和鸞之節」とあり。「珩璜合度」は王の歩みに従い玉佩の奏でる音が節にあい王の威儀を示すこと。「伊霍有璋、珩璜合度」は、光明子が、聖武天皇を輔翼する優れた者(伊尹・霍光の如き璋)として、徳をもって天皇の生涯に仕えたこと。感瑞応祥皇后菩薩伝にも「術璜合度、伊翟有璋」の句あり。「葛覃流詠　樛木垂芳」は、周の文王の后大姒が婦道に秀でていたように、光明子が聖武天皇の優れた后として、慈愛あふれる人であったことを記す。『毛詩注疏』巻一・國風・周南に「葛覃、后妃之本也、后妃在父母家、則志在於女功之事、躬倹節用、服澣濯之衣、尊敬師傅、則可以帰安父母、化天下以婦道也」「樛木、后妃逮下也、言能逮下、而無嫉妬之心焉、后妃能和諧衆妾、不嫉妬其容貌、恒以善言、逮下而安之」とある(『藝文類聚』巻十五・后妃部・后妃参照)。**33自天平寶字其年六月七日…**

尊年不悉　第七段第二節、入滅。後掲の『続日本紀』天平宝字四年六月乙丑(七日)条崩伝。「冥駕」、冥界に昇る駕。「閤宮」、宮殿。「金板」、事績などを鏤り刻む金の板。

現代語訳

延暦僧録文

仁政皇后菩薩諱は安宿媛尊、号は天平応真皇后

　出家尼、名は光明子沙弥、

〔第一段〕皇后の俗姓は、藤原朝臣氏で、父贈一位太政大臣藤原朝臣史氏の女、すなわち、勝宝感神聖武皇帝の后である。

〔第二段〕皇后は、生家にある時、父に相談して市に赴き、諸商人に稱尺の使用方法を教えた。当時の日本は、稱尺が行なわれていなかったので、新たに大唐より稱尺を得た。そこで、皇后は、市に赴き人々に稱尺の使用方法を教えたのである。父は皇后に、「汝は、国を助けて風を広めなさい」といった。権衡稱尺は、時を経ずしてそれぞれ天下に流布した。

〔第三段〕のちに、聖武天皇が、光明子を妻に迎え、ついで詔を下して皇后とした。天平仁政皇后の号を奉じられた。姿は美しく清く淑やかであり、心は品格があり優れて幸いである。かつて、赤玉の璞を呑み、黄雲に覆われるという、帝王を生む吉祥を得たことがある。その故に、大王の妻となり、国の定めにしたがい皇后のつとめを果たした。軒轅宮(宮殿)に坐して、万物の母となった。心に三宝を深く信じ、釈迦牟尼仏の前に拝して龍珠を献じ成仏をとげた。身体は優れて堅固であり、邪悪なるものを断ち除き、竹林精舎にあり信仰を深め、心より願い寺院に住まわれた。

〔第四段〕聖武皇帝は、東大寺の造営が完了するのを待たずに昇天された。そこで皇太后は、それまでに続けて、当時の別当であった少僧都良弁と、佐伯今毛人を召し、「この時に臨み、ほかの仕事に従わず、故聖武太上天皇の忌日までに東大寺造立を成し遂げ落慶供養を行え。そのために、星夜には灯りを秉げて、期日までに造営せよ」と命じた。良弁と佐伯今毛人は東大寺に赴き、檀越(施主)を助け造営につとめた。大仏殿の前庭は美しく飾られ、幢柱が立てられ幡が高くひるがえって日を刷め、大仏殿は雲を陵いで聳える。美しい東西両塔が並び立ち、月に届かんとするさまであり、浄土からの香風が四方に吹き、天より花が舞いおり、四周が光り輝き、香煙と花は限りない。寺の厨では僧衆に供ずる食事をつくり、さまざまな立派な食膳がととのえられた。招き寄せられた僧侶は、音楽が奏でられる中を錫杖の音を鳴り響かせ、経典をもち、偈頌を誦しながら集う。ここにおいて、賢臣たちは音楽が奏される中、毘盧舎那仏の慈悲に浴するために大仏殿院に参集し、恭しく慎んだ親王・王は、菩提樹の枝になる玉の如くに毘盧舎那仏の前に参列する。毘盧舎那仏と故聖武太上天皇の供養のために大仏殿に荘厳を施し、薬王菩薩が天上から海此岸に生ずる栴檀の雨をふらした如くに、供養の香煙が大仏の前に流れ渡る。高僧・衆僧は列をなして龍神の住む泉から滾滾と水が湧き出る如く経を誦しながら大仏の前に進み、その読経の音は響き渡る。高僧や衆僧は大仏殿と回廊に設けられた席に向かい進んで行く。僧侶は皆、席に着し、故聖武太上天皇の霊を招く供養のため表白文、経を唱誦する。「伏して、勝満菩薩が、遥かに浄土に渉り、仙雲に乗り天国にいたり、無上の福善を得て、最高至上の悟りを得られることを、お願いいたします」。すなわちこれ(故太上天皇忌日法会)は、天平仁政皇后にしてなし得ることであった。

〔第五段〕皇后はまた香山寺金堂を造営した。寺院は十分に荘厳され、東西の楼閣は影を映す庭を隔てて並び、左右の高楼が高く聳え立つ美しいさまは形容しがたい。皇后はまた香薬寺(新薬師寺)に九間仏殿を造営した。七仏浄土七軀を造立し、仏殿に招き入れた。東西に二塔を造営した。鐘を鋳

造し、住僧は百余人であった。また、田園を寄進し僧坊に食料を供した。皇后は、また薬院を設立し、病苦の人々に薬を給した。皇后は、また毎年の受戒のための十師の料を施入した。経に、「薬を施せば、末刧の時に至っても、疫病刧に逢うことはない。食を施せば、飢饉刧に逢うことはない」という。皇后は、貧者・病者や僧尼にめぐり会い、三宝興隆に尽した。堅固に仏・法・僧と戒を信じ、阿羅漢として備えるべき五つの徳を修めた。財を施し、正しい行ないにより供養して、施者・受者・施物は清らかで、願い求めることもせず、ひたすら利他のためにして、己のためにすることはなかった。

〔第六段〕皇后は、勝宝六年、東大寺大仏の前において、和上鑑真に従い、菩薩戒を受戒した。菩薩戒を受けた願いと行ないの目的はみずからのためではない、未来まで菩薩として行なうべきことを行ない、人々のためにつくすことができれば、私の願いはかなうとされた。仁政皇后は、また、三論宗・成実宗・倶舎宗・華厳宗・法相宗・律宗の六宗に従い、仏を敬い衆生利益につくし、名僧を招き、声聞のための教え、縁覚のための教え、菩薩のための教えを広めることにつとめた。仏の教えに従い衆生を救い、生死の海にある衆生を救い、涅槃の岸にたどり着かせることにつとめた。「大なるかな解脱服、無相福田衣。仏となる戒行を行ない、広く神々と人々の利益をなすであろう」。

〔第七段〕天平仁政皇后は、天より、優れて立派な性を稟け、行ないは静かにして落ち着き、聖人を育み情け深いこと、体に天の星からの気を感じとる如くであり、感性に優れること、碭山に隠れた高祖を探し出した呂后の如くである。これすなわち、業においては王を讃け与い、功においては臣下の乱を揆めることにあずかり、徳においては父母を超え、天皇の妻・母としての道においては堯門の峻さにいたっている。(その功績は)どうして、帝王を輔翼した伊尹や霍光の如き璋(玉)として、王(聖武天皇)の歩みに従い奏でられ王の威儀を示す玉佩となり、葛がのび流れる如くに后妃の本に従い、枝垂れる樛木が芳香を放つ如くに後宮をおさめたことに限られるであろうか(いや、それだけではない)。天平宝字其年六月七日、冥界への乗物が天に昇られた。宮殿は長く寂かになり、静かなる徽は自ら遠くなられた。どうして、善事を金板に留め、尊年を悉さないことがあろうか。以上は(延暦)僧録の文である。

▼解説

藤原光明子の事績は、『続日本紀』、正倉院の宝物・文書により詳細に知られ、自筆の『楽毅論』『杜家立成雑書要略』も正倉院に残されている。光明子の伝は、岸俊男「光明立后の史的意義」(『日本古代政治史研究』、塙書房、一九六六年)、林陸朗『光明皇后』(吉川弘文館、一九八六年〈新装版〉)、『ザ・グレイトブッダ・シンポジウム論集』九号・論集光明皇后―奈良時代の福祉と文化―(GBS実行委員会編、東大寺、二〇一一年)、『東大寺大仏:天平の至宝』光明皇后一二五〇年御遠忌記念特別展図録、東京国立博物館・読売新聞東京本社文化事業部編、読売新聞東京本社、二〇一〇年)など、研究が蓄積されている。しかし、「延暦七年選述延暦僧録一巻」と伝えられる(唐招提寺僧義澄撰『招提千歳伝記』(元禄十四年〈一七〇一〉序)巻中之一・明律編・唐台州開元寺思託律師伝。『続々群書類従』十一)、『延暦僧録』におさめられ、同書から『東大寺要録』巻一に全文が引載された「仁政皇后菩薩伝」は、『延暦僧録』の完成が崩御後二十八年であること、事績を讃嘆する文で書かれていることなどのゆえか、光明子の伝記研究にはあまり使われていない。しかし、鑑真に従い天平勝宝五年十二月に日本に来着し、翌六年二月に平城京に入り、四月五日の鑑真による聖武太上天皇・光明皇太后・孝謙天皇への授戒にも師に従い参加したはずであり、天平勝宝九歳(七五七)五月二日の聖武太上天皇の周忌法会にも参加したはずである思託は、間近に光明皇太后をみたに違いない。最近、米田雄介「光明皇后—藤三娘に課せられたもの—」(『ザ・グレイトブッダ・シンポジウム論集』)が、天平元年八月二十四日光明子立后宣命(『続日本紀』)に記す「しりへの政」は「天皇と相並んで政務を見ること」と指摘している。このことと、思託が、伝において繰り返し、光明子を殷・周・漢の明徳の帝の母または后にたとえて称賛し、さらに光明子の皇后・皇太后としての統治に関わる事績を帝を輔翼する伊尹・霍光に擬(なぞら)えて「業讃與王」、「珩璜合度」と特記し、「功参揆乱」と太上天皇崩御後の統治者としての治績を特記していることは、関わりがあろう。

参考史料

『続日本紀』巻二十二　天平宝字四年(七六〇)六月乙丑(七日)条(『新日本古典文学大系』14・続日本紀三)

天平応真仁正皇太后崩、姓藤原氏、近江朝大織冠内大臣鎌足之孫、平城朝贈正一位太政大臣不比等之女也、母曰二贈正一位県犬養橘宿禰三千代一、皇太后、幼而聡慧、早播二声誉一、勝宝感神聖武皇帝儲弐之日、納以為レ妃、時年十六、接二引衆御一、皆尽二其歓一、雅閑二礼訓一、敦崇二仏道一、神亀元年、聖武皇帝即レ位、授二正一位一、為二大夫人一、生二高野天皇及皇太子一、其皇太子者、誕而三月、立為二皇太子一、神亀五年、夭而薨焉、時年二、天平元年、尊二大夫人一為二皇后一、湯沐之外、更加二別封一千戸一、及高野天皇東宮封一千戸一、太后仁慈、志在レ救レ物、創二建東大寺及天下国分寺一者、本太后之所レ勧也、又設二悲田・施薬両院一、以療二養天下飢病之徒一也、勝宝元年、高野天皇受レ禅、改二皇后宮職一、曰二紫微中臺一、妙二選勲賢一、並二列臺司一、宝字二年、上二尊号一、曰二天平応真皇太后一、改二中臺一、曰二坤宮官一、崩時春秋六十、(下略)

参考文献

石上英一「『東大寺要録』巻一所引延暦僧録文「仁政皇后菩薩」伝について」(『正倉院文書研究』14号、二〇一五年)。石上英一「古代典籍写本調査から史料学・地域歴史文化遺産の構想へ」(『「格・式研究を踏まえた日本古代社会像の再構築」「古代の百科全書『延喜式』の多分野協働研究」講演会記録集1・2』、二〇二二年)。光明宗法華寺編『光明皇后御傳』(改訂増補版、吉川弘文館、二〇二〇年)。

天平20年8月29日写一切経所解・天平20年9月7日造東大寺司解(草案)
(正倉院古文書・続々修16−1 ①裏　正倉院宝物)

4 文書の作成

官司等における文書の作成・発出においては、まず草案（そうあん）が作成され、草案に基づき案が作成され、案から正文（しょうもん）が作成され、正文が他者へ送付され、官司等は案を保管した。また、官司等においては、保管した案の写や、受領した正文の写も作成された。

釈文

（造東大寺司解）写一切經所解[1]　申奉[2]請未奉請經[3]論疏并請緒[4]軸事

合卅五部七百七十五巻（卌四）（卅五部□百廿一巻經　一部六巻律　一部一巻論　八部卌七巻疏（四）（七））　○「合」以下ノ一行、行間追筆、

大般若經一部六百巻[5]　依十七年十一月十一日尼公[6]令旨、奉写難波時所願之經者、
装潢已了、

法花經十部八十巻[7]　依令王十八年十月十一日宣、所奉写者、（尼公旨）
可着緒十三丈六尺、巻別一尺七寸、請了十一丈一尺、未二丈五尺、
軸八十枚、

千手經廿一巻[8]　依縣犬甘命婦十九年七月廿六日宣所奉写者、
可着緒三丈三尺六寸、巻別一尺六寸、軸廿一枚、

最勝王經二部廿巻[9]　依坊政所（高屋赤万呂）十六年九月十日宣所奉写者、一部写了、一部（未装）未写六巻、写了四巻、
其料（標）紙等所在不知、但疑高屋赤麻呂所、可着三丈二尺、別一尺六寸、軸廿枚、

花嚴經疏一部廿巻[10]　吉蔵師撰、依令王（尼公旨）十五年八月十二日宣所奉写者、
○緒四丈四尺、巻別二尺二寸、○緒以下、写一切経所解追筆、

已上（一部）、依十九年十一月廿四日良弁大徳宣、奉請平攝師所、

十一面經疏一巻　依令王（尼公旨）十八年二月廿八日宣所奉写者、
緒二尺、

「唯識論樞要一部四巻〇基法師撰、依令（尼公）王（旨）十五年十一月十七日宣所奉寫者、
可着緒一丈、

尊勝珠林一巻依令（尼公）王（旨）十八年三月三日宣所奉寫者、
可着緒二尺五寸、

已上四部、依 令旨所奉寫者、

瑜[11]伽井地（疏）一部五巻真空師撰、又一部七巻竟法師撰、薬師經疏一巻靖邁師撰、

法華論一巻、菩提流支譯、

已上四部疏、（依）依東大寺次官（大倭少掾）佐伯宿祢（今毛人）[12] 十九年七月廿七日宣所奉寫者、

可着緒二丈一尺六寸、別一尺八寸、

唯[13]識論一部十巻 辨中邊論一部三巻 百論一部三巻 肇論一巻

已上十七巻（四部）依 王（市原王）十八年二月十二日宣所奉寫者、即以六月十五日、

専 王、偪（副）辨中邊論本三巻、奉請内裏、

中論疏一部十巻 法花玄論一部十巻 十二門論疏二巻 法花遊意二巻

已上廿四巻、自内裏給出之本者、今、依 王十八年九月二日宣、付舎

人高田石足、奉[14]請安定尼公許、如前、

瑜伽井地（疏）一部五巻真空師撰又一部七巻竟法師撰薬師經疏一巻靖邁撰法花論

一巻菩提流支撰

已上四部疏、東大寺次官佐伯宿祢（祢）、自内裏奉請出之本者、

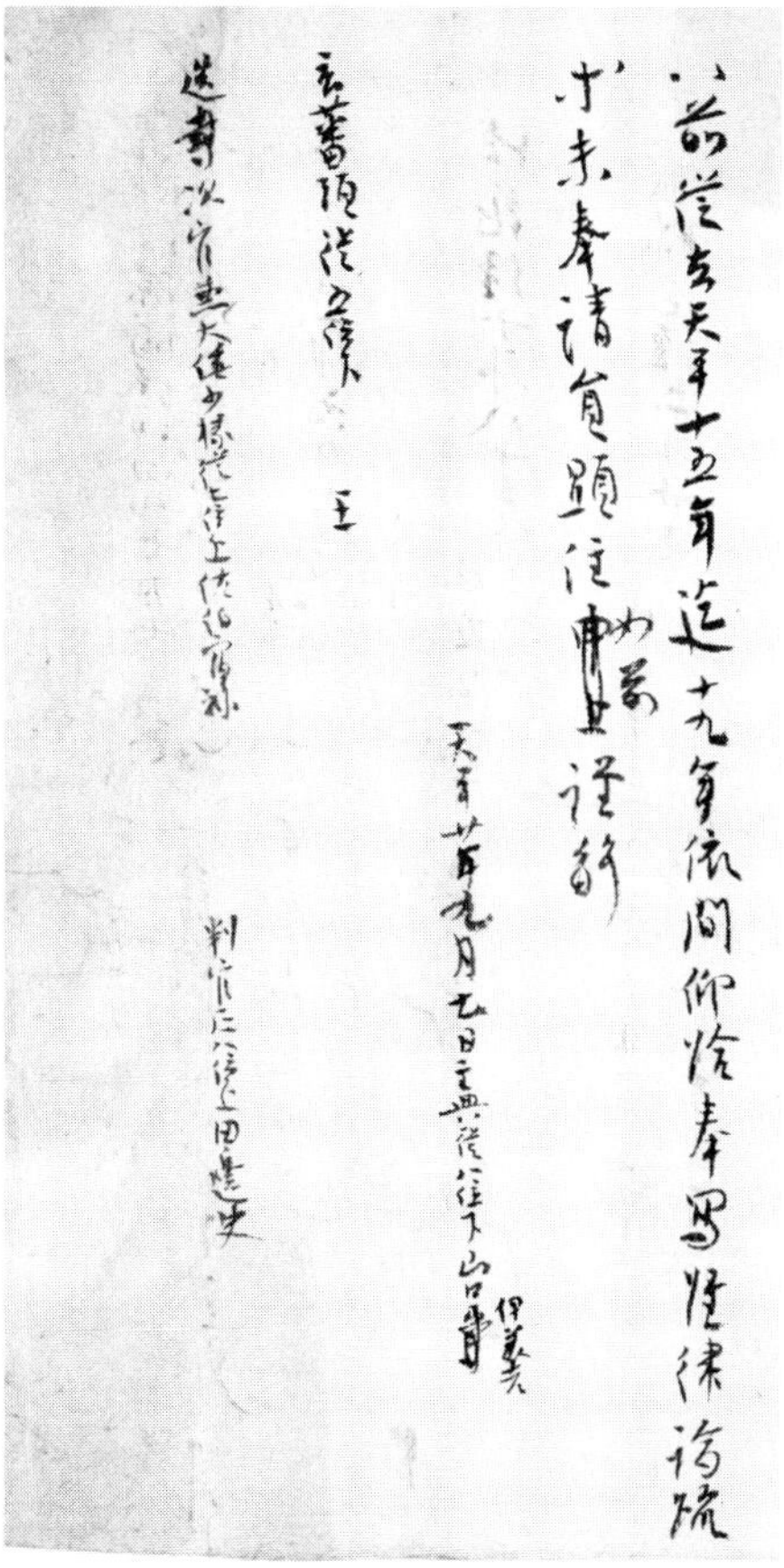

百論疏一部三巻　百論一部三巻已上二部、依　王十七年十一月二日宣所奉寫、
已上、十八年五月廿日、専　王、奉請内裏、
中論疏一部六巻依十七年十一月二日大尼公宣所奉寫、
已上、十九年十月廿九日、東大寺次官佐伯宿祢（祢）　専奉請内裏、
四分律抄一部六巻依高屋赤麻呂十五年十二月廿一日宣、所寫、可着緒一丈五尺六寸、巻別二尺六寸、軸六枚、
八巻金光明經疏一部八巻依式部尊[15]（鈴鹿王）大輔藤原朝臣十五年九月廿日宣、所奉寫者、可着緒一丈六尺、巻別二尺、軸八枚、
[16]合可請緒廿六丈九尺三寸、　請了十一丈一尺、未請十五丈八尺三寸、　軸一百五十五枚、

[17]天平廿年八月廿九日舎人少初位上志斐連麻呂
以前、従去天平十五年迄十九年、依間仰給、奉寫經律論疏等、未奉請員、
顕注申上（如前）、謹解、
天平廿年九月七日主典従八位下山口忌寸（伊美吉）
玄蕃頭従五位下　王（市原王）
造寺次官兼大倭少掾従七位上佐伯宿祢（今毛人）　判官正八位上田邊史（真人）

〔注〕①『大日本古文書』十、三七四～三七七頁、「造東大寺司解案」と題して収める。②正楷書体で表した追筆・傍書・行間補書、および墨線（文抹消および行移動の指示）は、写一切経所解に修正を加えて造東大寺司解草案を作成した造東大寺司主典山口伊美吉による。③「寫一切經所解」の行より「天平廿年八月廿九日舎人少初位上志斐連麻呂」の行までに付された、墨線及び墨線丸囲いによる文・行の抹消は、「ミ」により示し、墨鉤線による文の抹消は、文頭に付した「┌┐」により示す。④写一切経所解の「唯識論一部十巻…」より「已上十九年十月廿九日…」までの十行は、造東大寺司解草案作成時、各行に墨鉤線を附し（「已上十九年…」の行は除く）、さらに全十行を墨線で囲み抹消され、参考史料❶天平二十年九月二十日造東大寺司解案（写）には採録されていない。⑤「読み下し」には、造東大寺司解草案作成による加筆と文の移動・削除を除いた「寫一切經所解」の文のみを掲げる。

読み下し

写一切経所解す（ゲ）　申（まお）す奉請（ブジヤウ）・未奉請経論疏、并（あは）せて請（こ）ふ緒（ヲ）・軸の事（こと）
大般若経一部六百巻〈十七年十一月十一日令旨（リヤウジ）に依りて写し奉（まつ）る、難波の時所願の経、装潢（そうこう）已（すで）に了（おは）りぬ、〉
法花経十部八十巻〈王十八年十月十一日の宣（セン）に依りて写し奉る所、着（チヤク）す可（べ）き緒十三丈六尺、巻別一尺七寸、請（う）け了（おは）りたるは十一丈一尺、未二丈五尺、軸八十枚（ひら）、〉
千手経廿一巻〈縣犬甘命婦（あがたいぬかいのミヨウブ）十九年七月廿六日宣に依りて写し奉る所、着す可き緒三丈三尺六寸、巻別一尺六寸、軸廿一枚、〉
最勝王経二部廿巻〈坊政所（ボウまんどころ）十六年九月十日宣に依りて写し奉る所、一部写了、一部、未写六巻、写了四巻、其料縹紙等の在る所は知ら不（ず）、但

し疑ふらくは高屋赤万呂の所、　着す可き三丈二尺、別一尺六寸、軸廿枚、〉
花厳経疏一部廿巻〈吉蔵師撰、　王十五年八月十二日宣に依りて写し奉る所、緒四丈四尺、巻別二尺二寸、〉
　已上、一部、十九年十一月廿四日良弁大徳宣に依りて、平攝師の所に奉請す、
十一面経疏一巻〈王十八年二月廿八日宣に依りて写し奉る所、緒二尺、〉
唯識論枢要一部四巻〈基法師撰、　王十五年十一月十七日宣に依りて写し奉る所、着す可き緒一丈、〉
尊勝珠林一巻〈王十八年三月三日宣に依りて写し奉る所、着す可き緒二尺五寸、〉
　已上四部、令旨に依りて写し奉る所、
瑜伽𦬇(菩薩)地疏一部五巻真空師撰又一部七巻竟法師撰薬師経疏一巻〈靖邁師撰〉
法華論一巻〈菩提流支訳、〉
　已上四部疏、東大寺次官佐伯宿祢の十九年七月廿七日宣に依りて写し奉る所、〈着す可き緒二丈、尺六寸、別一尺八寸、〉
唯識論一部十巻　辨中邊論一部三巻　百論一部三巻　肇論一巻
　已上十七巻、王の十八年二月十二日宣に依りて写し奉る所、即ち六月十五日を以ちて専して、王、辨中邊論本三巻を偪へて、内裏に奉請す、
中論疏一部十巻　法花玄論一部十巻　十二門論疏二巻　法花遊意二巻
　已上廿四巻、内裏自り給り出すの本、今、王の十八年九月二日宣に依り、舎人高田石足に付けて、安定尼公の許に奉請せること、前の如し、
瑜伽𦬇地疏一部五巻真空師撰　又一部七巻竟法師撰　薬師経疏一巻靖邁撰　法花論一巻〈菩提流支撰〉
　已上四部疏、東大寺次官佐伯宿祢　内裏自り奉請して出すの本、
百論疏一部三巻　百論一部三巻已上二部、王の十七年十一月二日宣に依り写し奉る所、
　已上、十八年五月廿日、専して、王、内裏に奉請す、
中論疏一部六巻十七年十一月二日大尼公宣に依り、写し奉る所、
　已上、十九年十月廿九日、東大寺次官佐伯宿祢、専して、内裏に奉請す、
四分律抄一部六巻〈高屋赤麻呂の十五年十二月廿一日宣に依りて写す所、着す可き緒一丈五尺六寸、巻別二尺六寸、軸六枚、〉
八巻金光明経疏一部八巻〈式部尊十五年九月廿日宣に依りて写し奉る所、着す可き緒一丈六尺、巻別二尺、軸八枚、〉
合せて請ふ可き緒廿六丈九尺三寸、〈請了十一丈一尺、未請十五丈八尺三寸、〉軸一百五十五枚、
　　天平廿年八月廿九日舎人少初位上志斐連麻呂

語句説明

1寫(写)一切經(経)所　造東大寺司被管の写経所。**2奉請**　ぶじゃう。「神仏、本尊、僧侶などを招き請ずること」(『日本国語大辞典』11、八五〇頁)から転じて、経典貸借、経典を移動する行為に用いられる。**3經論疏**　大蔵経の部類。経は仏の教え、律は教団の生活規則、論は教説の究明、疏は経の注釈。以下、仏典解題は略す(『仏書解説大辞典』等参照)。**4緒軸**　緒、巻子の表紙につける巻緒。軸、巻子の奥につける軸。**5大般若經一部六百巻**　天平二十年(七四八)七月十日東大寺写経所解案(続々修正倉院古文書第二十四帙第六巻④裏。『大日本古文書』十、三〇四〜三一一頁)に「依二去天平十七年九月一日　勅一、奉レ寫大般若經一部料雜物、所レ用幷殘者使用、顕注如レ前、」(三一一頁)とある如く、天平十七年(七四五)九月一日聖武天

皇勅により書写が命じられ、さらに天平十七年十一月十一日に皇后宮職の尼公の宣と、宣を受けた造東大寺司長官市原王の同日の令旨により写経と成巻の作業が進められ、完成した。聖武天皇勅により書写された大般若経は、天平二十年八月二十九日の時点では未だ造東大寺司写一切経所にあり天皇のもとへ奉納されていなかった(栄原永遠男「難波之時御願大般若経について」『奈良時代写経史研究』塙書房、二〇〇三年。武井紀子「正倉院文書写経機関関係文書編年目録—天平十七年—」『東京大学日本史学研究室紀要』十三号、二〇〇九年)。**6尼公**　中務省の下にある、光明皇后の皇后宮の事務をつかさどる官司である皇后宮職の尼僧の女官。実名不詳。傍書「尼公」は、造東大寺司解草案作成の際に、市原王宣を尼公宣に改めるためになされた書入れ。**7法花經十部八十巻**　金光明寺造物所への皇后宮職の女官の尼の天平十八年(七四六)十月十一日宣、尼の宣を受けた金光明寺造物所から金光明寺写経所への市原王の同日の宣により、「妙法蓮華経」八巻(鳩摩羅什訳)の十部の書写が開始された。法華経は、天平二十年八月にはすでに八十巻の書写が終了していたが、一巻に一尺七寸の長さを用いる緒が八十巻で十三丈六尺必要なところ、六十五巻分(十三丈六尺)しか支給されておらず、十五巻分(二丈五尺)が未支給であり、装潢未了により皇后宮職に奉納されていなかった。天平二十年八月二十九日写一切経所解の草案の残簡である(年月日闕)間写経疏未請注文(参考史料❷参照)には、「无軸」と記されている。同文書には、「法花経十部八十巻」について「依市原王天平十八年十月十五日宣所奉寫」と注記されているが、「十月十五日宣」は「十月十一日宣」の誤記。**8千手經廿一巻**　千手千眼陀羅尼経。「縣犬甘命婦」は、縣犬養宿禰八重で、天平宝字四年(七六〇)五月七日に卒した(『続日本紀』同日条)。県犬養氏には、藤原不比等の妻で光明皇后の母の県犬養宿禰三千代がおり(『続日本紀』天平五年(七三三)正月庚戌(十一日)条「内命婦正三位県犬養橘宿禰三千代薨、(中略)命婦、皇后之母也、」)、八重は三千代の親族であったと推定され、正倉院文書には、天平十五年(七四三)十月八日写経所解(正倉院古文書正集第九巻⑪裏。『正倉院古文書影印集成』三。『大日本古文書』二、三四一〜三四三頁。『正倉院文書目録』一、一九四頁)から皇后職の女官としてあらわれる。天平勝宝二年(七五〇)三月以降の造東大寺司写経所の文書と考えられる(年月日欠)間写経疏目録(続々修正倉院古文書第十六帙第一巻②。『大日本古文書』八、三七〇〜三七一頁)にも、「千手千眼經廿一巻依縣犬甘命婦天平十九年七月廿六日宣所奉寫」とある。**9最勝王經二部廿巻**　金光明最勝王経。「坊政所」の坊は皇太子の家政機関の春宮坊。ときの皇太子は、聖武天皇の娘の阿倍内親王(即位して孝謙天皇、称徳天皇)。前掲(年月日欠)間写経疏目録に、「最勝王経二部縹紙 一部既了 一部未寫了 依春宮坊政所天平十六年九月十日宣所奉寫使高屋赤万呂」とあり、天平勝宝二年においても一部は書写・装潢未了であった。高屋赤万呂(赤麻呂)は、当時、春宮坊主膳監令史(第四等官)。**10花嚴(厳)經疏一部廿巻**　「緒四丈四尺、巻別二尺二寸、」は、写一切経所解における追筆。「尊勝珠林一巻」の次に「已上四部、依　令旨所奉寫者」とあるので、花厳経疏一部廿巻は、十一面経疏一巻・唯識論枢要一部四巻・尊勝珠林一巻とともに、皇后宮職の金光明寺造物所宛の宣に基づく金光明寺造物所長官市原王の写経所宛の令旨により書写されたものである。「花嚴經疏一部廿巻」は、写一切経所解の注記と造東大寺司解草案による注記への加筆によれば、天平十五年八月十二日尼公宣、同日の市原王宣により書写されていた。花厳経疏は、書写は終了していたが、天平十九年(七四七)十一月二十四日の良弁の宣により、平摂(元興寺・新薬師寺の僧)に貸し出されていて未奉請(皇后職に送られていない)であった。この花厳経疏は、天平十九年六月四日写一切経所経疏検定帳(前後欠)(正倉院古文書正集第四十一巻②裏、『正倉院古文書影印集成』四、『大日本古文書』九〈三八一〜三八五頁〉、『正倉院文書目録』一。続修正倉院古文書第七巻②裏、『正倉院古文書影印集成』七、『大日本古文書』二十三〈一六四頁〉、『正倉院文書目録』二）の天辺の追記に「又花厳経疏廿巻法蔵師撰／以十六年八月廿四日依高屋令宣奉請平攝師所」とあり、天平十六年（七四四）八月にも春宮坊の宣により平摂に貸し出されたことがあった。**11瑜伽井地疏一部五巻…**　墨線で囲まれた部分に、瑜伽井地疏一部五巻等の「四部疏」は造東大寺司が内裏より奉請（借用）したものと記されている。**12佐伯今毛人**　養老三年（七一九）生、延暦九年（七九〇）薨。佐伯今毛人は、天平十九年七月二十七日より前に造東大寺司次官に任じられ、天平勝宝七年（七五五）に造東大寺司長官に任じられ、東大寺の大仏造立と伽藍造営を進め、延暦三年（七八四）に参議に任じられ、翌年、正三位に叙せられ、延暦八年（七八九）に致仕した（『続日本紀』『公卿補任』など）。**13唯識論一部十巻…**　「唯識論一部十巻」などの行より「已上十九年十月廿九日…」の行までの部分は、天平二十年八月二十九日に写一切経所解が造東大寺司に提出された時点で、すでに書写が終了していた経典、または貸出しのために内裏や皇后宮職に奉請（送付）されていた経典で、未奉請経典一覧を内容とする造東大寺司解には不要であったので、墨線で全体を囲い造東大寺司解には採録しないこととされた。**14奉請安定尼公許納櫃本経検定幷出入帳**（続々修正倉院古文書第十五帙第二巻⑤〜⑧、同第三巻①〜⑫、続々修第二十六帙第十巻⑰裏。『大日本古文書』二十四、一六三〜二〇〇頁）の、第四櫃の天平十五年（五月〜九月）記に顕無辺仏土功徳経を「依安定尼公宣、奉請久尓宮、」（一六六頁）、第五櫃の天平十五年七月二十三日記に无量義経等を「依安定尼公宣、奉請久尓宮、」（一七一頁）、第六櫃の天平十五年七月二十三日記に了本生死経等を「依安定尼公宣、奉請久尓宮、」（一七九頁）とあり、「久尓宮」は山背国相楽郡甕原に設けられた恭仁京の宮城の恭仁宮で、安定尼は恭仁宮に配属されていた皇后宮職の女官の尼僧と推定される。聖武天皇は、天平十二年（七四〇）十二月から同十六年二月まで恭仁宮に遷居していた。聖武天皇は難波宮に遷り、ついで天平十七年（七四五）五月に平城宮に戻り、同十八年（七四六）九月二十九日に恭仁宮大極殿が山背国国分寺に施入された。「王十八年九月二日宣」は天平十八年九月二日金光明寺造物所の長官市原王の宣で、九月二十九日の直前の時期まで恭仁宮で写経か仏事が行なわれていたことを示すと考えられる。**15式部尊**　鈴鹿王。高市皇子の子。天平十七年九月四日、知太政官事兼式部卿従二位にて薨ず（『続日本紀』）。**16合可請緒廿六丈九尺三寸…**　写一切経所解では、緒や軸が未装着で装潢が完了していない経典について経典名の下の割書で注記しているが、造東大寺司解は装潢完了に必要な緒・軸の数量を記さないこととしたので、墨線で囲んで抹消された。なお、「可請」緒・軸は、「表　天平二十年八月二十九日写一切経所解に記載された「合可請」緒軸の数量」（三九頁）の如く、「法花経十部八十巻」より「八巻金光明経疏一部八巻」までに注記された未請の緒・軸の総数に合致する。**17天平廿年八月廿九日…**　造東大寺司解には不要となるので墨線で囲んで抹消された。「以前…」より「造寺次官…」までの五行は、造東大寺司解の草案作成のために書き加えられた。

現代語訳

写一切経所は、解状を（造東大寺司に）奉り、送付と未送付の経・論・疏について報告し、あわせて（経巻の）巻緒・軸を請求することを、申請します。

大般若経一部六百巻　十七年十一月十一日の令旨に依り写し奉りました。（天皇陛下が）難波宮に坐されておられた時に（写経を）願われた経です。経巻の表装（装潢）は已に了えております。

法花経十部八十巻　市原王の十八年十月十一日の宣に依り写し奉りまし

た。(経巻の表紙に)着けるべき巻緒は十三丈六尺、一巻あたり一尺七寸、のうち請け了っているのは十一丈一尺、未だ請け取っていないのは二丈五尺です。(経巻の)軸は八十枚です。

千手経廿一巻　県犬甘命婦の十九年七月廿六日の宣に依り写し奉りました。着けるべき巻緒は三丈三尺六寸、巻別一尺六寸です。軸は廿一枚です。

最勝王経二部廿巻　春宮坊政所の十六年九月十日宣に依り写し奉ります。一部は書写を了えました。一部は、六巻は未だ書写されておらず、書写を了えたのは四巻です。それらに使う材料である縹紙などのある所はわかりません。ただし、推定するには、高屋赤万呂の所にあるでしょう。着すべき巻緒は三丈二尺、巻別一尺六寸です。巻軸は廿枚です。

花厳経疏一部廿巻、吉蔵師撰　市原王の(天平)十五年八月十二日宣に依り写し奉りました。巻緒は四丈四尺、巻別二尺二寸です。

　この一部は、十九年十一月二十四日の良弁大徳の宣に依り、平摂師の所に送付してあります。

十一面経疏一巻　市原王の天平十八年二月二十八日の宣に依り写し奉りました。巻緒は二尺です。

唯識論枢要一部四巻　基法師撰　市原王の十五年十一月十七日宣に依り写し奉りました。着すべき巻緒は長さ一丈です。

尊勝珠林一巻　市原王の天平十八年三月三日宣に依り写し奉りました。着すべき巻緒は長さ二尺五寸です。

　已上の四部は、東宮坊令旨に依り書写し奉りました。

瑜伽菩薩地疏一部五巻、真空師撰、また、一部七巻、竟法師撰　薬師経疏一巻、靖邁師撰　法華論一巻菩提流支訳

　已上の四部の疏は、造東大寺司次官佐伯宿禰の十九年七月廿七日宣に依り写し奉る所です。着すべき緒二丈一尺六寸、別一尺八寸。

唯識論一部十巻　辨中邊論一部三巻　百論一部三巻　肇論一巻

　已上十七巻は、市原王の十八年二月十二日宣に依り書写して奉る所です。即ち六月十五日をもって、王(市原王)が担当して、辨中邊論本三巻を副えて、内裏に納めました。

中論疏一部十巻　法花玄論一部十巻　十二門論疏二巻　法花遊意二巻

　已上二十四巻は、内裏より給わった本で、今、市原王の十八年九月二日の命令に依り、舎人高田石足に付けて、安定尼公の許に納めました。(唯識論等と)同様です。

瑜伽菩薩地疏一部五巻　真空師撰、また一部七巻　竟法師撰、薬師経疏一巻、靖邁撰、法花論一巻、菩提流支撰

　已上の四部の疏は、造東大寺司次官佐伯宿禰今毛人が内裏より借り出した本です。

百論疏一部三巻　百論一部三巻　已上二部は市原王の十七年十一月二日宣に依り写し奉った経です。

　已上(二部)は、十八年五月二十日、市原王が担当して、内裏に返納しました。

中論疏一部六巻　十七年十一月二日の大尼公の宣に依り書写し奉りました。

　已上、十九年十月二十九日、造東大寺司次官佐伯宿禰今毛人が担当して、内裏に納めました。

四分律抄一部六巻　(春宮坊主膳監進膳令史)高屋赤麻呂の(天平)十五年十二月廿一日宣に依り書写しました。着すべき巻緒一丈五尺六寸、巻別二尺六寸。軸六枚。

八巻金光明経疏一部八巻　式部尊(式部卿鈴鹿王)の(天平)十五年九月廿日宣に依り書写しました。着すべき巻緒一丈六尺、巻別二尺。軸八枚。合せて請うべき緒は二十六丈九尺三寸、請け了ったのは十一丈一尺、未だ請

けていないのは十五丈八尺三寸。軸は一百五十五枚。

天平廿年八月廿九日舎人少初位上志斐連麻呂

▼解説

養老令の職員令神祇官条の大祐(判官)の職掌に「審署文案、」と規定され、養老令の勅撰注釈書『令義解』には、「審署者、審察主典勘造文案而署之也、文案者、施行曰文、繕置曰案也、」と注解され、「施行」される文書が「文」、官司に「繕置」(まとめおく、集めおく)される文書が「案」とされている。

正倉院文書に、表(現状、裏)が二重文書で裏(現状、表)にも文書が書かれた三重文書がある。それが、続々修正倉院古文書第十六帙第一巻①裏の天平二十年九月七日造東大寺司解案(草案。天平二十年八月二十九日写一切経所解との二重文書)と、参考史料❶掲載の続々修正倉院古文書第十六帙第一巻①表の天平二十年九月七日造東大寺司解案(写)(『大日本古文書』十、三七七~三七九頁)からなる文書である(石上英一「古代日本史料の世界」立教大学東アジア地域環境問題研究所浦野聡・深津行徳編『古代文字史料の中心性と周縁性』春風社、二〇〇六年、四九~五六頁。天平二十年の文書目録は、野尻忠「正倉院文書写経機関関係文書編年目録―天平二十年―」『東京大学日本史学研究室紀要』六号、二〇〇二年、五五~五六、九二~九五頁)。

現状の裏(料紙の表面)には、まず造東大寺司に提出される天平二十年八月二十九日写一切経所解が書かれた。(年月日欠)間写経幷疏未請注文(続修正倉院古文書第八巻⑪裏。『正倉院古文書影印集成』七。『大日本古文書』八、五八一~五八二頁。『正倉院文書目録』二。参考史料❷に掲載)は、「大般若経一部六百巻…」から「最勝王経二部」まで四経が記され、天平二十年八月二十九日写一切経所解の草案の一部と推定される。天平二十年八月二十九日写一切経所解を受領した造東大寺司において、写一切経所解の文面を加除修正して天平二十年九月七日造東大寺司解の草案が書かれた。草案の筆者は、日下に記される造東大寺司主典山口伊美吉と考えられる。料紙の現状の表(本来は料紙の裏面)には、山口伊美吉により天平二十年九月七日造東大寺司解案(写)が書かれている(参考史料❶掲載)。

天平二十年八月二十九日写一切経所解は、写経所の案主(文書・記録を担当する下級役人)の志斐連麻呂が作成して自署を加え、上級機関の造東大寺司に提出した文書であり、天平十五年から十九年の間に公私の依頼により写経所で書写した経典についての状況報告書である。造東大寺司の写経所が、一切経である五月一日経を書写する作業を常写(本来の書写の作業)、公私(内裏・貴族・官人・僧など)の依頼によりさまざまな経典を書写する作業を間写(臨時の書写の作業)という。写一切経所がこの解により造東大寺司に報告しているのは、金光明寺造物所(造東大寺司の前身官司)・造東大寺司等から指示された間写の経典の書写・装潢状況と奉請・未奉請の状況(書写・装潢は終了しているが未だ奉請していない大般若経一部と、書写や装潢が終了していない経典〈未写の巻や、緒・軸未装着の巻がある経典〉)、および経典の貸出しの状況である。この写一切経所解は、天平十九年後半期頃に設置された造東大寺司が上部機関である太政官に管下の写一切経所の間写の業務遂行状況を報告するために写一切経所に提出させたものである。ただし、現存する天平二十年八月二十九日写一切経所解は、造東大寺司に提出された正文ではなく、写一切経所にあった案を造東大寺司主典山口伊美吉が造東大寺司解の草案を作成するために借り出したものである可能性もある。

造東大寺司において、主典山口伊美吉は、太政官に提出する造東大寺司解の作成のために、写一切経所解の紙面を利用して写一切経所解の内容を修正・加除する方法で、草案を作成した。造東大寺司主典山口伊美吉は、文書の名称と形式を「写一切経所解」(写経所の上申書)から「造東大寺司解」(造東大寺司の太政官への上申書)へと修正し、主題を書写は終了しているが未だ依頼主のもとに送っていない経典の目録に修正し(「奉請未奉請経論疏幷請求緒軸事」の「奉請」「幷請緒軸」を抹消)、第十三行〜第二十二行の貸出し中または納付済みの経典を記載した部分を削除し、経典の配列順を整え、内容の訂正を行ない、上申年月日を天平二十年九月二十日に改めて、草案を作成した。本文書は、ある機関が、当該機関の下級機関から上申されてきた文書を加除修正して、ほかの機関へ発信する文書の草案を作成した事例である。この過程は、次の諸段階からなる。

第一段階：造東大寺司は、管下の写一切経所に、天平二十年八月の時点で同所が所管する間写経典の書写・装潢と奉請・未奉請の状況の報告を命じた。この措置は、金光明寺造物所から整備された官司としての造東大寺司が、その所管する写経事業の進展状況を太政官に報告するために行なわれた。

第二段階：写一切経所は、間写経典の書写・装潢と奉請・未奉請の状況を、天平二十年八月二十九日写一切経所解(続々修正倉院古文書第十六帙第一巻①裏の第一次文書)により造東大寺司に報告した。ただし、現存する写一切経所解は案である可能性もあることは、前述した。

第三段階：造東大寺司は、主典山口伊美吉に、写一切経所における間写の経典の書写・奉請状況を太政官に報告するための造東大寺司解の案の草案の作成を命じた。主典山口伊美吉は、天平二十年八月二十九日写一切経所解を利用してその紙面に天平二十年九月七日造東大寺司解案(草案)(続々修正倉院古文書第十六帙第一巻①裏の第二次文書)を作成した。

第四段階：造東大寺司において、草案をもとに、太政官に提出する天平二十年九月七日造東大寺司解の案が作成され、長官・次官・判官により決済され、天平二十年九月七日造東大寺司解の正文が作成されて太政官に提出された。天平二十年九月七日造東大寺司解は、太政官に保管された。

第五段階：造東大寺司において、主典山口伊美吉が、天平二十年九月七日造東大寺司解案(草案)の裏面に天平二十年九月七日造東大寺司解案を転写し、天平二十年九月七日造東大寺司解案(写)(続々修正倉院古文書第十六帙第一巻①表)を作成した。造東大寺司解案(草案)と造東大寺司解案(写)は同筆で、山口伊美吉の書である。天平二十年九月七日造東大寺司解案(写)は参考史料❶として掲げる。

第六段階：天平二十年九月七日造東大寺司解案(写)(裏面、天平二十年八月二十九日写一切経所解及びその上面に書かれた天平二十年九月七日造東大寺司解〈草案〉)が、造東大寺司から写一切経所に移されて保管された。

参考史料

❶天平二十年九月七日造東大寺司解案(写)

天平二十年八月二十九日写一切経所解・天平二十年九月七日造東大寺司解(草案)の裏面に写された。

造東大寺司解　申未奉請經論疏事

合奉請經律論疏卌四部七百七十五巻卌四部七百廿一巻經、一部六巻律、一部一巻論、八部卌七巻疏、

大般若經一部六百巻依尼公十七年十一月十一日宣奉寫難波時所願之經、装潢已了、

法花經十部八十巻依尼公十八年十月十一日宣所奉寫、

冣勝王經二部廿巻依高屋赤万呂十六年九月十日宣所奉寫、一部寫了、未装、一部、寫了四巻、未寫六巻、

千手經廿一部廿一巻依縣犬甘婦ㇾ命十九年七月廿六日宣所奉寫、

四分律抄一部六巻依高屋赤万呂十五年十二月廿一日宣所奉寫、

花厳經疏一部廿巻吉蔵師撰、依尼公十五年八月十二日宣所奉寫、

八巻金光明經疏一部八巻依式部大輔藤原朝臣十五年九月廿日宣所奉寫、

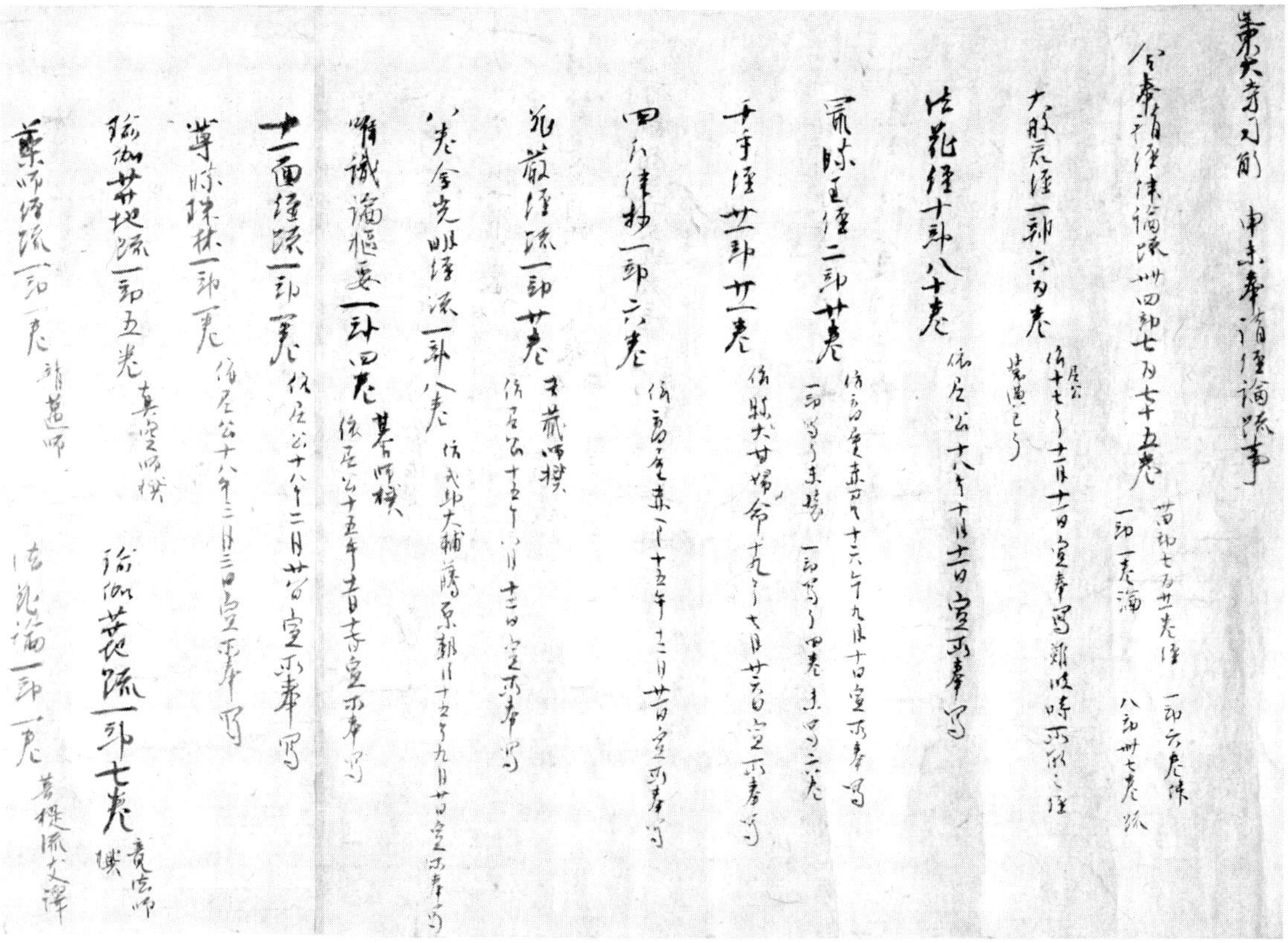

❶天平20年9月7日造東大寺司解案(写)（正倉院古文書・続々修16-1 ①表　正倉院宝物）

唯識論樞要一部四巻基法師撰、依尼公十五年十一月十七日宣所奉寫、
十一面經疏一部一巻依尼公十八年二月廿八日宣所奉寫、
尊勝珠林一部一巻依尼公十八年三月三日宣所奉寫、
瑜伽卄地疏一部五巻真空師撰、　瑜伽卄地疏一部七巻竟法師撰、
薬師經疏一部一巻靖邁師、　法花論一部一巻菩提流支譯、
　已上四部、依尼公十九年七月廿七日宣所奉寫、
以前、従去天平十五年迄十九年、依間仰給奉寫経律論疏等未奉請顕注如前、
謹解、

天平廿年九月七日主典従八位下山口伊美吉
玄蕃頭従五位下　　王
造寺次官兼大倭少掾従七位上佐伯宿祢　　判官正八位上田邊史

＊　＊　＊

参考史料❶天平二十年九月七日造東大寺司解は、表面の草案の内容を浄書したものになっており、一見すると造東大寺司から太政官に提出された上申文書の案のようにみえる。しかし、紙の反対面にある草案をみながら案を作成することはできない。この文書は、造東大寺司に保管された天平二十年九月二十日造東大寺司解案を転写したもの、すなわち天平二十年九月二十日造東大寺司解案(写)である。

❷(年月日欠)間写経幷疏未請注文(正倉院古文書・続修第八巻⑪裏)

『大日本史料』八、五八一～五八二頁。天平二十年八月二十九日写一切経所解の草案(前欠、途中まで)と推定される。

○右端、切断、
間寫經幷疏未請事　　合經
大般若經一部六百巻依十七年十一月十一日令旨、為今帝(聖武天皇)所奉寫、奉令旨市原王、
法花經十部八十巻依市原王天平十八年十月十五日宣所奉寫、可請緒十三丈六尺、請了十一丈一尺、未請二丈五尺、无軸、

千手經廿一巻依縣犬(八重)甘婦命十九年七月廿六日宣所奉寫、可着緒三丈三尺六寸、无軸、
最勝王經二部
空○以下、

表　天平20年8月29日写一切経所解に記載された「合可請」緒軸の数量

経典　部巻数	部数	巻数	未写巻数	可着緒(丈)	請了緒(丈)	未請緒(丈)	軸(枚)	未請軸(枚)
法花経　十部八十巻	10	80		13.6	11.1	2.5	80	80
千手経　廿一巻		21		3.36		3.36	21	21
最勝王経　二部廿巻	2	20	6	3.2		3.2	20	20
十一面経疏　一巻	1	1		0.2		0.2	1	1
唯識論枢要　一部四巻	1	4		1		1	4	4
尊勝珠林　一巻	1	1		0.25		0.25	1	1
瑜伽菩薩地疏　一部五巻	1	5		2.16		2.16	14	14
瑜伽菩薩地疏　一部七巻	1	7						
薬師経疏　一巻	1	1						
法華論　一巻	1	1						
四分律抄　一部六巻	1	6		1.56		1.56	6	6
金光明経疏　一部八巻	1	8		1.6		1.6	8	8
緒・軸　計				26.93	11.1	15.83	155	155
写一切経所解に記された文「合可請緒廿六丈九尺三寸〈請了十一丈一尺、未請十五丈八尺三寸〉　軸一百五十五枚」					11.1	15.83		155

緒は、丈を単位として表示。軸は、枚を単位として表示。

天平勝宝5年3月27日造東大寺司牒(案)(正倉院古文書・続修別集6⑥　正倉院宝物)

【注】①見、重書。②朱、重書。③六、「五」擦消し重書。④緒ノ下、「丹軸」擦消。⑤紅、擦消し重書。⑥胡、擦消し重書。⑦枚、重書。⑧合並机敷布、「□□布一條」擦消し重書。

5 文書の機能1　物と共に移動する

文書は、発信者から受信者に授受される時、主題として記載された物・人などの移動を伴う場合がある。また、文書は、正文のみが発信者から受信者へ移動するのではなく、発信者から受信者へ移動する物の確認のために正文の写も同時に移動することがある。

釈文

造東大寺司牒　僧綱[1]務所

奉請仁王経[2]壹佰部　之中拾參[3]部請留東大寺

見①奉[4]請捌拾柒部　五十一部黄紙[5]及表綺緒朱軸②　③六部黄紙表綺緒④

九部白紙及表綺緒　七部紅⑤紙縹表綺緒　六部縹紙淺緑表綺緒

三部胡⑥桃紙縹表綺緒　以上卅一部丹軸　三部黄紙及表綺緒柒塗軸

一部黄紙及表綺緒紫檀軸　一部黄紙及俵〔表〕綺緒梨軸

竹[6]綵帙十七枚⑦並緋裏錦縁𢶒〔綴〕組帯　納柒塗小辛櫃[7]〔櫃〕一合、⑧並机[8]、敷布一條

右、依今日牒旨、令奉請如前、

天平勝寶五年三月廿七日上馬養[9]

呉原[10](生人)

次官佐伯宿祢[11](今毛人)

「右、以四月七日、依先員奉納如前、[12](写経司奉請文、上馬養筆)　上馬甘

(天平勝寶五年)

又自三綱所、奉請仁王経廿三巻、只上二巻下巻一」

読み下し

造東大寺司牒す　僧綱務所

仁王経(にんのうきょう)壱伯部を奉請(ぶじゃう)す　之(これ)の中(うち)拾参部は、請(じゃう)して東大寺に留(とど)む、

見に奉請せるは捌拾柒部、〈五十一部は、黄の紙及び表、綺の緒、朱軸、六部は、黄の紙及び表、綺の緒、九部は、白の紙及び表、綺の緒、七部は、紅の紙、縹の表、綺の緒、六部は、縹の紙、浅緑の表、綺の緒、三部は、胡桃の紙、縹の表、綺の緒　以上、卅一部は丹の軸、三部は黄の紙及び表、綺の緒、漆塗の軸、一部は黄の紙及び表、綺の緒、紫檀の軸、一部は黄の紙及び俵〔表〕、綺の緒、梨の軸〉

竹の綵帙十七枚、〈並に緋の裏、錦の縁、綴の組帯、漆塗の小辛櫃一合に納む、並に机、敷布一条、〉

右、今日の牒の旨に依り、奉請令しむること前の如し、

天平勝宝五年三月廿七日上馬養

呉原

次官佐伯宿祢

「右、四月七日を以て、先の員に依りて納め奉ること前の如し、上馬養

又、三綱所自り、仁王経廿三巻を奉請す、〈只上二巻と下巻一、〉」

語句説明

1僧綱務所　僧尼令に定められた、仏教界を統轄する僧官の僧正・大僧都・少僧都・律師および佐官からなる僧綱が政務を行う役所。綱所は、養老六年(七二二)に平城京左京の薬師寺に置かれた(『続日本紀』養老六年七月己卯〈十日〉条)。綱所は、僧綱務所、僧綱所とも称された。**2仁王経**　大乗経典。漢訳に六朝時代の鳩摩羅什訳「仁王般若波羅蜜経」(仁王経)二巻と、唐の不空訳「仁王護国般若波羅蜜多経」(仁王護国経・新訳仁王経)二巻がある。般若波羅蜜を受持することにより国家の安穏がえられると説く。波羅蜜は、此岸から彼岸に渡ることで仏になるため菩薩が行なう修行。般若波羅蜜は、真理を認識する智恵で、六波羅蜜または十波羅蜜の行の一つ。仁王般若波羅蜜経は、妙法蓮華経、金光明最勝王経とともに護国三部経とされた。天下太平鎮護国家祈願の法会として仁王経講説の仁王会が行なわれた。**3拾参部請留東大寺**　仁王経百部(一部は二巻)のうち、十三部はすでに東大寺に貸し出してあったことを記す。三月二十七日に僧綱に送られた仁王経八十七部と、東大寺に貸し出してあった十三をあわせた百部が、東大寺における仁王会に使用された。経典の貸借にも使用された。**4奉請**　ぶじょう。仏や菩薩、僧侶などを請い招くこと。経典の貸借にも使用された。**5黄紙及表綺緒朱軸**　以下の小字割書に、巻子装の八十七部の仁王般若波羅蜜経が同一装幀の巻子群ごとに記される。本文料紙が「紙」、本文料紙の右端に付けられた巻子の表紙(縹紙、裱紙)が「表」、表紙の端の押え竹の中央に取り付けられる巻き紐が「緒」、巻子の芯の軸木が「軸」と記されている。「黄紙及表」「黄紙表」、黄蘗により染められた黄色の本文料紙と表紙。「白紙及表」、染められていない紙の本文料紙と表紙。「紅紙」、紅花染の薄赤色本文料紙。「縹表」「縹紙」、藍染の薄青色の紙の表紙と本文料紙。「浅緑表」、藍と黄蘗により染められた薄緑色の紙の表紙。「胡桃紙」、胡桃の樹皮により淡褐色に染められた紙の本文料紙。「綺」、横糸に色糸を用い縞模様を画いた幅の狭い帯状や紐状の織物で、紐状のものを緒に使用する。「朱軸」、軸頭に赤色の朱(硫化水銀)を塗った軸。「丹軸」、軸頭に赤色の鉛丹(四酸化三鉛)を塗った軸。「漆塗軸」、軸頭に漆を塗った軸。「紫檀軸」、軸頭に紫檀(インド原産のマメ科の常緑樹。黒色木材として利用)を嵌めかぶせた軸。「梨軸」、透明度の高い漆に雌黄(オトギリソウ科の樹木からとった黄色樹脂)などを混ぜた黄色漆塗りを軸頭に施した軸。**6竹綵帙**　竹籤を絹糸で簾状に編み、経巻に接する裏面に茜染の緋色の織物(絁など)をつけ(緋裏)、その縁を錦で覆い(錦縁)、模様を織り出した綴れ錦の組帯紐をつけた(綴組帯)、経巻をつつむ帙。八十七部(百七十四巻)に帙十七枚を使用するので、一帙で五部十巻をつつむことになる。ただし、二部四巻は残る。十巻

を三巻、四巻、三巻の三段に重ね、仮に、表紙の厚みと軸木の装着を考慮して一巻直径二寸とすると、横八寸、縦約六寸となり、つつむ面の長さ(横)は余裕をもたせて一周約三尺弱となる。帙の奥行き(縦)は、軸が料紙本体(経巻料紙の高さは九寸五分前後)から上下に少し出ていることを考慮して一尺になる。したがって、十巻を裹む帙は、縦一尺、横三尺弱の大きさとなる。**7小辛櫃**〔櫃〕 櫃は櫃。辛櫃(唐櫃)は脚付きの木製の箱。合は、櫃の単位。仁王経一百部二百巻を納める唐櫃を使用したとする場合、十巻を包む帙を二十帙納めることができる櫃は、仮に、一段に八帙(四帙二列、計八帙)を置く三段分(最上段は二帙分、空く)の容積があったとすると、内面で幅三尺半、奥行二尺余、高さ二尺弱の大きさがあればよい。この大きさの唐櫃は、文書には小辛櫃とあるが、飯田剛彦・佐々田悠「正倉院櫃類銘文集成(一)─古櫃─」(『正倉院紀要』四一号、宮内庁正倉院事務所、二〇一九年)に掲載された櫃の大きさを参照すると、存在した可能性がある。**8机、敷布** 経典を置く机と、机の上に敷いて経巻を載せる布。**9上馬養** 上村主馬養。造東大寺司の案主(文書を掌る職)で写経所を担当。本貫は河内国大県郡津積郷。天平十一年(七三九)の皇后宮職写経所の経師上日帳に現れ、写経所で校生となり、造東大寺司の案主となり写経所の運営・管理を担当した。鬼頭清明「上馬養の半生」(『日本古代都市論序説』法政大学出版局、一九七七年)。**10呉原生人** 造東大寺司の案主。**11佐伯宿祢** 佐伯今毛人。本章3節語句解説**16**参照。**12右、以四月七日** 解説参照。

現代語訳

造東大寺司は、僧綱の役所に通知する。

仁王経一百部を貸し出す。 このうち十三部は、東大寺に貸し出したまま留めおかれている。この度、貸し出すのは八十七部である。〈五十一部は、黄蘗染の料紙と表紙、綺の緒、(軸頭が)朱塗の軸。六部は、黄蘗染の料紙と表紙、綺の緒。九部は、白色の料紙と表紙、綺の緒。七部は、紅花染の料紙、藍染の縹色の表紙、綺の緒。六部は、藍染めの縹色の料紙、浅緑色の表紙、綺の緒。三部は、胡桃染の料紙、藍染の縹色の表紙、綺の緒。以上、三十一部は(軸頭が)丹塗の軸。三部は、黄蘗染の料紙と表紙、綺の緒、(軸頭が)漆塗の軸。一部は、黄蘗染の料紙と表紙、綺の緒、(軸頭が)紫檀の軸。一部は、黄蘗染の料紙と表紙、綺の緒、(軸頭が)梨地漆塗の軸。〉

竹製の綵帙十七枚〈皆、緋色の絹の裏地、錦の縁、綴織りの組帯。(帙に巻き納めた経巻は)漆塗りの小辛櫃一合に納める。あわせて、机と敷布一条をそえる。〉

以上の如く、本日の僧綱からの通知の内容に従い、経典を貸し出す。

天平勝宝五年三月廿七日 上 馬養

呉原

次官佐伯宿祢

(追記)「右の仁王経、四月七日に、先日(三月二十七日)と同様に(僧綱に)貸し出す。 上馬養

また、東大寺三綱所からも仁王経二十三巻を貸し出す。ただし、上巻二巻と下巻一巻(がたりない)。」

▼解説

仁王会(仁王般若会)は、「仁王般若波羅蜜経」を講讃することで、外敵、疫病・旱魃などから国土を守るための法会。百幅の仏菩薩像を掲げ、百部二百巻の仁王経を備え、百人の僧の高座を設けて行なわれた。『続日本紀』天平勝宝五年(七五三)三月庚午(二十九日)条に、「於二東大寺一設二百高座一講二仁王経一、是日、飄風起、説経不レ竟、於レ後、以二四月九日一講説、飄風亦発。」とあり、天平勝宝五年三月二十九日、僧綱が、東大寺に百高座を設けて仁王会を行なったが、当日、大風で途中で中止し、四月九日に再度

催したが、同じく大風が吹いたことが記録されている。

　はじめに掲げた天平勝宝五年三月二十七日造東大寺司牒(案)は、僧綱に送る造東大寺司牒の正文の草案であり、後述の如く、仁王経を納めた唐櫃に貼り付けられていたものを、四月九日の二度目の仁王会が終ってから剝がし取り、写経所で保管していたもの。参考史料掲載の天平勝宝五年三月二十七日造東寺司牒は、造東大寺司が作成した正文を写経所が写した案、または造東大寺司に残された案を写経所が写した案で、写経所に保管されていたものである。造東大寺司は、東大寺で天平勝宝五年三月二十九日に行なう仁王会のために仁王経百部を僧綱に送るように通達してきた三月二十七日付の僧綱牒を受け、即日、僧綱へ造東大寺司管理の仁王経百部を貸し出す(奉請)牒と仁王経を送った。ただし、百部のうち十三部(二十六巻)は東大寺三綱が前に造東大寺司から借用していたものを使用するので、八十七部のみを貸し出した。これにより、あわせて百部が仁王会に使用されることとなった。仁王経八十七部(一百七十四巻)は、漆塗の唐櫃一合に納められ、経巻を載せる机と経巻の敷布一条も同時に貸し出された。天平勝宝五年三月二十七日造東大寺司牒(案)は、縦二九・〇センチ、横二八・六センチのほぼ方形で、紙背に三段三列九か所の糊痕があるので(『正倉院文書目録』四・続修別集、一〇二頁。『正倉院古文書影印集成』十四、解説、一一三頁)、八十七部一百七十四巻の経巻を納める小辛櫃の蓋の表(あるいは蓋の裏)に貼られていたと考えられる。経巻を納める帙は十七枚なので、一帙に十巻納めると、十七帙で全八十七部百七十四巻のうち百七十巻が納められ、二部四巻が残ることになる。四巻を帙に納めるために、四つの帙には各々十一巻が納められていた可能性もある。草案の奥の余白の写経所案主上馬養の書入に、四月七日に「依先員奉納如前」とあり、三月二十九日の法会のあと、一度、造東大寺司に戻され、四月七日に再度、僧綱に貸し出されたことがわかる。上馬養の書入で、二回目の仁王会にも東大寺三綱から二十三巻が貸し出されたことがわかる。ただし、東大寺に請留されていたのは十三部二十六巻で、二十三巻の貸し出しでは、上二巻、下一巻の三巻足りないと注記されている。草案(続修別集六⑥)・案(続修別集六⑤)は上馬養の書写によるもので、二度目の仁王会が終了し経巻が造東大寺司に戻された際、造東大寺司から写経所に移管されたと推定される。天平勝宝五年三月二十七日造東大寺司牒(案)は、唐櫃に納められた経巻、経机、経の敷布とともに移動する文書の例である。

参考史料

天平勝宝五年三月二十七日造東寺司牒(案)(正倉院古文書・続修別集第六巻⑤)

造東寺司①　僧綱務所
奉請仁王経壹佰部 二百巻 之中拾参部請(便)留東大寺
見奉請捌拾柒部 五十一部黄紙及表綺緒朱軸　六部黄紙及表綺緒 九部白紙及表綺緒　七部紅紙縹表綺緒
六部縹紙浅緑表綺緒　三部胡桃紙縹表綺緒　以上卌一部丹軸
三部黄紙及表綺緒柒塗軸　一部黄紙及表綺緒紫檀軸　一部黄紙及表綺緒梨軸
竹綵帙拾柒枚 並緋裏錦縁拶組帯
右、依今日牒旨②、奉請如前、
天平勝寶五年三月廿七日
次官正五位上兼行下総員外介佐伯宿祢③

〔注〕①造東寺司は造東大寺司。②旨、擦消して重書。③本文書は、上馬養が、造東大寺司におかれていた造東大寺司牒案を書写したものである。紙背に糊の痕はない。

参考文献

石上英一「古代日本史料の世界」(『古代文字史料の中心性と周縁性』六三～六五頁)。

(本章4節文書の作成、参照)

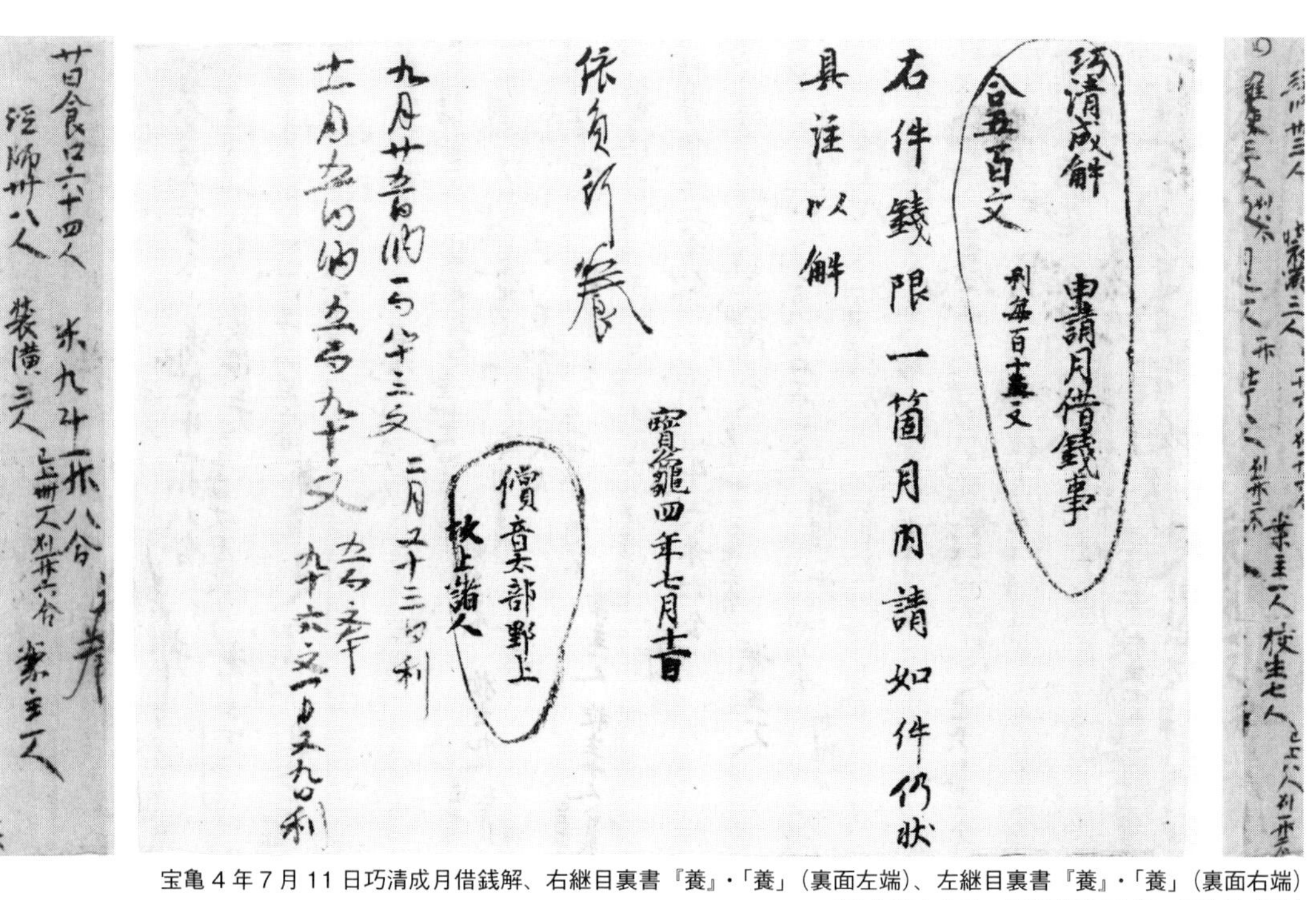

宝亀４年７月 11 日巧清成月借銭解、右継目裏書『養』・「養」（裏面左端）、左継目裏書『養』・「養」（裏面右端）
（正倉院古文書・続修後集 20 ⑨　正倉院宝物）

6 文書の機能2　物と人の動きを記録する――

文書は発信者・発信機構から受信者・受信機構に移動したあと、受信者・受信機構のもとで、文書の主題として記載された物や人の移動を記録する。また、発信者・発信機構において、文書の主題として依頼、請求し、受信者・受信機構から送られてきた物・人の動きを、発信者・発信機構に保管される文書の案・写に記録することがある。

釈文

（右端継目裏書、朱書、右半部存）『養』[1]　（同継目裏書、右半部存）「養」

（右端上部裏書入、朱書）『八千八百文』

[2]巧清成解[3]　申請月借銭事[4]

合五百文利[5]毎百十五文

右、件銭、限一箇月内、請如件、仍状

具注、以解[6]、

寳龜四年七月十一日（一日、摺消重書）

（下月借銭文、朱書）（上馬養）

[7]『依員行養』

「償[8]音[9]太部野上

坂上諸人」

[10]（収納銭文、朱書）『九月廿五日、納一百八十三文、二月又十三日利、』

[11]（収納銭文、朱書）『十一月五日、納五百九十（六脱）文、五百文本、九十六文、一月又九日利、』

（左端継目裏書、朱書、左半部存）『養』　（同継目裏書、左半部存）「養」

読み下し

（表の面の文のみ読み下し）

巧清成（たくみのきよなり）解（げ）す　申（まを）し請（こ）ふ月借銭（げつしゃくせん）の事

合（あは）せて五百文　利、百毎（ごと）に十五文、

右、件の銭、一箇月を限る内、請ふこと件の如し、仍て状具に注す、以解、

宝亀四年七月十一日

『員に依て行へ、（上馬養）養』　償　音太部野上

坂上諸人

『（収納銭文）九月廿五日、納一百八十三文、二月又十三日の利、』

『（収納銭文）十一月五日、納五百九十〔六〕文、〈五百文本、九十六文、一月又九日の利、〉』

語句説明

1継目裏書　月借銭の運用担当者である写経所案主上馬養は、宝亀三年（七七二）から同六年（七七五）の期間、月借銭解を、年月日順に左から右に貼り継いで継文とし、月借銭の貸付・返納の台帳として管理した。上馬養は、月借銭解継文の継目裏に「養」（墨書、朱書）の継目裏書を加えた（継目裏書「養」が加えられない場合もあった）。月借銭解継文は数巻あったと推定される。右端裏「八千八百文」は、上馬養による月借銭貸借に関する書入れ。右端裏の継目裏書・書入は、断簡⑧と断簡⑨を貼り継ぐ新補白紙（続修後集編成時の紙）により大半が隠れている。左端裏の継目裏書も断簡⑨と断簡⑩を貼り継ぐ新補白紙で半分が隠れている。**2巧清成**　宝亀二年（七七一）から同六年に造東大寺司の奉写一切経所において写経を行なった経師。工清成、工浄成とも表記される。**3解申請**　紅葉山文庫本『令義解』巻六・公式令・解式（『二色刷影印紅葉山文庫本　令義解』、三二五〜三二六頁）は、「式部省解　申其事／其事云云／謹解／年月日　大録位姓」を、訓点により「式部省解シ　申ス其ノ事、／其事、云云、謹ｰ解／年月日　大録位、姓、名」と訓読する（訓点の、助辞は片仮名、読点〈朱点〉は『、』、改行は「／」で表した。四声符、略す）。「謹ｰ解」は音合符「ｰ」により音読とされている。「解」には呉音「げ」が使用されているので、「以解」は、呉音で「いげ」、慣用では「以て解す」。「姓」には、平声点（左下隅の朱点）あり。**4月借（銭）**　月利賦課の銭貨貸付。「出」が貸与、「挙」が回収。利息つき貸借。**5利毎百十五文**　月借銭百文ごとに三十日で利（利息）十五文、一日当り利息〇・五文。**6以解**　紅葉山文庫本『令義解』巻六・公式令・解式に「其非向太政官者以以代謹」（其太政官ニ向ニ非ハ、以ヲ以テ謹ニ代ヨ）とあり、太政官以外への解は「以解」を用いるとされる。**7依員行養**　月借銭管理担当の写経所案主上馬養が、月借銭の貸与を許可する判（下月借銭文。充銭文とも称される）。「員」は借用申請の銭の額。**8償**　返済が滞った場合に返済を保証すること。「償」で保証人を示す。保証人を「償人」と記す月借銭解もある。**9音太部野上・坂上諸人**　宝亀年間に奉写一切経所に仕えた経師。**10九月廿五日、納…**　次行「十一月五日納…」とともに、奉写一切経所が、月借銭の元金や「利」を受領したことを記す文（収納銭文。収納文とも称される）。九月二十五日に、奉写一切経所が巧清成から「二月」と「十三日」の分の「利」一八三文を受け取ったことを、上馬養が記入した。**11十一月五日、納…**　巧清成から奉写一切経所に、月借銭五百文と、九月二十六日から十一月五日までの三十九日分の利「九十六文」とが返納されたことを、上馬養が記した。九月二十五日の「利」とあわせて、月借銭五百文と「利」一百七十九文（一百八十三文と九十六文）が完済されたので、上馬養は、「巧清成解　申請月借銭事／合五百文利毎百十五文」と償人連署「償音太部野上／坂上諸人」を墨線で囲い抹消して、宝亀四年（七七三）七月十一日に許可した巧清成の借銭が完済されたことを示した。

現代語訳

巧清成が申し請います　月借銭の事
　合わせて五百文 利は、百文毎に十五文、
右の件の銭を、一箇月を限って貸し出してもらうことをお願いします。そのために申請の内容を詳細に記して、解を差し出します。
　　宝亀四年七月十一日
　　　保証人は音太部野上と坂上諸人
『(充銭文)員に依り貸すことを認める。(上馬養)養』
『(収納銭文)九月廿五日、一百八十三文を収納した。二か月と十三日の分の利息である。』
『(収納銭文)十一月五日、五百九十〔六〕文を収納した。〈五百文は元本、九十六文は一か月と九日の分の利息である。〉』

▼解説

○造東大寺司奉写一切経所における月借銭

　月借銭は、八世紀に行なわれた、月利による銭貨の貸付けで、利息は日歩により日数分の利息を計算して課される(ただし、一文未満の端数の処理がされる)。正倉院古文書には、造東大寺司の宝亀年間の写経機関である奉写一切経所が経師等に対して行なった、宝亀三年から同六年の時期の月借銭の借用申請書である月借銭解が九十六通残されている(栄原永遠男「月借銭解に関する基礎的考察」『正倉院紀要』四〇号、宮内庁正倉院事務所、二〇一八年。宮川久美「正倉院文書の訓読と注釈　月借銭解編」第一分冊～第十分冊『奈良佐保短期大学研究紀要』一八～二七、二〇一〇～二〇年、原本写真・『大日本古文書』・訓読文・語注を掲載。市川理恵「下級官人と月借銭―宝亀年間の一切経写経事業を中心に―」『正倉院文書と下級官人の実像』同成社、二〇一五年)。現存する九十六通のうちの五通は貸付が許可されなかった月借銭解であった。貸付が許可されなかった五通のうち二通は、申請者に返却され申請者が反古(反故)となった月借銭解を手実に転用したので、奉写一切経所の管理する文書群として残されることになった。後掲の、巧清成・秦磯上・刑部真主連署の宝亀四年二月四日月借銭解は、この二通のうちの一通で、申請者の一人である秦磯上が手実に転用したものである。月借銭解は、奉写一切経所において、提出年月日順に左から右へ貼り継がれて数巻の月借銭解継文として保管され、貸与された月借銭が返納されたあとにしばらくして月借銭解継文から外されて反古として奉写一切経所に保管された。月借銭の貸付けが実施され返却された月借銭解(現存、九十一通)は、貸付けは許可されなかったが月借銭解継文に貼り継がれていた二通とともに、月借銭継文から外され反古となったあと、奉写一切経所の宝亀三年二月食口案帳(『大日本古文書』十九、一五一～二四二頁、他)・宝亀四年正月食口案帳(同二十一、一二五～二三三頁)・宝亀四年十二月食口案帳(同二十二、二七八～三七〇頁)・宝亀六年正月食口案帳(同二十三、一八五～三一七頁)の料紙として利用された。奉写一切経所の月借銭の利率は、宝亀三年においては月利一割三分(月借銭百文の月利十三文)、宝亀四年から宝亀六年においては月利一割五分であった。月借銭は、「布施請而、本利并進上」(宝亀四年四月六日山辺千足月借銭解〈続修正倉院古文書第二十四巻⑧〉。『大日本古文書』六、五一五～五一六頁))、「當料給日而、本利儲備将進上」(宝亀三年四月十三日巧清成月借銭解。次頁(1)参照)と記される如く、給与である布施(「料」)の前借であった。借用にあたっては、保証人(「償」、「償人」、「證」)を定めたり、家屋等を担保とする場合もあった(以上、栄原論文参照)。

○巧清成の名の記される月借銭解

　巧清成(工清成、工浄成)の名の記される月借銭解は、現在、本節冒頭に掲げた宝亀四年七月十一日解を含めて八通が残されている。巧清成が借入者となった月借銭解は、前掲の宝亀四年七月十一日月借銭解を含めて六通あり(後掲の⑸では貸与されなかった)、巧清成が「償人」となった月借銭解が二通ある。

⑴宝亀三年四月十三日巧清成月借銭解　続修正倉院古文書後集第二十巻⑤。『正倉院古文書影印集成』九・十一。『大日本古文書』六、三一三頁。月借銭五百文、宝亀三年六月十三日返納了。紙背(二次利用)、宝亀三年二月奉写一切経所食口案(続々修正倉院古文書第三十九帙第四巻および諸断簡。『大日本古文書』十九、一五一〜二四二頁など)の宝亀三年八月十五日条末〜十九日条(『大日本古文書』十九、二〇〇〜二〇一頁)。

⑵宝亀三年十二月五日巧清成・常乙足月借銭解　続修正倉院古文書第二十三巻①。『正倉院古文書影印集成』五・七。『大日本古文書』六、四二三頁。月借銭一貫文、宝亀四年七月十日返納了。紙背(二次利用)、宝亀四年正月奉写一切経所食口案(続々修正倉院古文書第四十帙第一巻および続修正倉院古文書第二十三巻・同第二十四巻の諸断簡。『大日本古文書』二十一、一二五〜二三三頁)の宝亀四年七月十八日〜二十一日条(『大日本古文書』二十一、一九五〜一九六頁)。

⑶宝亀四年二月四日刑部真主・工清成・秦礒上月借銭解　続々修正倉院古文書第三十三帙第二巻八二紙裏。『大日本古文書』二十一、二六八頁。この月借銭解は、申請が採可されなかったことが第一行「謹解　申請借月銭事」の「請」以下の全文が墨線で抹消されていることによりわかる。紙背、宝亀四年二月奉写一切経経師請墨手実帳(続々修正倉院古文書第三十三帙第二巻。『大日本古文書』二十一、二四〇〜二六八頁)所収宝亀四年二月六日秦礒上手実(同、二六六頁)。

⑷宝亀四年七月十一日巧清成月借銭解　続修正倉院古文書後集第二十巻⑨。『正倉院古文書影印集成』九・十一。『大日本古文書』六、五三六〜五三七頁。月借銭五百文、宝亀四年十一月五日返納了。本節冒頭に写真・釈文掲載。紙背(二次利用)、宝亀四年十二月奉写一切経所食口帳(続々修正倉院古文書第四十帙第二巻および続修正倉院古文書第二十一巻・第三十一巻・第四十七巻・第四十八巻、続修正倉院古文書後集第二十巻、続修正倉院古文書別集第四十七巻の諸断簡。『大日本古文書』二十二、二七八〜三七〇頁)の宝亀五年(七七四)正月二十日〜二十五日条(『大日本古文書』二十二、二八九〜二九〇頁)。

巧清成は、宝亀三年十二月五日に月借銭一貫文を借用し宝亀四年七月十日に返済を終えたので(宝亀三年十二月五日巧清成・常乙足月借銭解に追記された(宝亀四年)七月十日収納文)、宝亀四年七月十一日に新たに月借銭五百文を借用することができた。この五百文は、宝亀四年十一月五日に返済を終えた。

⑸宝亀五年九月十九日舟木直麻呂等月借銭解　続々修正倉院古文書第四十帙第四巻①⑰裏。『大日本古文書』二十三、五一頁。月借銭五百文。ただし、「工浄成五百文」は墨線で囲まれており月借銭貸与対象とならなかった(貸与額も「参貫肆『六』佰文」とあり、「工浄成五百文」の五百文を除く六人の月借銭の合計三貫六百文と合致する)。紙背(二次利用)、宝亀六年正月奉写一切経所食口案(続々修正倉院古文書第四十帙第三巻・第四巻および続修正倉院古文書第三十一巻・第四十七巻・第四十八巻、正倉院古文書正集第五巻の諸断簡。『大日本古文書』二十三、一八五〜三一七頁)の宝亀六年十月二十八日条〜十一月一日条(『大日本古文書』二十三、二五八〜二五九頁)。

⑹(年月日欠)陽侯史穂足等月借銭解　続々修正倉院古文書第四十帙第二巻⑧⑵裏。『大日本古文書』二十二、三七八〜三七九頁。十名の借人が記載されているが、料紙の奥の二名の借人と年月日の部分が欠。月借銭百

文で、「工清成壹伯文　『卅』」とあり、一月の利は一百文につき十五文とされているので貸付後二か月で返済。紙背、宝亀四年十二月奉写一切経所食口帳（前掲）の宝亀五年八月二十四日条〜二十七日条（『大日本古文書』二十二、三三八頁）。よって、この月借銭解は、記載されている借人がすべて二月か二月余の利を完済しているので、宝亀五年八月より一、二か月前に借人全員が完済しているとすると、宝亀五年八月より四か月ほど前の、すなわち宝亀五年正月から四月の頃のものと推定される。

(7)宝亀四年三月十日 別家足（わけのいえたり）月借銭解　続修正倉院古文書第二十三巻⑩。『正倉院古文書影印集成』五・七。『大日本古文書』六、四八五〜四八六頁。巧清成は「償人」。宝亀四年七月九日返済了。紙背、宝亀四年正月奉写一切経所食口案帳（前掲）、宝亀四年九月三日条〜九月六日条（『大日本古文書』二十一、二〇八〜二〇九頁）。

(8)宝亀六年九月二十七日船木麻呂（ふなきのまろ）月借銭解　続々修正倉院古文書第四十帙第四巻②⑸裏。『大日本古文書』六、五八四〜五八五頁（小杉本に依る）。巧清成は「償人」。紙背、宝亀六年正月奉写一切経所食口案帳（前掲）、宝亀七年二月十九日条〜二月二十五日条（続々修正倉院古文書第四十帙第四巻②⑸。『大日本古文書』二十三、二八四〜二八六頁）。

月借銭返済により不要となり継文から除去された月借銭解は、裏再利用のために裏返され、写経所の文書案文や帳簿に再利用された。文書案文や帳簿が複数紙を必要とする場合、裏空であった月借銭などの反古紙が貼り継がれて紙面を構成した。その際、反古となった月借銭解の紙が、再度継ぎ合されて、もとの紙面（一次利用においては裏面）があたかも月借銭解継文の如くにみえることも生じる。

太陰太陽暦では、大の月（三十日）と小の月（二十九日）がある。宝亀四年は、正月小、二月大、三月小、四月大、五月大、六月小、七月大、八月小、九月大、十月小、十一月小、閏十一月大、十二月大である（国立天文台「暦月・節月データベース」参照）。宝亀四年七月十一日巧清成月借銭解の奥に記された「九月二十五日納…」は、次行の「十一月五日納…」とともに、奉写一切経所が、月借銭の元金や利子を巧清成から受領したことを記す文である（収納銭文）。宝亀四年の月借銭の一か月三十日分の利息は、百文について十五文で、五百文の一日分の利息（日歩）は二・五文となる。宝亀四年九月二十五日に納められた利は「二月又十三日」（二か月と十三日）の「一百八十三文」と記されている。七月十一日から九月二十五日までの実日数は七十四日で利銭は一八五文となる。月借銭貸与の許可が出た七月十一日の翌十二日から貸与された場合、七月十二日から九月二十五日までの七十三日分の利銭は一八二・五文となる。「十一月五日納…」は、月借銭五百文と、九月二十六日から十一月五日までの三十九日分の利息九十六文が返納されたことを記録している。三十九日分の利息は九七・五文となる。二度に分けて支払われた利息は、合計二七九文であり、この額は、七月十二日から十一月五日までの百十二日の利息二八〇文に近い。

○月借銭解に記された人と物の動き

月借銭解には、解提出後における月借銭の元利返済が記録されている。宝亀四年七月十一日巧清成月借銭解の場合、次のような人（経師巧清成、案主上馬養）の行動と、物（銭、紙）の移動が記録されている。

(1)経師巧清成が宝亀四年七月十一日に、奉写一切経所に月借銭貸与の許可を求める文書（解）を提出する。

(2)奉写一切経所は、巧清成への月借銭貸与を許可し、奉写一切経所の案主で月借銭貸与の担当者である上馬養が、月借銭解に貸与の決定と貸与を記録する下月借銭文（充銭文）を書き加える。下月借銭文は、銭五百文が奉写一切経所より巧清成に貸与されたこと、すなわち銭が奉写一切経所から巧清成に移動したことを記している。

(3)月借銭解の左端裏に書かれた「養」(上馬養による継目裏書。朱書か墨書かの何れか)は、巧清成の月借銭解が、奉写一切経所が管理する月借銭解継文の右端に貼り継がれたことを示している。

(4)九月二十五日の収納文は、巧清成が奉写一切経所に利銭一八三文を納付したことを示している。すなわち銭が巧清成の手元から奉写一切経所に移動したことが月借銭解に記録されたのである。

(5)十一月五日の収納文は、巧清成が奉写一切経所に元利合計五九六文の銭貨を納付したことを記録している。

(6)巧清成による十一月五日の元利合計の銭貨の返納により、奉写一切経所の案主の上馬養は、月借銭解の「巧清成解　申請月借銭事／合五百文利毎百十五文」と「償音太部野上／坂上諸人」を墨線で囲み、銭貨の移動(貸付、返納)が終了したことを記録し、月借銭解継文から剝(は)がし取った。反古となった巧清成月借銭解は、反古となった紙(裏面、空)を二次利用のために貯めおく奉写一切経所にある箱か棚に保管された。

(7)しばらくして、巧清成月借銭解は、裏面を奉写一切経所における経師らの給食のための米の使用記録簿に利用された。

参考史料

天平勝宝二年七月十九日写書所解案(正倉院古文書・続修別集第二十二巻(3))

(端裏書)
「千部」

写書所解　申請千部法花經々師等布施事

合奉冩經柒拾貳部五百七十六巻

用紙壹万壹仟參伯柒拾張部別百六十張

校紙貳万柒仟張校二度

装潢紙玖仟陸伯張

合應賜布施參伯參拾玖端

貳伯捌拾捌端經師料以四端充一部

貳拾柒端校生料以一端充千張

貳拾肆端装潢料以一端充四百張

經師五十五人

鬼室石次　冩一部　布四端

辛鍜広浜　冩一部　布四端

山下君足(追筆、下同ジ)「己知在羽」　冩二部　布八端

○経師三名略、

勇山八千石「能登忍人」　冩一部　布四端

出雲足嶋　冩二部　布八端

高東万呂「角恵万呂」　冩二部　布八端

山守馬人「角恵万呂」　冩一部　布四端

万昆秋万呂「万昆太智」　冩一部　布四端

大宅人上「田中国足」　冩三部　布十二端

阿倍万呂　冩二部　布八端「給水主」

○経師二名略、

大伴浄人「古能善」　冩一部　布四端

卓淳人足「井上罡万呂」　冩一部　布四端

敦賀石川「受田卩乙成 春日虫万呂」　冩一部　布四端「給水主」

栗前咋万呂「己知在羽■」　冩二部　布八端「遣四端主給了」

坂田乙万呂「受治田石万呂」　冩一部　布四端「給水主」

文公万呂「能登忍人」　冩一部　布四端

丹波宿奈万呂「己知在羽」　冩一部　布四端

三嶋罡万呂　冩一部　布四端「給水主」

○経師二名略、

阿刀宅足「他田」　写一部、　布四端

凡祢万呂　写二部、　布八端

万昆石足　写二部、　布八端　「給水主」

○経師三名略、

○矢集小道　写一部、　布四端「受角恵万呂 證人既母辛 武万呂」

○余乙虫　写一部、　布四端

茨田兄万呂　写一部、　布四端

雀部槌万呂　写一部、　布四端「受村君安万呂 十月二日」

○経師三名略、

既母辛建万呂　写二部、　布八端

○経師三名略、

依智小倭　写一部、　布四端「受采女國嶋」

日置衣万呂「能登忍人」　写一部、　布四端

井上罡万呂　写二部、　布八端

辛鍜真立「凡根万呂」　写一部　布四端

阿刀月足　写一部、　布四端「十月一日 給九月水主」

大田廣嶋　写一部、　布四端

○経師五名略、

若倭部益国「糸井市人」　写一部、　布四端

掃守廣野　写一部　布四端「受大鳥高人」

○校生十四人

高椅乙万呂　校紙一千張　布一端

○校生十人略、

茨田日子虫　校紙一千張　布一端「給九月卅日 給水主」

縣使乙万呂　校紙一千張　布一端「受阿刀史生」

阿倍万呂　校紙一千張　布一端

○装潢九人

秦秋庭能登忍人　造紙八百張　布二端

○装潢五人略、

久米家足「他田」　造紙一千二百張　布三端

秦東人　造紙四百張　布一端「受下道主」

春日虫万呂　造紙八百張　布二端

以前、起今年五月一日、盡七月廿九日、奉寫千部法花經布施、且請如件、

以解、

天平勝寳二年七月十九日賀茂筆

三嶋宗麻呂

呉原生人

史生阿刀別當

（後筆）（造東大寺司判）

「以九月十三日班給、百八十二端、見給正身、其名勾之、百五十七端、付三嶋宗麻呂等手、」

判官安倍朝臣真道

主典紀朝臣池主

申上史生安刀酒主

（写書所案主残布請文）

残布請案主四人

呉原生人

三嶋宗麻呂

他田水主　鴨書手」

（『大日本古文書』十一、三三七〜三四五頁）

千部法華経八千巻の書写事業は、栄原永遠男「千部法華経の写経事業」上・下（『正倉院文書研究』10・11、吉川弘文館、二〇〇五・二〇〇九年）

により研究がなされている。千部法華経書写は、天平二十年(七四八)四月二十一日に崩御した元正太上天皇に関わり、天平二十年正月から東大寺の写経所で開始された事業と考えられている。書写事業は、天平勝宝三年(七五一)八月頃に終了した。この事業における経師・校生・装潢への給与(布施)の支給を写経所(当時、写書所とも称された)が造東大寺司に申請した文書(解)の案文が、天平二十年九月六日写経所解案(正倉院古文書正集第三十八巻①。『正倉院古文書影印集成』二・四、正集二十二〜四十五。『大日本古文書』三、七〇〜七三頁)から天平勝宝三年六月写書所解案(続々修正倉院古文書第五帙第四巻②。『大日本古文書』十二、二二〜二九頁)まで十三通残されている。掲出の解は、右に、「千部法花布施文案」の題を記す表紙(続修正倉院古文書別集第二十二巻(1)。『正倉院古文書影印集成』十二・続修別集一〜二十二、十四・続修別集裏一〜五十。『大日本古文書』未収)を有する巻子に貼り継がれている。「千部法花布施文案」は、表紙、天平勝宝二年(七五〇)五月四日解案(続修正倉院古文書別集第二十二巻(2)。『正倉院古文書影印集成』十二・十四。『大日本古文書』十一、二四一〜二五〇頁)、天平勝宝二年七月十九日解案(上掲)、天平勝宝二年十二月十六日解案(続修正倉院古文書別集第二十二巻(4)。『正倉院古文書影印集成』十二・十四。『大日本古文書』十一、四三〇〜四三九頁)からなる。

継文に題を付ける方法の一つとして、表紙を取り付け、表紙に題を書すやり方がある。続修正倉院古文書別集第二十二巻に収められている千部法花布施文案は、天平勝宝二年五月四日写書所解案(六紙)、天平勝宝二年七月十九日写書所解案(四紙)、天平勝宝二年十二月十六日写書所解案(五紙)の三通を貼り継いだ継文であり、右端には長さ二〇・六センチの原表紙が残されている。原表紙には、打付けに「千部法花布施文案」の題が書かれている(現状は、新補題簽に覆われている)。なお、左端に往来軸は残されていない。また、この継文収録の布施文に先んじる天平二十年九月六日解案から天平勝宝元年(七四九)十二月十四日解案までの九通の文書も、表紙は伝わらないが布施文案の継文(巻子)として保管されていた。

天平勝宝二年七月十九日写書所解案は、七月十九日に写書所から造東大寺司に提出された解(正文)の案として写書所に保管されていたものである。約二か月後の九月十三日になり布施が支給されることになった。解案は日下に名を記す写書所案主の賀茂筆(書手。ふみて)が書いた案であるが、奥の余白に、九月十三日の布施班給儀に関わる書入れと、文面に布施の経師・校生・装潢への班給に関わる書入れ(勾点と、代理人への賜与の注記)がある。これらの書入れにより、写としての案から、布施班給がどのように行なわれたのかがわかる。

第一段階:七月十九日　写書所が造東大寺司に布施申請の解を提出する。

第二段階:九月十三日　造東大寺司で布施班給の政務(布施班給儀と称することとする)が行なわれる。

(1)造東大寺司に、写書所の案主呉原生人・三嶋宗麻呂・他田水主・賀茂筆が布施班給を受ける経師・校生・装潢を率いて参上する。案主・経師・校生・装潢は、正庁の前庭に列立する。正庁の殿舎の前面の床上または庭には(殿舎と、前庭に列立した写書所の案主・経師などとの間)、机の上に布施の布(麻布)がおかれていたと考えられる。

(2)造東大寺司の正庁に、造東大寺司の判官安倍朝臣真道、主典紀朝臣池主が臨み、写書所の別当である造東大寺司史生阿刀酒主が布施班給を「申上」する。布施申請の解の正文には、造東大寺司により、

「以九月十三日班給
　　判官安倍朝臣
　　主典紀朝臣

申上史生阿刀」

の判が記され、判許後、真道・池主・酒主の署名が加えられた。

⑶造東大寺司判官が承認し、布施の班給が行なわれる。当日、経師・校生・装潢七十八名のうち半数弱が布施班給儀に欠席したので、その場では布施の布三三九端のうち一八二端のみが参列者の「正身」に「見給」され、正文の「名」に勾(合点)が記された。残りの一五七端は、案主三嶋宗麻呂らに預けられた。そして、造東大寺司の判として「百八十二端、見給正身、其名勾之、／百五十七端、付三嶋宗麻呂等手、」が書き加えられた。

⑷賀茂筆は、解の案に、正文と同じように、班給された者に勾し、さらに造東大寺判を案の奥の余白に転写した。さらに、賀茂筆は、判の写しの奥に四人の案主が残った布を請けて預かった旨の文を書き加えた。

第三段階：九月十三日以降、十月初頃までに、九月十三日の班給儀に不参であった経師・校生・装潢に、布施を支給し終えた。人名と布に加えられた勾と、経師の書写部数の「一」「二」に附された「、」(一部)と「、、」(二部)は支給確認の合点である。布施は代理人に支給することもあった。たとえば大田廣嶋への布施の布が「給十月一日水主」と注記されているように、案主他田水主が代理人として受け取った(預かった)ことが、案に注記されている。

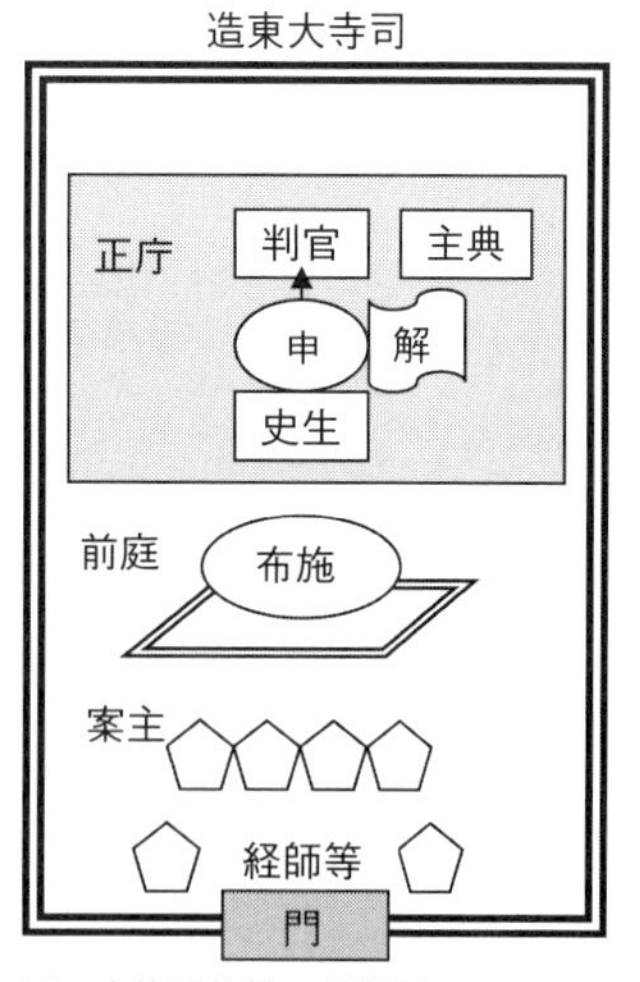

図：布施班給儀　想像図

現存する天平勝宝二年七月十九日写書所解案は、造東大寺司へ提出する写書所解の正文の作成過程において草案として作成された案、または提出される正文の写しとしての案であるが、九月十三日の布施班給儀において造東大寺司により正文に追記された班給文を書き加え、さらに布施の布を四人の写書所の案主が預かって写書所に持ち帰ったことを記録し、さらに十月初めまでに経師・校生・装潢への支給簿として使用されたことを記録している。またこの解案により、布施支給が造東大寺司における布施班給儀により行なわれたことがあったことがわかる。天平勝宝二年七月十九日写書所解案は、布施班給儀、すなわち布施が造東大寺司から写経所の職員に班給されるようすを記録し、布施支給の帳簿としても機能したのである。この文書も、物としての布施の布の動き、布施を授受する人々の動きを記録している。

Ⅱ 制度と政務

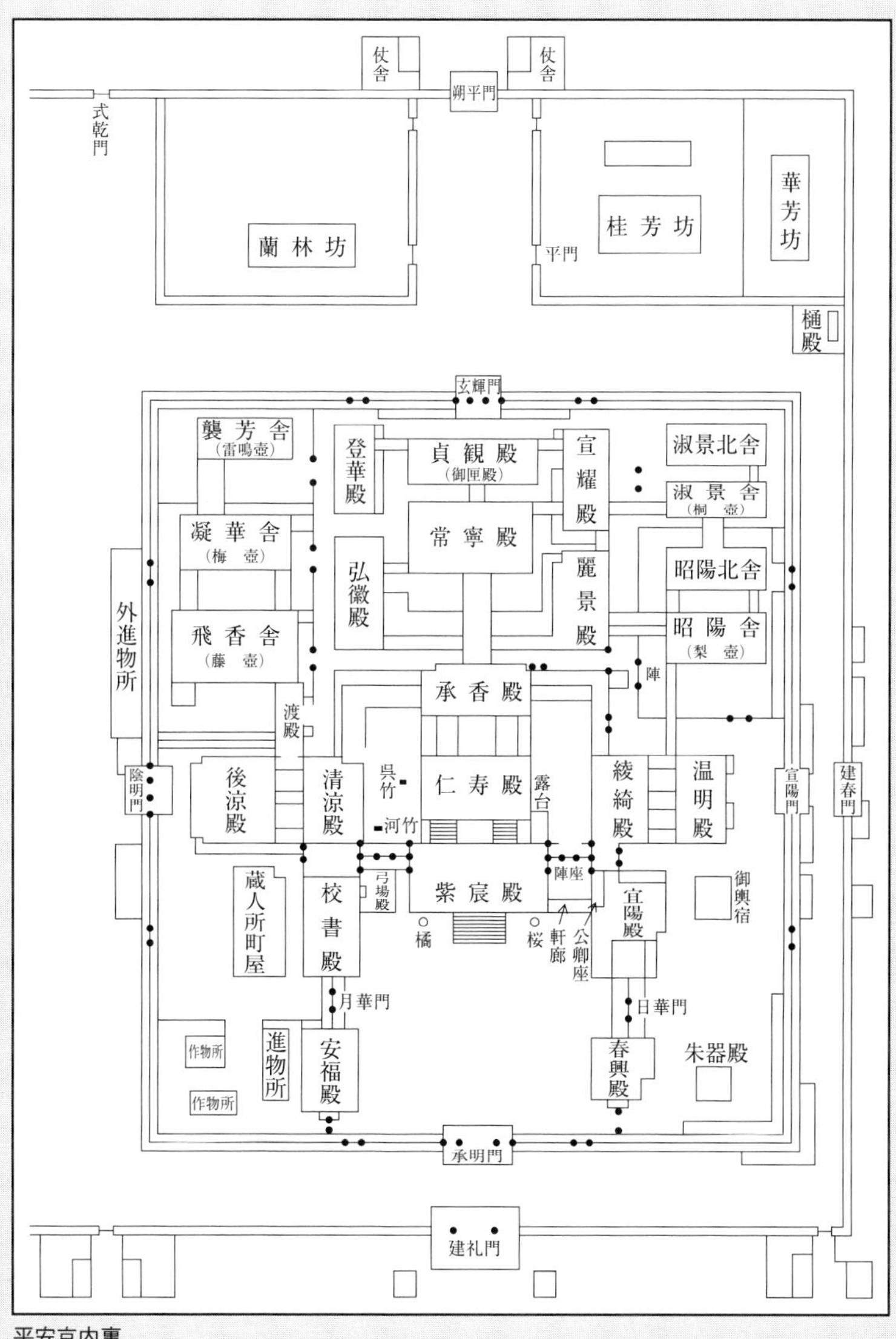

平安京内裏

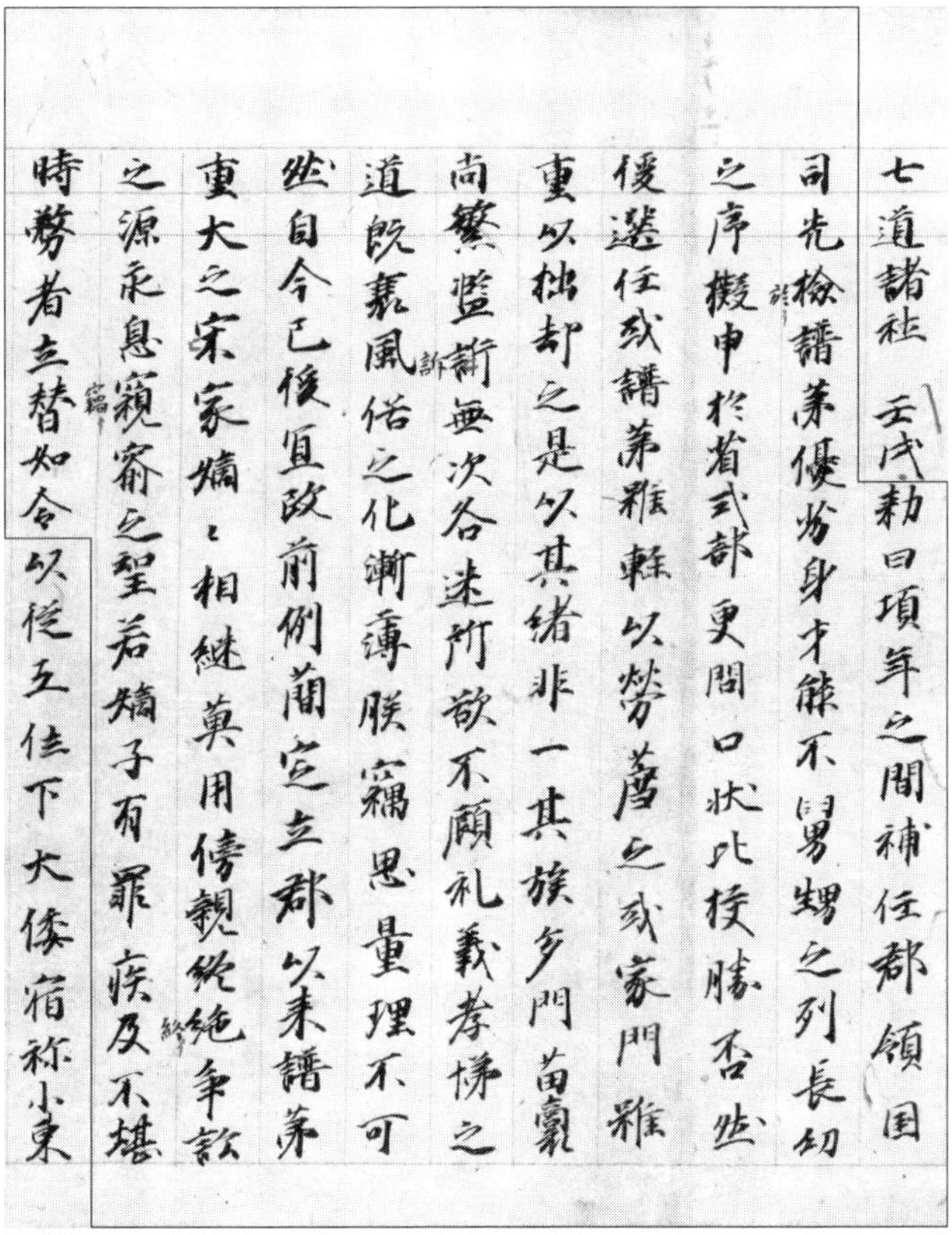

❶『続日本紀』天平勝宝元年２月壬戌(27日)条
(巻17　名古屋市蓬左文庫所蔵)

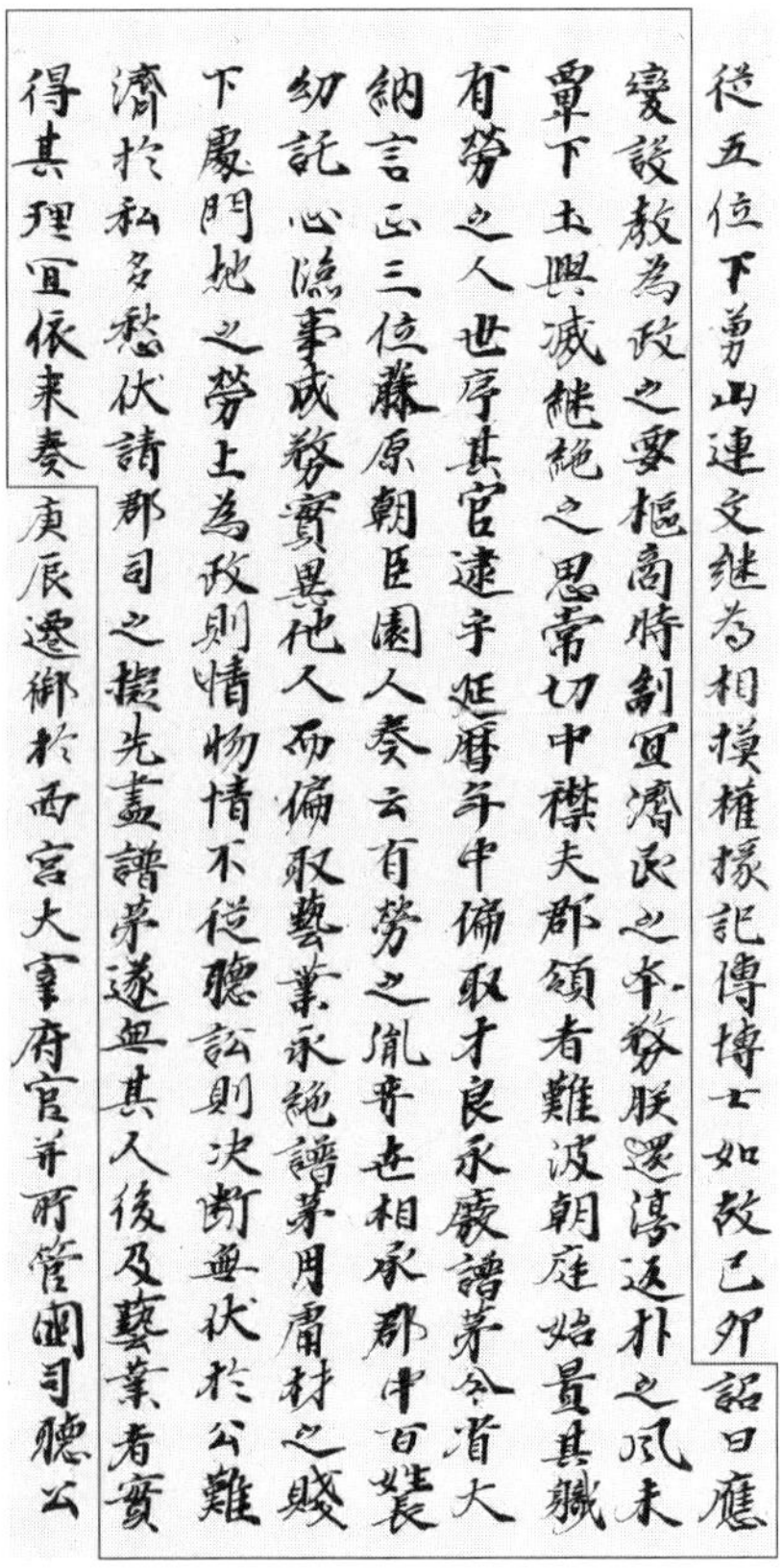

❷『日本後紀』弘仁２年２月己卯(14日)条
(巻21　天理大学附属天理図書館所蔵)

1 詔と勅

天皇の発する仰(おお)せ(命令)が「みことのり」であり、それを記す文書様式として、律令(公式令(くしきりょう))では詔と勅を定めている。臨時の大事には詔(しょう)、尋常の小事には勅(ちょく)を用いるとされた。詔勅の別に応じて、天皇と官僚機構による内容の確認・再確認の手続きを経て発布されることとなっていた。

釈文　＊上段写真の枠内を翻刻した。

❶『続日本紀』天平勝宝元年(七四九)二月壬戌(二十七日)条

勅曰、頃年之間、補任郡領[1]、国司先検譜第[2]優劣、身才能不、舅甥之列、長幼之序、擬[3]申於省、式部更問[4]口状、比校勝否、然後選任、或譜第雖軽、以[5]労薦之、或家門雖重、以拙却之、是以、其緒非一、其族多門、苗裔尚繁、濫訴無次、各迷所欲、不顧礼義、孝悌之道既衰、風俗之化漸薄、朕竊思量、理不可然、自今已後、宜改前例、簡定立[6]郡以来譜第重大之(衍)宋家、嫡々相継、莫用傍[7]親、終絶争訟之源、永息窺窬之望。若嫡子有罪疾及不堪[8]時務者、立替如令[9]、

❷『日本後紀』弘仁二年(八一一)二月己卯(十四日)条

詔曰、應變設教、為政之要樞、商時制宜、濟民之本務、(故(昔カ)有堯[10]舜異道、而天下帰仁、湯[11]武殊治、而蒼[12]生欣賴、)朕還淳返朴之風、未覃下土、興滅継絶之思、常切中襟、夫郡領者、難[13]波朝庭、始置其職、

有勞之人、世序其官、逮乎〔于〕[14]延暦年中、偏取才良、永廢譜第、今省大納言正三位藤原朝臣園人奏云、有勞之胤、奕世相承、郡中百姓、長幼託心、臨事成務、實異他人、而偏取藝[15]業、永絶譜第、用庸材之賤下、處門地之勞上、為政則レ情〔衍〕物情不従、聴訟則決断無伏、於公難濟、於私多愁、伏請、郡司之擬、先盡譜第、遂無其人、後及藝業者、實得其理、宜依来奏、（主者施行、）

※（　）内は『類聚三代格』巻七・弘仁二年二月二十日詔により補った。

読み下し

❶勅して曰く、頃年の間、郡領を補任すること、国司まず譜第の優劣、身才の能不、舅甥の列、長幼の序を検じ、擬して省に申す。式部更に口状を問ひ、勝否を比校し、然る後に選任す。或は譜第軽しと雖も、労を以てこれを薦め、或は家門重しといえども、拙を以てこれを却く。これを以て、その緒、一に非ずして、その族、門多く、苗裔なほ繁くして、濫訴次む無し。おのおの所欲に迷ひて、礼儀を顧みず。孝悌の道、既に衰へ、風俗の化、漸く薄し。朕窃かに思量するに、理然るべからず。今より已後、宜しく前例を改め、立郡以来譜第重大の家を簡定し、嫡々相継ぎて、傍親を用ゐることなかるべし。終に争訟の源を絶ち、永く窺窬の望みを息めん。若し嫡子にして罪疾及び時務に堪へざるあらば、立て替ふること令の如くせよ。

❷詔して曰く、変に応じて教を設くるは、為政の要枢なり。時を商り宜しきを制するは済民の本務なり。故に昔、尭舜は道異なれども、天下は仁に帰し、湯武は治を殊にすれども、蒼生欣頼す。朕が淳に還り朴に返すの風、いまだ下土に覃ず、滅を興し絶を継ぐの思、常に中襟に切なり。それ郡領は、難波朝廷はじめてその職を置き、労有るの人、世にその官を継ぐ。延暦年中に逮び、偏に才良を取りて、永く譜第を廃す。今、大納言正三位藤原朝臣園人の奏を省みるに云く、労有るの胤、奕世相承し、郡中百姓、長幼心を託す。事に臨みて務を成すに、実に他人と異なれり。しかるに偏に芸業を取り、永く譜第を絶ち、庸材の賤下を用ゐ、門地の労上に処す。政を為すに則ち物情従はず、訟を聴くに則ち決断に伏することなし。公において済み難く、私において愁多し。伏して請ふらくは、郡司の擬、まず譜第を尽し、遂にその人無くば、後に芸業に及ばんことを、てへれば、実にその理を得たり。よろしく来奏によるべし。主者は施行せよ。

語句説明

1郡領　郡司の大領(長官)と少領(次官)のこと。**2譜第**　譜第は、世襲により継承される社会的地位を有する氏族・家系であること、あるいはそこに属する者の系譜の中での位置・序列といった内容を意味する言葉である。郡領の選考においては、その者がかつて郡領に任じられた者の系譜に連なることを譜第といい、その系譜に属する郡領就任者の人数や、立郡時までさかのぼるか、嫡系であるかといった基準で優劣が判定された。**3擬申於省**　候補者を式部省に上申する。**4問口状**　口頭と書面での試問。**5労**(勞)　選叙令4応選条にみえる労効をさし、官人としての勤務経験(年数)のこと。郡領選考では、兵衛などとしての中央での勤務経験が勘案された。**6立郡以来譜第重大之家**　その郡が初めて置かれた時に任じられた郡領(立郡人)と直系でつながる子孫で譜第が重大な家柄。四・五家程度が設定されたとみられる。譜第の重さは、立郡人から当代にいたる系譜から輩出した郡領就任者の人数ではかられた。**7傍親**　嫡系以外の一族・親族。立郡以来譜第重大之家をこの時に簡定し、以後はそれらの家を嫡系で継承させることとし、それ以外の傍親の者から郡領を任用しないことを命じた。**8堪時務**　実務を処理する能力。選叙令13郡司条で、大領・少領に必要な能力とされている。**9令**　継嗣令2継嗣条・3定嫡子条に嫡子立替の規定がある。**10**

堯舜　名君とたたえられた中国の伝説上の王である堯と舜。**11湯武**　中国の殷を創始した湯王と、周の初代武王。**12蒼生**　国の民。**13難波朝庭**　孝徳天皇期（在位六四五～六五四）。全国に郡（当時の呼称は評）が設置された。**14延暦年中**　延暦十七年（七九八）三月十六日詔（『類聚国史』）により、譜第による選考を停止し、芸業に優れたものを任用することが定められた。**15藝業**（芸）　実務を遂行する能力。業務ごとに具体的な内容が定められていたとみられる。

現代語訳

❶勅していうには、（次の通りである。）近頃、郡領を補任する際には、国司が候補者の譜第の優劣、才能の有無、世代の順、年齢の上下を検討して選考し、擬して式部省に申請する。式部省はさらに候補者に対して口頭と書面で試問し、優劣を比較した上で選任している。この結果、譜第が軽い者を、勤務の経歴を評価して選んだり、家門が重い者を、能力がないとして却けたりしている。このため、祖先も一つでなく、いくつもの家に分かれて、子孫の多い状況で、訴えが濫りに出されて止むことがない。欲に迷って礼儀を顧みず、孝悌の道はもはやすたれ、風俗を導くこともままならなくなっている。朕が心のうちで思うに、このようなことであってはならない。今後は、前例を改めて、立郡以来譜第重大の家を選び定め、代々嫡子に家を継承させ、それ以外の傍親を任用してはならない。これによって、争いや訴えの源を断ち、かなわない望みを起こすことのないようにせよ。もし、その家の嫡子が罪を科され病気となり、執務能力がない場合は、令の規定に従って嫡子を立て替えるようにせよ。

❷詔していうには、変化に応じて教えを設けるのは政の要諦である。時をはかり宜きをえることは人々を救う根本である。ゆえに昔、堯と舜の政道は異なるが、天下は仁政に浴し、湯王と武王の統治に違いがあっても、人々は喜んで信頼したのである。淳朴に還らんとする朕の施策は未だ国土に広がらず、滅びたものを興し絶えたものを継ぐ思いはいつも胸中に切実である。そもそも郡領は、難波朝廷の時に初めてその職を設置し、功績のあった者が代々その官を継いできた。延暦年中になって、才用によってのみ選考し、譜第による選考は断絶した。今、大納言正三位藤原朝臣園人の奏上をみると、功績をあげた者の子孫が代を重ねて継承することで、郡中の人々は長幼によらず心服し、ことに応じて政務をなす上で、そうでない人とはまったく異なるところである。ところが、芸業によってのみ選考し、譜第による選考を断絶した結果、凡庸な人材で立場の低い者を用いて、家柄のある功績者の上位に位置づけている。政を行なっても物情が従わず、訴訟を扱っても裁定に伏さない。公においては諸事が滞り、私においては不安が増している。伏して望むことは、郡司の銓擬は、譜第資格のある者の中から採用し、それがいない場合に芸業のある者に及ぶようにせんことを、ということである。誠に道理にかなっている。提出された奏によるべきである。担当官は施行せよ。

▼解説

『続日本紀』と『日本後紀』は、律令制下に編纂された漢文体の勅撰史書で、六国史の第二・第三にあたる。記事を日付順に配列した編年体で編纂されている。『続日本紀』は文武天皇元年（六九七）から延暦十年（七九一）まで、文武天皇から桓武天皇の九代をおさめる。四十巻からなるが、編纂の過程は複雑で、聖武太上天皇死去の翌年である天平宝字元年（七五七）までの部分は、藤原仲麻呂政権下の淳仁天皇期に編纂されたと考えられる曹案三十巻がもとになった。それに手をいれるとともに、その後の年代の編纂が、光仁・桓武天皇期に行なわれ、最終的に延暦十六年（七九七）に完成した。完成後も、桓武・平城・嵯峨天皇が、時の政治状況を反映して手を加えたことが知られる。『日本後紀』は延暦十一年(七九二)から天長十年(八三三)まで、桓武・平城・嵯峨・淳和天皇の四代をおさめる。承和七年(八四〇)撰。四十巻からなるが、現存するのは十巻でほかは散逸した。『類聚国史』『日本紀略』などに逸文がみえる。

両書に掲載された詔・勅は、命令の内容部分を示すものである。公式令が定める詔勅の文面全体の姿は、発布にいたる手続きの記録としての形ともなっている。天皇の命令・裁定の起案に始まり、中務省・太政官による確認、天皇による再確認(覆奏)を繰り返しながら、担当官の署名、天皇の御画日・御画可が加えられ、さらにそれらの原本は証拠記録として残され、次の手順は複写書面で進めることなどを定めている(Ⅰ章1節・本節参考史料参照)。勅は詔よりは簡便な形である。律令制下における天皇・議政官・関係官司の権力構造の反映を読み取ることもできよう。

ここで取り上げたのは、律令国家による地方支配の核となる郡領の任用制度変更に関する詔勅である(山口一九九三)。各地域において、その地を統率する全般的な権威を伝統的に有する地域支配者層を郡司として国家の中に組み込むことは、律令制地方支配の要となる構造であった。郡の行政を取り仕切る郡領の選考・任用制度は、その点で大きな意味をもった。郡領の候補となるのは、譜第(代々郡領を輩出してきた系譜に属すること)や労効(中央に出仕して功績のあったこと)の事実をもつ者であった。譜第の優劣は、系譜上の郡領就任者の人数ではかられ、また立郡譜第・傍親譜第・労効譜第などの区別があった(本章6節参照)。天平七年(七三五)には、国司が郡領候補を中央に上申する際に、「国擬」(国司が推薦する者)のほかに、「難波朝廷以還譜第重大」の者を四・五人、「譜第はなくとも才能に優れ、また労効が広く知られている者」を報告させ、郡内の人材への目配りを求めるとともに、一郡の郡司を同一氏族(同姓者)が独占することを抑制する策をとった。天平勝宝元年勅では、郡領の選考の方法を述べた上で、就任をめぐる争いが生じていることから、候補者を「立郡以来譜第重大家」の嫡系の者に限定することを命じている。しかし、八世紀後期には、擬任郡司(国擬ののち正式の任用手続が完了していない者)、さらに正式定員以上の擬任郡司(副擬郡司)が発生するようになった。これに対して、延暦十七年、朝廷は副擬郡司を禁止する一方、譜第を基準とした選考を中止し、具体的な実務能力である「芸業」に優れ、郡を治める能力がある者を郡領とする方針に転じた。郡の行政を円滑に進めることを重視した政策転換であるが、事態は改善されなかったようである。弘仁二年詔は、譜第による選考に戻すことを命じた内容であるが、その趣旨は、郡領選考において国司の判断を優先させる点にあったとみられ、翌弘仁三年(八一二)には、国司の推薦(国擬)通りに郡司を任用する郡司国定が命じられた(『日本後紀』弘仁三年六月壬子〈二十六日〉条)。さらに弘仁十三年(八二二)には、能力を判定するための試用期間という趣旨から、郡司に擬任されてから三年を経た者を正式任用の対象とすることが定められた(弘仁十三年十二月十八日太政官奏、『類聚三代格』巻七)。これは、擬任(副擬)郡司が、公認された恒常的な存在となったことを意味している。

参考史料

❶公式令2勅旨式

勅旨式
勅旨云々。
　年月日
　中務卿位姓名
　大輔位姓名
　少輔位姓名

奉二勅旨一、如レ右。符到奉行。

年月日　　史位姓名

大弁位姓名

中弁位姓名

少弁位姓名

右、受レ勅人、宣送二中務省一。中務覆奏。訖、依レ式取レ署、留為レ案。更写二一通一、送二太政官一。少弁以上、依レ式連署、留為レ案。更写二一通一施行。其勅、処二分五衛及兵庫事一者、本司覆奏。皇太子監国、亦準二此式一、以レ令代レ勅。

❷公式令16勅授位記式

勅授位記式

中務省

本位姓名　年若干　今授其位

年月日

中務卿位姓名

太政大臣位姓　大納言加レ名。

式部卿位姓名

右、勅授五位以上位記式。皆見在長官一人署。若長官無、則大納言及少輔以上、依レ式署。兵部亦同。以下准レ此。

政務の手続きを表わす書式

天皇の命令である詔勅が書面の形にととのえられるまでには、中務省、ついで太政官が命令の内容を天皇に確認(覆奏)し、中務卿・輔(すけ)や大臣・大納言が署名を加える手順が繰り返される。彼らの署名がなされ、詔では天皇が確認の書込みを加えた書面は、証拠として保管され、次の手順にはもとの書面を書き写したものが用いられる。この結果、書面には命令の経路となった官司の責任者の官位姓名がいくつもならぶのである。公式令に定められた詔書・勅旨・勅授位記などの書式は、天皇から発した命令が国家意思として施行されるにいたる適正な手続きを経たことを示す記録といえる(山口二〇〇四)。

参考文献

山口英男「郡領の銓擬とその変遷—任用関係法令の再検討—」(同『日本古代の地域社会と行政機構』吉川弘文館、二〇一九年、初出一九九三年)。山口英男「文書と木簡」(石上英一編『日本の時代史』三〇・歴史と素材、吉川弘文館、二〇〇四年)。

『類聚三代格』延喜２年４月11日太政官符（巻12下　前田育徳会尊経閣文庫所蔵）

2 官符と格

律令制のもとで上位の官司が下位の官司へ命令を伝える文書様式が符（ふ）である。国政の最高機関である太政官（だいじょうかん）が発給する符が太政官符（ぷ）で、天皇の命令（詔勅（しょうちょく））や太政官の裁定を諸官司・諸国に伝えるために用いられた。それらの単行法令は、律令の諸規定を補足・改定する補助法として格（きゃく）と呼ばれた。

釈文

太政官符

　應差使雜役不仕本職諸司史生已下、諸衛舍人

　　幷諸[1]院宮王臣家色[2]々人及散[3]位々子留省等事

右、得河内参河但馬等国解偁、此国久兼流弊、民

多困窮、就中、頗有資産可堪従事之輩、既帯諸

衛府之舎人、亦為王臣家之雜色、皆假本司本

主之威権、不遵国宰縣令之差科、因茲、輸貢之

物、無人付領〔預〕、纔随箇〔簡〕得、差宛貧民、而或未出境外、

盗犯官物、或雖入都下、不弁其事、徒送居諸、多

致欠損、加之、雖有郡司、不必堪事、徴納官物之

道、差副堪能之人、而依无其人、常置未進、倉庫

之虚、〔所脱〕惣是之致也、如今、居住部内、諸司史生已下

使部已上不直本司、六衛府舎人不勤宿衛不関

供節、諸院諸宮諸王臣家雜色喚継舎人帳内

資人不従本主、及文武散位々子留省諸勘[4]籍

人等、堪事有数、竊検貞観以来諸国例、以如此

輩、可差使進[5]官留國雜役之状、無國不言、随即

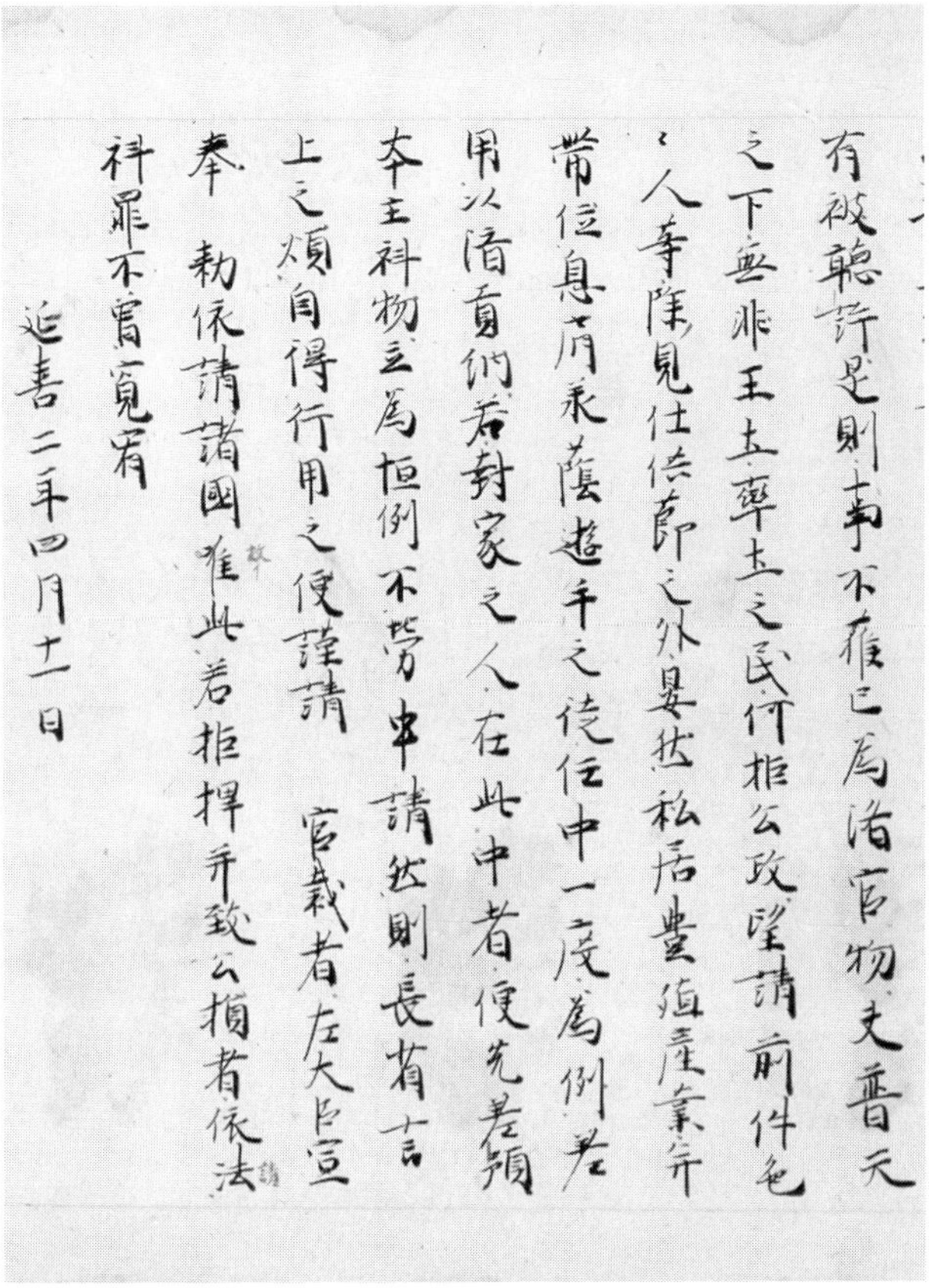

有被聴許、是則事不獲已、為済官物、夫普天
之下、無非王土、率土之民、何拒公政〔役カ〕、望請、前件色
々人等、除見仕供節之外、晏然私居豊殖産業、幷
帯位息肩、承蔭遊手之徒[6]、任中一度為例差
用、以済貢納、若封家之人[7]、在此中者、便先差預
[8]本主料物、立為恒例、不労申請、然則長省言
上之煩、自得行用之便、謹請官裁者[9]、左大臣（藤原時平）宣、
奉勅、依請、諸国唯〔准〕此、若拒捍幷致公損者、依法
科罪、不曽寛宥、
延喜二年四月十一日

読み下し

太政官符

応に本職に仕へざる諸司史生已下、諸衛舎人幷諸院宮王臣家色々人及び散位・位子・留省等を雑役に差使すべきこと

右、河内・参河・但馬等国の解を得るに偁く、此国久しく流弊を承け、民多く困窮す。就中、頗る資産ありて事に従ふに堪ふべきの輩、既に諸衛府の舎人を帯し、また王臣家の雑色と為り、皆本司本主の威権を仮り、国宰・県令の差科に遵はず。これに因り、輸貢の物、人付預するもの無く、纔かに簡び得るに随ひて貧民を差し宛つ。しかして、或は未だ境外に出でずして官物を盗犯し、或は都下に入ると雖もその事を弁ぜず。徒に居諸を送り、多く欠損を致す。加之、郡司ありと雖も、必ずしも事に堪へず。官物を徴納するの道、堪能の人を差し副ふ。しかるにその人なきにより常に未進を置く。倉庫の虚しきこと、惣てこれの致す所なり。如今、部内に居住せる諸司史生已下使部已上にして本司に直せざる、六衛府舎人にして宿衛を勤めず供節に関らざる、諸院諸宮諸王臣家の雑色・喚継・舎人・帳内・資人にして本主に従はざる、及び文武散位・位子・留省、諸勘籍人等、事に堪ふるもの数有り。窃かに貞観以来の諸国例を検ずるに、かくの如き輩を以て、進官・留国の雑役に差使すべきの状、国言さざる無く、随ひて即ち聴許せらるる有り。これ則ち、事已むをえずして、官物を済さんが為なり。夫れ普天の下、王土に非ざるは無く、率土の民、何ぞ公役を拒まんや。望み請ふらくは、前件の色々人等にして、現に仕へ節に供するを除くの外、晏然と私居し産業を豊殖し、幷に位を帯びて肩を息め、蔭を承けて遊手せるの徒は、任中に一度、例として差用し、以て貢納を済さん。若し封家の人、この中に在らば、便に先ず本主の料物を差し預けん。立てて恒例と為し、申請を労さざらん。然らば則ち長は言上の煩ひを省き、

自ら行用の便を得んことを。謹みて官裁を請ふ、てへり。左大臣(藤原時平)宣すらく、勅を奉はるに、請に依れ。諸国これに准えよ。若し拒捍し幷に公損を致さば、法に依りて罪を科し、曽て寛宥せざれ、と。

延喜二年四月十一日

語句説明

1諸院宮王臣家　上皇(のち法皇・女院を含む)、東宮、三后(皇后・皇太后・太皇太后)、親王、皇親、臣下の総称。**2色々人**　ここでは院宮王臣家にさまざまな形で仕える者(家人)。本史料中に雑色・喚継・舎人・帳内・資人などがみえる。**3散位々子留省**　散位は位階をもつ者。位子は父親の位階(六〜八位)により出仕資格をもつ者。留省は、官人身分にありながら官職に就かず、式部省(または兵部省)の所属となっている者。**4勘籍人**　勘籍は、本人の身元を戸籍の記載と照合して確認することで、初めて官人身分を認められる際に行なわれた(このほか、僧となる者、受刑者〈徒罪已上〉が勘籍された)。勘籍人は、勘籍の対象となった者のことで、ここでは官人身分のある者のこと。**5進官留國(国)雑役**　進官雑役と留国雑役。進官雑役は、国の貢納物を都まで輸送し納入する業務。留国雑役は、国内で税を徴収する業務。**6任中**　国司(官長である守または介)の任期中。この頃の一期はおおむね四年。国の業務を統率する官長は、通常は長官の守だが、天長三年(八二六)以後、親王任国とされた上総・常陸・上野では、親王である守(太守)は在京して赴任せず、官長は次官の介であった。**7封家**　封戸からの収入を受け取る院宮王臣家。封戸は、最上級貴族・大寺社に対する律令制下の給与・俸禄制度の一つで、諸国に封戸が設定され、その戸の納める諸税が封主(受給者)に与えられる仕組みとなっていた。**8本主**　国司により雑役に差発される者が仕えている院宮王臣家。**9者**　「者」の字は、古代の法制史料などで、引用の末尾を示すために用いられる。「〜といへり」の意味で「てへり」と読む。

現代語訳

太政官符

　本職に従事していない諸司の史生以下、諸衛の舎人ならびに院宮王臣家の色々(雑色)人及び散位・位子・留省らを、雑役に差発すべきこと

右は、河内・三河・但馬などの国の解を得るに、次の通りである。当国は久しい間、引き続く衰弊を受け、民衆の多くが困窮している。その中で、多くの資産を保有して、公務に従事する能力のある者が、すでに諸衛府の舎人の肩書きをもっていたり、王臣家の雑色となっていて、彼らはみな本司・本主の威光をかさに着て、国司・郡司の差発に従わない。このため、都へ送り貢納する物を付け預ける人材がなく、なんとか間にあわせて人を選び出し、資産の乏しいものに輸納を託している。その結果、あるいは国外に出ないうちに運んでいる官物を盗み取り、あるいは都に入ったとしても、事を処理することができず、無駄に月日をすごし、多くの欠損を生じさせている。それだけではなく、郡司はいるにしても、必ずしもことを処理する能力があるとは限らない。官物の徴収・収納には堪能の者を差し副えることとなる。しかし、そうした人材がいないために、常に未進が放置されている。倉庫の蓄えが乏しいのは総じてこのためである。この頃は、管内に居住している諸司の史生以下使部以上の者で本司に出仕していない者、六衛府の舎人で宿衛せず役目に就いていない者、院宮王臣家の雑色や喚継・舎人・帳内・資人で本主のもとに従っていない者、文武の散位・位子・留省や種々の勘籍人たちで、公務に従う能力のある者が多数いる。内々に貞観年間以来の諸国例を調べてみると、これらの輩を進官・留国の雑役に差発すべきことを申請していない国はなく、申請に従って許可されている。これはすなわち、やむを得ない状況の中で、官物の徴納を済ます

ための措置である。そもそも、普天の下で王土にあらざるところはなく、率土の民であって、どうして公役を拒むであろうか。望み請うところは、前件の種々の者どものうち、現に出仕し役目に就いている者を除き、安定した暮らしを立て、殖産の業を豊かに営み、位をおびて課役を安んじ、蔭位を受けて無役の者たちについて、国司が任期中に一度、慣例として差発し、もって貢納を済ませることとしたい。もし、封家に属する者がこの中にいた場合は、便宜まずその本主のもとに納める料物を差し預けることとしたい。この方式を以後の恒例とし、一々の申請を不要とすれば、官長は言上の手間を省くことができ、おのずから執行の便宜が得られる。謹んで太政官の裁定を請う、という諸国の申請である。左大臣が宣するに、勅をうけたまわるに、申請の通りにせよ。諸国もこれに准じよ。もし、国司の差発を拒否・抵抗し、ならびに公損を生んだ場合は、法によって科罪し、決して宥免してはならない、ということである。

延喜二年四月十一日

▼解説

太政官符の書式は、冒頭に「太政官符」、その下に宛先の官司名を記し、次に命令の内容を簡潔に記した事書(ことがき)、改行して本文(事実書)を書き、末尾に官人の署名と、発給の年月日を記載する。本文の末尾は、「符到奉行」(符到らば奉行せよ)といった文言で書き止める。署名は、太政官符発給の事務を行なう弁官(太政官の事務局)の官人が加え、上段に弁、下段に史が署名する。署名・年月日の順とするのは符の様式の特徴である(参考史料参照)。紙面には、在京諸司宛の場合は外印(太政官印)、地方官司宛の場合は内印(天皇御璽)が全面に捺される。

太政官符等の形で発布された単行法令は格と呼ばれ、律令を改定・補足する法としてその後も効力をもった。それらのうち現行の内容を、まとまりのある法典として整理・編纂する事業が、平安時代に入って数次にわたって行なわれ、その内容が現在に伝わっている。延暦二十二年(八〇三)撰の『延暦交替式』は、式の名を称するが、国司の交替に関する格の集成である。ついで、弘仁・貞観・延喜のいわゆる「三代の格式」が編纂・施行された。『弘仁格』は、弘仁十一年(八二〇)撰、天長七年(八三〇)施行、承和七年(八四〇)改訂、『貞観格』は貞観十一年(八六九)撰進・施行、『延喜格』は延喜七年(九〇七)撰で、翌年施行された。編纂の際には、個々の格を官司別に配列し、原文の冒頭の宛先、年月日の前の署名は収録時に省略された。『貞観格』は『弘仁格』以降、『延喜格』は『貞観格』以降の内容をおさめた。これらは現存しないが、そのうち一千を超える格が、『類聚三代格』(十一世紀編纂)に事項別に収録されて伝わり、『政事要略』(十一世紀初め成立)などにも多くの格がみえる。また『延暦交替式』を増補した『貞観交替式』(貞観九年撰)も下巻が現存する。なお、『延喜交替式』は格ではなく式の形態をとる(本章3節参照)。

ここに掲げた延喜二年四月十一日官符は、延喜の国政改革と呼ばれる動向の中で、国司による部内支配の枠組みが転換する画期を示す法令である(山口一九九一)。この一カ月前には、いわゆる延喜の荘園整理令と呼ばれる一連の太政官符が出されている(『類聚三代格』)。本官符の趣旨は、国内に居住し勢力を有する者を国務に動員し、国の業務の個々の場面においてその遂行のための役割を彼らに担わせることを、国司官長の恒常的な権限として任期中一回に限り認めたものであり、中央の官司や院宮王臣家などが部内に影響力をおよぼす状況の中で、国司による部内支配の円滑化を命じたものと評価される。この時期、諸国では、その地域の有勢者を国郡業務の担い手に任じ、国内の税の徴収や、都への貢納物の運送と納入を委ねる方式が広がり、国内支配が支えられていた。有勢者にとって、公務を担うことは地域社会における地位を確立する意味があったが、一方で、彼らは国司の権威のおよばない中央諸勢力とも結びつきをもち、複数の権威を利用することで利権の維持拡大をはかった。こうした情勢の中で、本官符は、国内の有勢者に対する国司と、中央の官司・院宮王臣家の権威の調整をはかる意味をもつものであった。この時期の地域における行政の担い手をみると、郡の行政では、それまでの擬任郡司と入れかわりながら、九世紀後期頃から「非令制職名郡司」(令が定める大領・少領・主政・主帳とは異なる職名を称する郡の役人)が登場してくる。また、国衙では「判官代(ほうがんだい)」などの「国衙雑色人」が現地職員としてみられるようになる。彼らは、前述の形で地方行政の担い手として管理的業務に従事する地域の有勢者の姿と対応する。こうして、国と郡の行政実務の担い手が、その地域の有勢者という同一の実体で構成されるようになることで、国郡行政の一体化、国郡の同一機構化がもたらされた。受領による地方支配体制が確立へと進み、一方で国衙機構が地域支配層の政治的結集の場へと展開していく方向へ、一歩を進めたのが本官符である。

参考史料

宝亀四年(七七三)二月二十五日太政官符写(九条家本『延喜式』巻三十六・紙背文書)

太政官符　民部省
　合交易乾蒭一万一千九百五十囲
　　一千囲内厩寮　六千四百囲左馬寮　四千五百五十囲右馬寮
　価銭九十五貫六百文(五貫文、従二内厩寮一所レ送、九十貫六百文、当国調銭、)
　　囲別八文(五文、依レ例充、三文、依二左弁官宣一今加、)
　運夫一千九百九十一人半(人別六囲、)
　功銭八十九貫六百十八文(人別卌五文、行程三日)
　用銭惣一百八十五貫二百十八文(五貫文、従二内厩寮一所送、百八十貫二百十八文、当国調銭、)
今年輸調銭三百十六貫三百廿五文
　一百八十貫二百十八文　便請充二用蒭価并運功一
　一百卅六貫一百七文　可レ進二京庫一
右、得二摂津職解一偁、民部省去十月廿六日符偁、被二太政官符一偁、左右馬寮解偁、御馬、起二今年十月一日、迄二来年三月卅日一、可レ飼乾蒭、所レ請如レ件者、省宜二承知、便当国調銭充レ直、交易進上一。其運夫、准レ例給レ粮。但功者、臨時将レ給者。又太政官去七月十四日符偁、得二内厩寮解一偁、彼国所レ買乾蒭一千囲者、職宜二承知一。其運夫功食者、准二左右馬寮例一者。仍可レ用銭、具如二前件一。便望請、当国鋼〔調〕銭以充二運功一。仍録二事状一、謹請二処分一者、被二内臣正三位藤原朝臣(良継)宣一、依レ請者、省宜二承知、准レ状施行一。符到奉行。
従五位下守右少弁兼行土左守当麻真(人脱)永嗣　左大史正六位上兼行豊後員外介阿倍志斐連東人
　　宝亀四年二月廿五日

摂津職解を承認し施行を命じた官符

摂津職(しき)が貢進する調銭の扱いについて指示した太政官符。摂津職からの申請(解)を承認し、そのように施行することを民部省に命じたもの。前年に、京の馬寮(めりょう)(この時期は左右馬寮と内厩寮(ないきゅうりょう))が冬から春に馬の飼料として必要とする乾蒭(かんすう)(ほしくさ)を、摂津職の調銭を充当して調達することが、命じられた。これを受けて摂津職は、左右馬寮分は乾蒭の代価と運送費、内厩寮分は運送費について同職の調銭から支出し(乾蒭代価は寮が負担)、その分を朝廷に納める調銭の総額から差し引くことを申請し、認められた。

参考文献

山口英男「十世紀の国郡行政機構—在庁官人制成立の歴史的前提—」(同『日本古代の地域社会と行政機構』吉川弘文館、二〇一九年、初出一九九一年)。

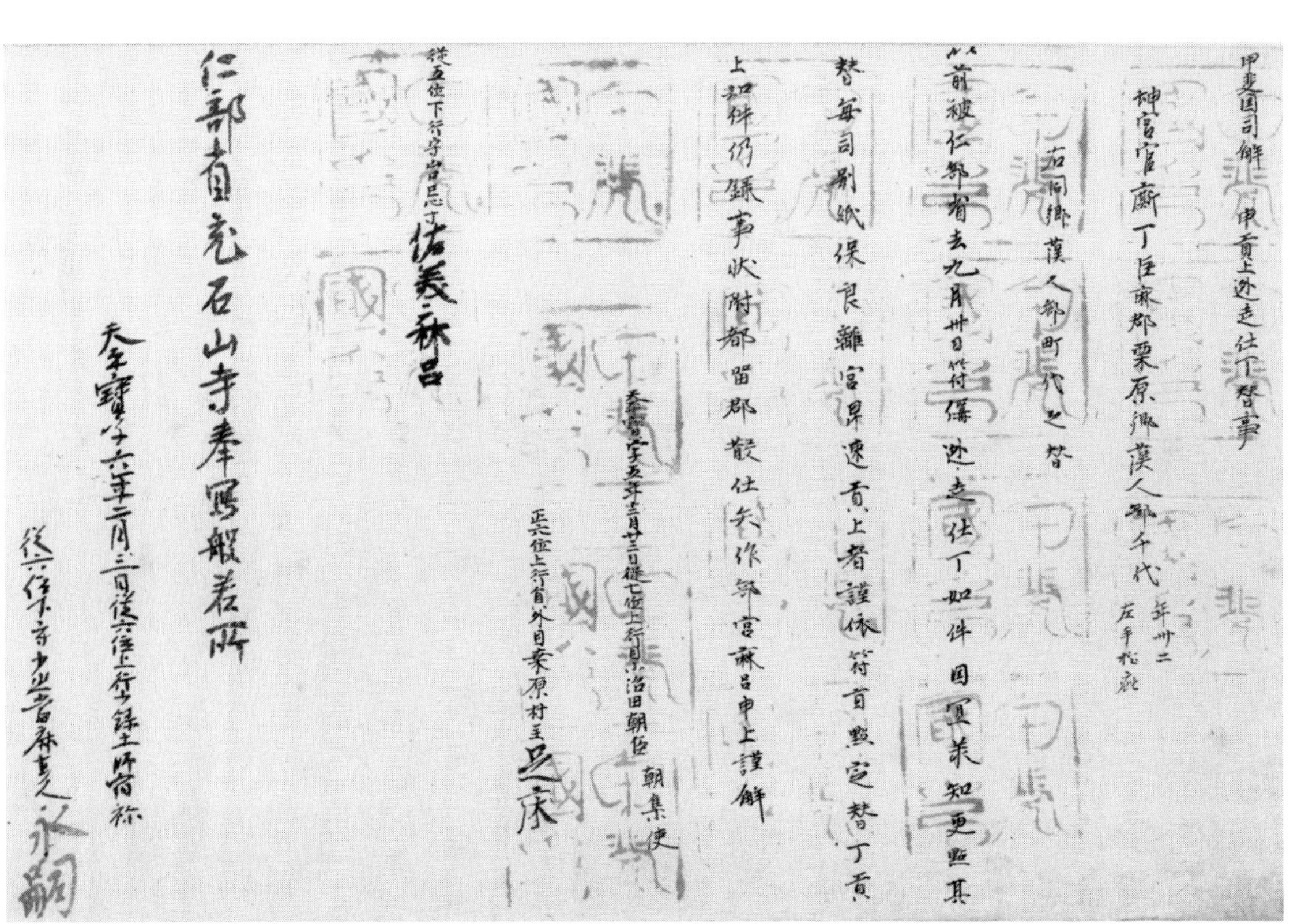

天平宝字５年12月23日甲斐国司解（正倉院文書・正集18　正倉院宝物）

3 解

律令制のもとで下位の官司が上位の官司へ上申する際に用いる文書様式が解（げ）である。文面に宛先を記さないのが特徴で、一つ上位の所管官司が宛先となるためだが、所管被官の関係になくても、事案によりその所管官司が宛先となる場合もあった。実例では個人の解も多く、時代を超えて広く用いられた。

釈文

甲斐国司解　申貢上逃走仕丁[1]替事

坤[2]宮官廝丁[1]巨麻郡[3]栗原郷漢人部千代（年卅二 左手於疵）

右、同郷漢人部町代之替、

以前、被仁部省[4]去九月卅日符[5]偁、逃走仕丁如件、国宜承知、更點其替、毎司別紙、保良離宮[6]早速貢上者、謹依符旨、點定[7]替丁、貢上如件、仍録事状、附都留郡[8]散仕矢作部宮麻呂申上、謹解、

天平寶字五年十二月廿三日従七位上行目小治田朝臣朝集使

正六位上行員外目桑原村主「足床」（自署、下同ジ）

従五位下行守山口忌寸「佐美麻呂」

（別筆）「仁部省充石山寺奉写般若所[9]

天平寶字六年二月三日従六位上行少録土師宿祢

従六位下守少丞當麻真人「永嗣」」

読み下し

甲斐国司解（げ）し申す、逃走せる仕丁（じちょう）の替（かわり）を貢上する事

坤宮官廝丁（こんぐうかんしちょう）巨麻（こま）郡栗原郷漢人部千代（あやひとべのちよ）〈年三十二、左手に疵（きず）。〉

右、同郷漢人部町代（まちよ）の替

以前、仁部省去る九月三十日符をこうむるに偁く、逃走せる仕丁、件の如し。国宜しく承知し、更めてその替を点ぜよ。司ごとに紙を別ち、保良離宮に早速貢上せよ、てへり。謹みて符旨により、替の丁を点定し、貢上すること件の如し。仍て事状を録し、都留郡散仕矢作部宮万呂に附けて申上す。謹みて解す。

天平宝字五年十二月二十三日従七位上行目小治田朝臣朝集使

正六位上行員外目桑原村主「足床」（自署、下同ジ）

従五位下行守山口忌寸「佐美麻呂」

（別筆）「仁部省　石山寺奉写般若所に充つ。

天平宝字六年二月三日従六位上行少録土師宿祢

従六位下守少丞当麻真人「永嗣」

語句説明

1仕丁・廝丁　仕丁は、律令制で民衆に課される労役の一つで、五十戸ごとに成人男子二名を都に送り出し、官司の雑役に従事させた。一名が立丁で役務に就き、もう一名は廝丁で炊事など生活の世話をする位置付けであった。生計の費用となる養物（国養物・月養物）は郷土から送られることになっていた。**2坤宮官**　恵美押勝（藤原仲麻呂）が発案して、天平宝字二年（七五八）八月〜八年（七六四）九月に多くの官司の名称が唐風に改められた。坤宮官はもとの紫微中台。紫微中台は、光明皇后の皇后宮職を改組・強化して天平勝宝元年（七四九）に設置された。官号改称で太政官は乾政官となり、坤宮官と「乾坤」の関係を示した。**3巨麻郡栗原郷**　巨摩郡は、甲府盆地の西半分を占める郡。現在の山梨市に栗原の地名が伝わるが、巨摩郡とは離れており、栗原郷の場所は未詳。**4仁部省**　同じく官号改称後の民部省の呼称。民に仁政をほどこすとして改称。諸国の仕丁は、まず民部省（仁部省）の管理下に入り、その後諸官司に分配された。**5符**　甲斐国司宛てに出された仁部省符。次行の「者」までが、その内容の引用。**6保良離宮**　保良宮。近江国保良の地（大津市）に平城宮の陪都として設けられた宮都。恵美押勝が主導したとみられ、天平宝字三年（七五九）に造営が始まった。同五年（七六一）十月にあわただしく遷都したが、翌六年（七六二）五月、淳仁天皇・孝謙太上天皇の関係が悪化して両者とも平城京に帰還したことで、機能は失われた。仁部省など都の官司の機能の中には、なお平城京（奈良）に残された状況も生じた。**7點（点）定**　選び定める。**8都留郡散仕**　都留郡は甲斐国の東部一帯を占めた郡。郡散仕は、郡司の配下にあって、明確な職掌の定めはないが、行政の雑務に従事する者の呼称。郡散事とも。文書の逓送、人や物の輸送に従事したことが正税帳などにもみえる。**9石山寺奉寫（写）般若所**　大般若経書写のため石山寺におかれた写経所。保良遷都に伴い、石山寺（大津市石山）の大規模な造営が造石山寺所によって急ぎ進められ、写経所も活動を展開した。両者は、奈良の造東大寺司、同写経所とつながりをもち、組織・人員は共通するところが多い。正倉院文書の中に造石山寺所関係の書類が多数残されており、本史料もその一つ。

現代語訳

甲斐国司解し申す、逃走した仕丁のかわりの者を貢上すること。

坤宮官の廝丁　巨麻郡栗原郷の漢人部千代〈年三十二歳。左手に疵あり。〉

右の者は、同郷の漢人部町代のかわり

この件、去る九月三十日の仁部省符を受け取ったところ、逃走した仕丁はかくの通りである。国は、この事を承知の上、かわりの仕丁を改めて点定せよ。仕丁の出仕先の官司ごとに別の書面を作成し、保良離宮に貢上せよ、ということです。謹んで符の命令に従い、かわりの仕丁を点定し、貢上することは、かくの通りです。よって事情を記した上で、都留郡散仕矢作部宮万呂にもたせて申上いたします。つつしんで解し申します。

(中略)

(追記)仁部省　(仕丁を)石山寺奉写般若所にあてよ。

(下略)

▼解説

解の書式は、冒頭に差出官司を記して書き出し、その下に「申其事」の形で主たる要件を記す(事書)。ついで本文を記し、末尾は太政官宛の解は「謹解」、ほかは「以解」の語句で書き止める。その後ろに、年月日と、四等官(長官カミ・次官スケ・判官ジョウ・主典サカン)の位署を加える。日付の下(日下)には主典(複数の場合は上位者)が、以下紙面の上半に長官・次官が、下半に判官・主典が署名する。これが律令(公式令)の規定であるが、実際の書面では必ずしもこれによらない多様な例がみられ、官人など個人が解の書式を用いて上申書面を提出することも行なわれた。上申文書の様式として時代を超えて広く用いられた。

なお、本章[2][3]節で取り上げた符・解以外によくみられる公文書の書式には、移と牒がある。移は、直接の上下関係(所管・被官)にない官司相互の連絡に用いられる書式、牒は、主典以上の官人が諸司に上申する際の書式である。また、僧侶によって運営される僧綱や寺の三綱と諸官司との間の伝達の文書は移に準じるが、「移」にかえて「牒」の字を用いることとされた。これを移式準用の牒といい、官人の牒とは異なる書式となる。

天平宝字五年十二月二十三日甲斐国司解は、正倉院文書として残る解の実物である。紙面には、「甲斐国印」の朱印が解の文面全体にわたって捺されている。内容は、甲斐国から都に出仕している間に逃走した仕丁漢人部町代のかわりを出せという九月三十日の仁部省符を受け、漢人部千代を新たな仕丁として貢進することを報告するものである。使者として都留郡散仕の矢作部宮麻呂に解文を付して送る旨が記載されているが、宮麻呂は千代を都まで引き連れていく役割も担ったのであろう。仁部省符が甲斐国に届くまでに半月程度を要し、それから二カ月ほどの間に、巨摩郡に連絡して新たな仕丁を選定し、命じられた本人が郷土を出立するというあわただしい状況がうかがえる。町代と千代は同姓で名前も似ていることから、近親の関係であったのかもしれない。

解の文面は、日付と、その後の国司位署までであるが、その余白には翌天平宝字六年(七六二)二月三日の仁部省による書込みが加えられている。年が明けて都に到着した千代は、まず仕丁を管轄する仁部省に出頭し、そこで配属先を指示され、その旨が国司解の余白に書き込まれ、それをもって石山寺奉写般若所へ向かったのであろう。正倉院文書には、その後の千代の状況を伝える史料が残されている。それによれば、千代は写経所だけではなく、造石山寺所の雑務にも従事し、郷土から送られる養物を申請・受領した記録がある。ところが、石山に着いて七カ月ほどの九月十一日頃、前任者の町代と同様に逃亡して行方をくらました。石山と奈良を往復する使者の役目の途中で姿を消したらしい。この時期、仕丁の逃亡はしばしば生じていた。使役による辛苦・困窮に耐えかねた民衆の行動として、律令課役制度の厳しさをうかがわせる事例であることは間違いないが、一方で、大規模な造営工事などで慢性的な労働力不足にあった都の周辺で、労働により報酬を得られる環境が成立していたことにも目を向けたい(山梨県二〇〇四、山口二〇一四)。

参考史料

羽栗大山等解　天平宝字六年三月十日(正倉院文書、続修別集三十四)

謹解　申東大寺様桧皮取進上事

合参人　一人単日別参圓〔囲〕
羽栗臣大山　　羽栗臣黒麻呂
猪使宿祢広成
右件参人、生死同心、取成将進
上。若過レ期逃亡、残人依レ員進上
申。仍具注レ状、謹解。『夫五十人』
天平宝字六年三月十日
「□羽栗臣大山」（自署、下同ジ）
〔長カ〕「猪使広成」
「相知秦足人」
『採桧皮百五十囲』

作業請負を誓約する解

造営工事などで請負作業に従事する技術者（様工〈ようこう〉）が、作業を完了させることについて誓約する趣旨を述べた解。ここでは石山寺造営に用いる檜皮〈ひわだ〉の採取作業において、羽栗大山ほか三名は東大寺に所属する様工（様）で、一名一日当り檜皮三囲〈い〉（太い束）を延べ五十名で、合計百五十囲の採取を請け負った。生死同心して作業を進め、期限をすぎたり、作業員が逃亡したりしても、残りの者で数量どおり作業を完遂すると述べる。原文書では、この文面に続けて、作業者に支給した食料の記録が日付を追って書き加えられている。

参考文献
山梨県編『山梨県史』通史編一（第五章第九節「長屋王家と石山院」、山口英男執筆担当、二〇〇四年）。山口英男「正倉院文書は宝の山」（東京大学史料編纂所編『日本史の森をゆく』中公新書、二〇一四年）。

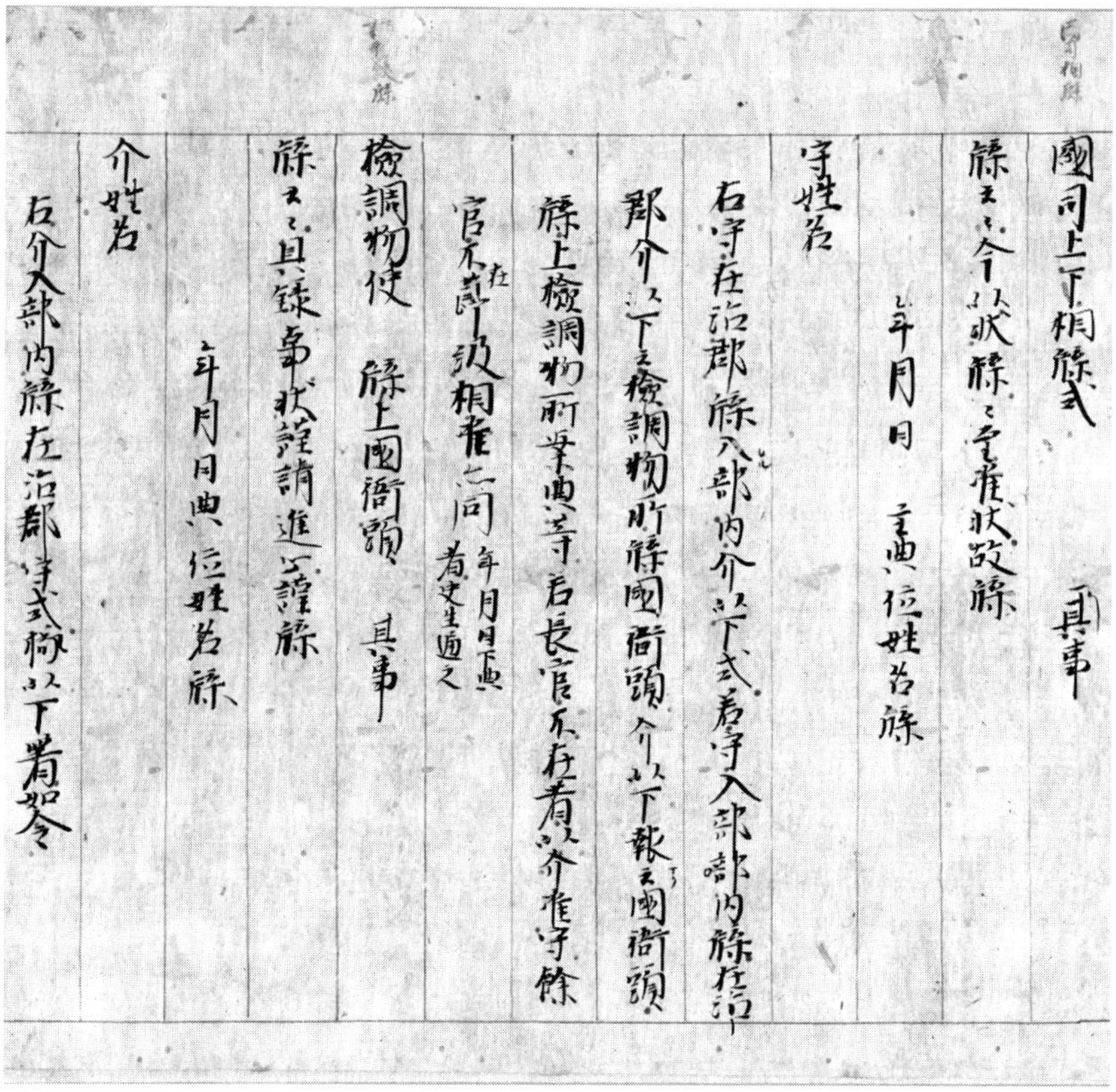

『延喜式』雑式　国司相牒条・調物使牒条（巻50　国立歴史民俗博物館所蔵）

4 式

律令制のもとで、基本法となる律令の運用上に必要となる施行細則にあたるのが式(しき)である。追加法令の内容や現実の運用手順などを規則集として整理したもので、律令の施行当初から存在し、手を加えられていったと考えられる。

釈文

國司上下相牒式　其事
牒[1]云々　今以状牒、々至准状、故牒、
　　年　月　日　主典位姓名牒
守姓名
右、守在治郡[2]、牒入部内介以下式[3]、若守入部部(衍)内、牒在治
郡介以下云、檢調物所牒國衙頭[4]、介以下報云[5]、國衙頭
牒上檢調物所案典等[6]、若長官不在者、以介准守、餘
官不在、節級相准亦同[7]、年月日下典者史生通之、
檢[8]調物使　牒上國衙頭　其事
牒云々、具録事状、謹請進止、謹牒、
　　年　月　日　典位姓名牒
介姓名
　右、介入部内、牒在治郡守式、掾以下署如令、

読み下し

(国司相牒条)
国司上下相牒式　其事
牒云々(うんぬん)。今、状を以て牒(ちょう)す。牒至らば状に准(なぞら)へよ。故(ことさら)に牒す。
　　年　月　日　主典(さかん)位姓名牒

守姓名
右、守、治郡に在りて、部内に入る介以下に牒する式。若し、守、部内に入りて、治郡に在る介以下に牒せば云く、検調物所牒　国衙頭、と。介以下報じて云く、国衙頭牒上　検調物所案典等、と。若し長官在らざれば、介を以て守に准へよ。余官在らざれば、節級して相准へること亦同じくせよ。〈年月日の下の典は、史生これに通ぜよ。〉

（調物使牒条）
検調物使　牒上国衙頭　其事
牒云々。具に事状を録し、謹みて進止を請ふ。謹みて牒す。
　年　月　日　典位姓名牒
介姓名
　右、介、部内に入りて、治郡に在る守に牒する式。掾以下署すること令の如くせよ。

語句説明

1牒　牒は、律令の規定では主典以上の官人が諸司に上申する際の書式とされるが（本章3節参照）、官司内文書（下達・上申）に用いられることがあり、本史料はその例。**2治郡**　国府が所在する郡のことで、実際上はここでは国衙をさす。**3部内**　国の管下の各郡。なお、この行の下方の「部」字の左側に小さな丸印が記されているが、これは抹消符で、この「部」字が書写の誤りで、不要な文字であることを示すもの。「ヒ」と「レ」を抹消符とする場合もある。**4檢(検)調物所**　調物の徴収を点検・統括する国の行政組織（所）。税目や国の業務ごとに同様の組織があり、さまざまな名称が史料にみえる。ここではその一例を示したもの。**5國(国)衙頭**　国衙のほとり、きわ（縁辺）を示す表現。**6案典等**　事務・文書担当役の呼称を記す趣旨。案典は机をつかさどる意か。**7節級相准**　序次に応じて相対応させる。**8檢(検)調物使**　検調物所と同様の業務を行なうために国から派遣された使者。長官が部内に入る場合は「〇〇〇所」、長官以外が入部する場合は「〇〇〇使」と称する趣旨。

現代語訳

（国司相牒条）
国司が上下のあいだでお互いにやり取りする牒の書式
　其事
牒云々。今、書面を以て牒す。牒が届いたならば、書面に従え。とりわけて牒す。
　年　月　日　主典位姓名牒
守姓名
　右は、国司の守が治郡（国府所在郡）にあって、部内（管内）に出向いている介以下に牒を送る時の書式である。もし、守が部内に出向いていて、治郡にいる介以下に牒を送る時は、「検調物所　牒国衙頭」と書く。介以下がこれに回答する時は、「国衙頭　牒上検調物所案典等」と書く。もし長官が不在の場合は、介を守に准じて扱え。その他の官職が不在の場合も繰り上げて相准えること同様にせよ。〈年月日の下の案典は、史生で通用させよ。〉

（調物使牒条）
検調物使　牒上国衙頭
　其事
牒云々。具に事のありさまを記し、つつしんで采配を請う。つつしんで牒す。

年　月　日　主典位姓名牒

右は、介が部内に入っている時に、治郡にいる守に牒を送る時の書式である。掾以下が署名することは、令の規定のようにせよ。

▼解説

律令および単行法令(格)の施行細則は、官司ごとにまとめられ、奈良時代から「例」「式」と称するものが存在した。平安時代になると、格と式を体系的な国家的法典として編纂する事業が弘仁・貞観・延喜の三次にわたり行なわれた。『弘仁式』四十巻が弘仁十一年(八二〇)に撰進され、修訂を経て天長七年(八三〇)に施行となり、『貞観式』二十巻が貞観十三年(八七一)に撰進・施行された。『貞観式』は、『弘仁式』の条文のうち、改訂増補する箇所だけを掲げる形式で、それ以外は『弘仁式』が引き続き適用された。続く『延喜式』五十巻では全面改訂が行なわれた。編纂は延喜五年(九〇五)に始まり、延長五年(九二七)に完成した。その後も修訂が継続されて、施行は康保四年(九六七)となるが、内容的には十世紀前期頃の有効法を示すと考えられる。『延喜式』は全巻が現存し、『弘仁式』は式部式・主税式の一部が伝わる。『貞観式』は散逸して逸文が知られるのみである。また、国司の交替に関する延暦・貞観・延喜の『交替式』(前二者は太政官符など単行法令の集成)があり、恒例の政務の手順を示した『内裏式』『儀式』(『貞観儀式』)なども式の一つといえる。

式は、政務を行なう上での細則を官司別に整理して記述する形式をとり、『延喜式』では、神祇(官)式、太政官式、中務(省)式と順次編目が立てられ、最後の巻五十は、官司別の枠におさまらない内容を集めた雑式(六十三条)である。ここに掲げた国司相牒条・検調物使牒条は、同じ国の国司が相互に業務上の連絡を行なう際に用いる書式を示している。内容からわかるように、国司は各職位の者が国衙(国の政庁)に揃って勤務するばかりでなく、担当者が部内(国内)の各郡に出向して各種の業務を執行するため、国衙と部内とのあいだで文書による伝達を行なう状況が恒常的に発生した。当条文によると、その際に「牒」の書式が用いられた。律令の規定では、主典以上の官人が諸司に上申する際に牒を用い、また移式准用の牒を僧綱・三綱と諸官司のあいだで用いるとされる(本章3節参照)。しかし、正倉院文書などの実例をみると、これに該当しない牒が頻繁に登場する。一官司内部の相互伝達文書など、律令に規定のない関係相互で授受される文書を牒として発信することが広く行なわれていたとみられる。当条はそのことを示す好例である。(川端一九九八)

部内に出向して業務を執行する職位が、官長(通常は守)であるか、任用国司の介・掾・目であるかによって、その呼称は前者を「所」、後者を「使」と使い分けられる。任用国司の入部は、国衙から使を派遣した形、官長の入部は、直属する国衙の組織としての活動と位置付けられたのであろう。それとともに、徴税や検田など諸国務を分掌的に管轄する主体として、国衙の「所」と国使とが実質的に同じ組織体であることを示すといえよう。(山口一九九一)

参考史料

弘仁式・主税　国飼秣・馬皮直・諸国御馬入京秣条

(国飼秣条)

凡国飼馬秣米者、畿内外国共起二十月一迄二三月一、匹別日四升。起二四月一迄二九月一二升。其牽二青馬一夫者、畿内及近江、丹波起二十二月廿五日一迄二正月八日一、人日米一升二合、塩一勺二撮。牽二走馬一夫者、畿内及近江、丹波起二四月廿五日、伊賀国廿二日、伊勢、美濃、播磨等国廿一日一迄二五月七日一、並給レ食。

(馬皮直条)

凡諸国牧馬、不レ堪二貢進一者、申レ官売却。混二雑皮直一、毎年出挙、用二其息利一、以充二貢馬経レ国之間、及牧馬秣料一。但信濃国者、便用二牧田地子一、其皮直送二左右馬寮一。

(諸国御馬入京秣条)

凡諸国牧馬、入レ京路次飼秣者、甲斐、武蔵等国、匹別日四把。信濃、上野等国一束。並日行二一駅一。遣二父馬一亦准レ此。其長牽馬者、不レ在二此限一。

凡諸国駅馬飼秣者、国司量二路遠近、険阻幷使往還閑繁一、十月以後三月以前、為レ例飼養。其嶮路使繁、匹別十七束、使稀十束。平路使繁八束、使稀六束。但美濃国坂本、信濃国阿智両駅、並匹別卅五束。(下略)

国の正税から支出する馬の飼料等

種々の形態で諸国におかれる馬に関して、国の正税から支出する費用を定めた条文。国飼馬は畿内近傍諸国におかれ、必要に応じて京に動員され、用がすむと国に戻された。正月七日節(白馬節)と五月五日節(端午節)への上京は恒例であった。国々の牧馬は、都に貢進されないものは売却され、飼料の財源に組み入れるなどした。御牧から都に貢進される馬の飼料は、通過する国々が支出した(例外あり)。駅馬の飼料の量は、行路の距離・難易・頻度などが勘案された。

参考文献

山口英男「十世紀の国郡行政機構―在庁官人制成立の歴史的前提―」(同『日本古代の地域社会と行政機構』吉川弘文館、二〇一九年、初出一九九一年)。川端新「荘園制的文書体系の成立まで―牒・告書・下文―」(同『荘園制成立史の研究』思文閣出版、二〇〇〇年、初出一九九八年)。

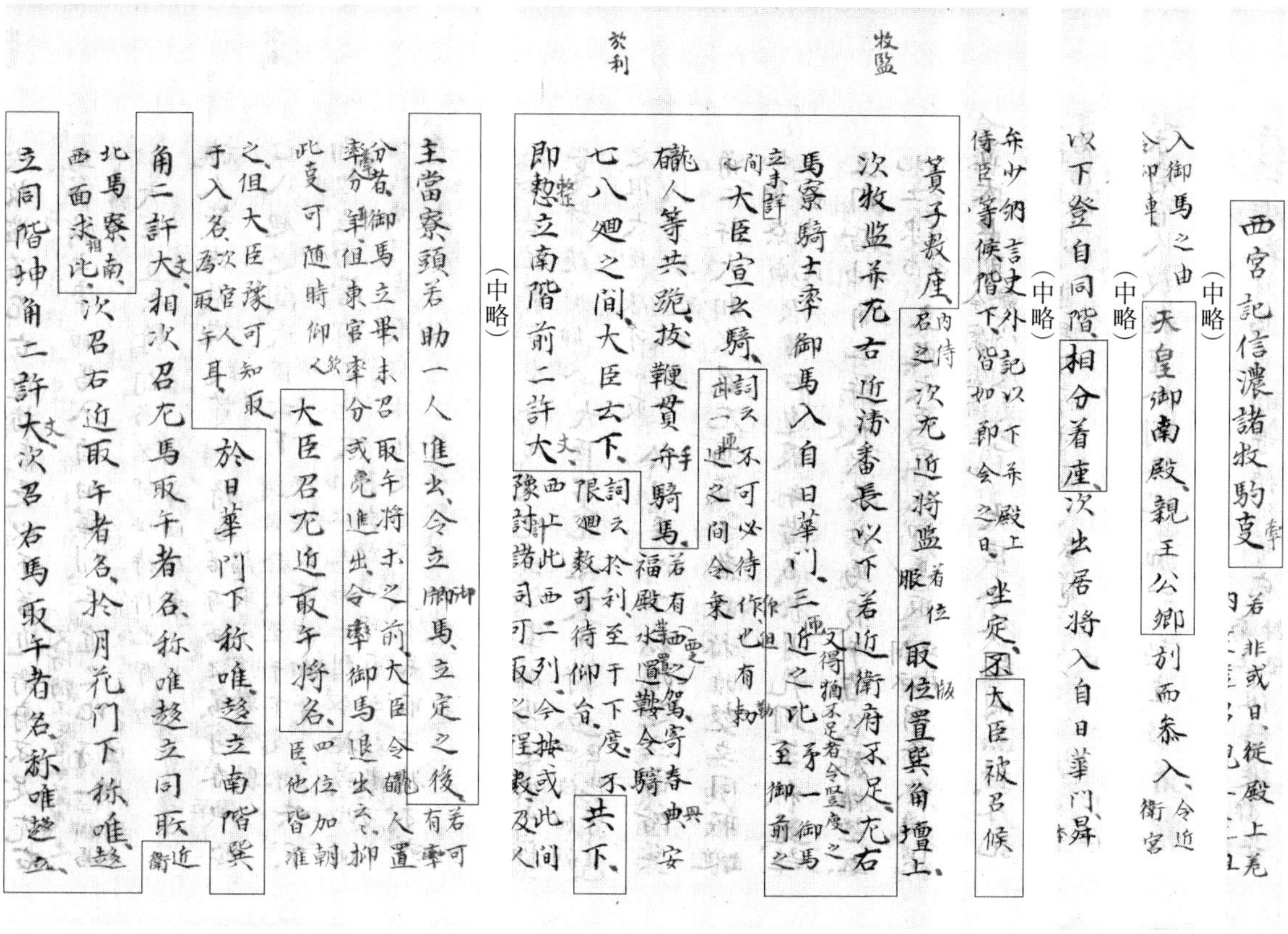

『西宮記』(原撰本)信濃諸牧駒牽(『政治要略』巻23所引, 国立国会図書館所蔵)

5 政務と儀式

朝廷でさまざまな政務が行なわれていく中で、その進行の作法として整えられたのが儀式である。政治を執り行なう天皇・貴族・官人らは、実例を積み重ねながら、政務を進めるための手順・作法を、合理的で洗練されたものにすることに関心をもち、平安時代にはそれらを整理した儀式書が編まれた。儀式の知識は、彼らにとって必須の素養であり、その日記にも儀式の実際を伝える記事が多くみられる。

釈文

＊上段写真の枠内を翻刻した。

西宮記、信濃諸牧駒事〔牽〕(中略)
天皇御南殿[1]、親王公卿(中略)
相分着座、(中略)
大臣被召、候
簀[2]子敷座、(中略)
次牧監[3]并左右近衛番長[4]已下、若近衛府不足、左右
馬寮騎士[5]、率御馬入自日華門、三近〔匝〕之比、第一御馬至御前之[6]
也〔間〕、大臣宣云、騎、(中略)
[7]朧人等共跪、抜鞭貫弁〔手〕騎馬、(中略)
七八廻之間、大臣云、下、(中略)共下、
即整立南階前二許大〔丈〕[8]、(中略)
[9]主当寮頭若助一人進出、令立御馬、立定之後、(中略)
大臣召左近取午[10]〔手〕将名、(中略)
於日華門下[11]、称唯[12]、趁立南階巽
角二許大〔丈〕、相次召左馬取午〔手〕者名、称唯、趁立同所、(中略)
次召右近取午〔手〕者名、於月花門[11]〔華、下同ジ〕下称唯、趁

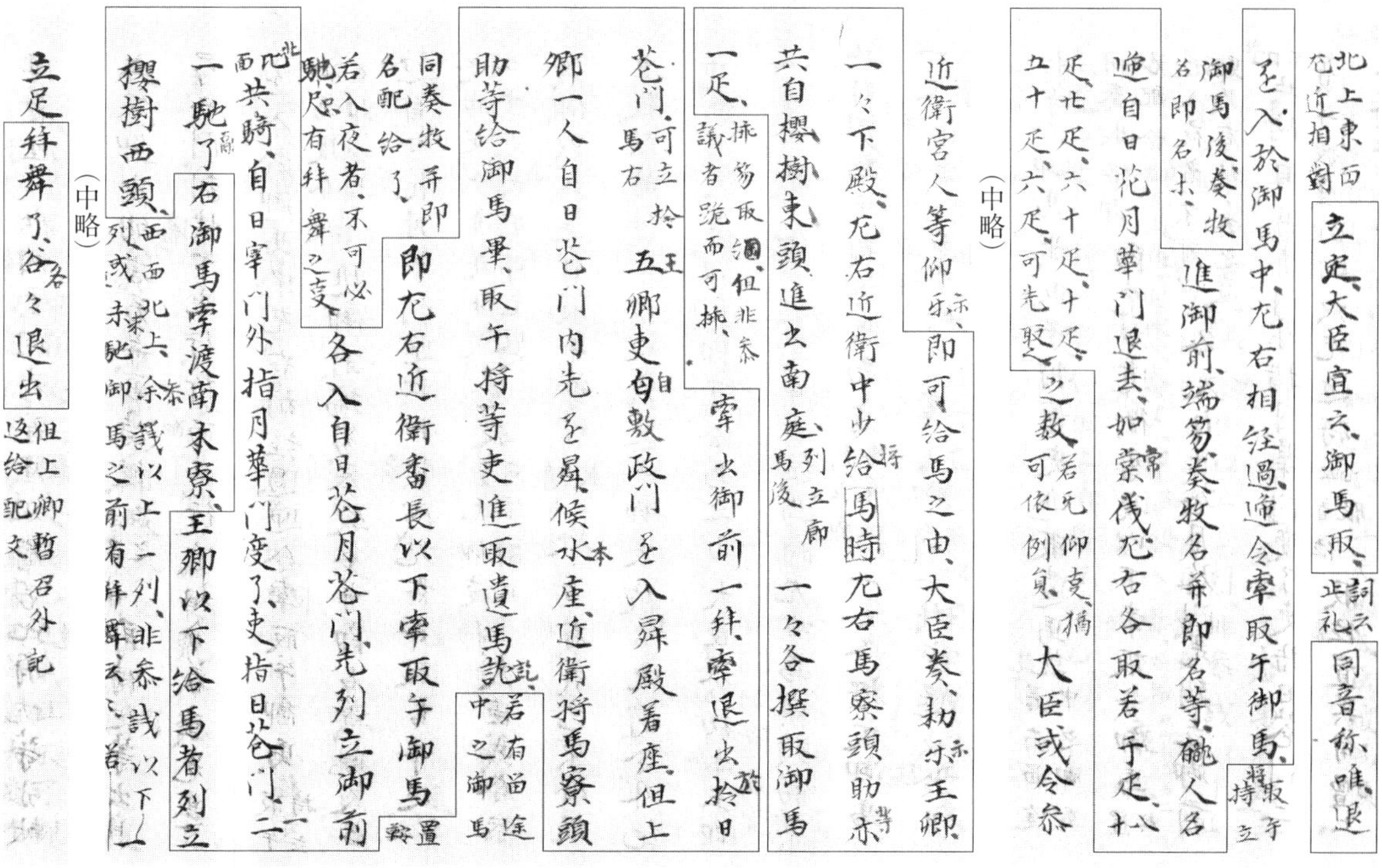

立同階坤角二許大〔文〕、次召右馬取午〔手〕者名、称唯、趁立、（中略）
立定、大臣宣云、御馬取、（中略）同音称唯、退
還入於御馬中、左右相経過、逓令牽取午〔手〕御馬、（中略）
進御前、端笏、奏牧名幷郎[13]名等、髗人各
逓自日花・月華門退去〔出カ〕、如棠〔常〕儀、左右各取若干疋、十八
疋、廿疋、六十疋、十疋、五十疋、六疋、可先取也、（中略）
即可給馬之由、大臣奏、勅牙〔示〕王卿、
一々下殿、左右近衛中少給〔将〕、馬〔衍〕時左右馬寮頭・助亦〔等〕、
共自櫻樹東頭[14]、進出南庭、列立廊〔御〕馬後、一々各撰取御馬
一疋、（中略）牽出御前、一拝、牽退出於日
花門、可立於馬右、五〔王〕卿更勾〔自〕[15]敷政門還入、昇殿着座、但上
卿一人、自日花門内、先還昇候水〔本〕座、近衛将、馬寮頭・
助等、給御馬畢、取午〔手〕将等、吏〔更〕進取遺馬訖、（中略）
即左右近衛番長以下、牽取午〔手〕御馬、（中略）
各入自日花・月花〔華〕門、先列立御前、
北面。共騎、自日宰門外、指月華門度、了吏〔更〕指日花門二一〔二〕
一馳了、（中略）王卿以下給馬者、列立
櫻樹西頭、（中略）
拝舞了、谷〔各〕々退出、（下略）

読み下し

西宮記（さいきゅうき）、信濃諸牧駒牽（こまひき）（中略）
天皇、南殿（なでん）に御す。親王公卿、（中略）相分かれて着座。（中略）大臣、召し
を被りて簀子敷（すのこじき）の座に候（こう）ず。（中略）次に、牧監（ぼくげん）幷びに左右近衛（このえ）の番長（ばんちょう）以
下、若（も）し近衛府足らざれば左右馬寮（めりょう）の騎士、御馬を牽きて日華門（にっかもん）より入る。
三匝（めぐり）のころ、〈第一の御馬、御前に至るの間なり。〉大臣、宣して云く、騎（の）

れ、と。（中略）龓人ら、共に跪きて、鞭を抜き手を貫きて馬に騎る。（中略）七・八廻りの間、大臣云く、下り、と。（中略）共に下る。即ち南の階の前、二丈ばかりに整へ立つ。（中略）主当寮の頭もしくは助、一人進み出で、御馬を立たしむ。立ち定むるの後、（中略）大臣、左近の取手の将の名を召す。（中略）日華門下において称唯し、趨りて南の階の巽の角、二丈ばかりに立つ。相次ぎて左馬の取手の者の名を召す。称唯、趨りて同所に立つ。（中略）次に右近の取手の者の名を召す。月華門下において称唯し、趨りて同じ階の坤の角二丈ばかりに立つ。次に右馬の取手の者の名を召す。称唯し趨り立つ。（中略）立ち定まりて、大臣宣して云く、御馬取れ、と。（中略）同音に称唯す。退き還りて御馬の中に入る。左右、相経過し、逓いに取手の御馬を牽かしむ。（中略）御前に進みて、笏を端し、牧名幷びに郎名等を奏す。龓人それぞれ逓いに日華・月華門より退出すること、常儀の如し。左右それぞれ若干疋を取る。〈八十疋ならば二十疋を、六十疋ならば十疋を、五十疋ならば六疋を先に取るべきなり。〉（中略）即ち、馬を給るべきの由、大臣奏し、勅を王卿に示す。一々殿を下る。左右近衛中少将、左右馬寮頭・助ら、共に桜樹の東の頭より南庭に進み出づ。〈御馬の後に列立す。〉一々それぞれ御馬一疋を撰び取る。（中略）御前に牽き出だして一拝し、牽きて日華門より退出す。〈馬の右に立つべし。〉王卿はあらためて敷政門より還り入り、昇殿し着座す。但し、上卿一人は、日華門内より先に還り昇りて本座に候ず。近衛将、馬寮頭・助ら御馬を給り畢りて、取手の将ら、あらためて進みて遺りの馬を取り訖る。（中略）即ち左右近衛番長以下、取手の御馬を牽き、（中略）それぞれ日華・月華門より入りて、まず御前に列立す。〈北面。〉共に騎り、日華門外より月華門を指して度り、了りてさらに日華門を指して一々馳せ了る。（中略）王卿以下馬を給る者は、桜樹の西の頭に列立す。（中略）拝舞し了りて、それぞれ退出す。（下略）

語句説明

1南殿　紫宸殿（内裏正殿）。**2簀子敷**　宮殿などの建物の一番外側をめぐって床から簀子を張り出した濡縁の部分。**3牧監**　ここでは信濃国の牧監。牧監は、国内の御牧を統括する官職で、御牧のある信濃国・甲斐国・上野国におかれた。同じく御牧のあった武蔵国は、牧単位の別当がおかれた。**4近衛番長**　近衛府の下士で、番ごとに近衛を統率する役職。『延喜式』では、左右近衛府に番長各八名、近衛各六百名をおいた。**5騎士**　馬寮の職員で馬芸に優れた者。『延喜式』の定員は左右馬寮各十名。駒牽などの際に暴れ馬を乗りこなす役をつとめる例がしばしばみられる。**6第一御馬**　先頭を進む馬。**7龓人**　くちとり。馬の手綱をとって牽く役。**8南階**　紫宸殿の南面中央にあって、建物の上と庭を昇降するための大階段。**9主当寮**　担当の寮のこと。ここでは、駒牽に馬を貢進した国または牧を管轄する馬寮をさし、信濃国は左馬寮。信濃・甲斐が左馬寮、武蔵・上野が右馬寮の管轄であった。**10取手**　馬を選びとる役目の者。近衛の次将（中少将）と馬寮官人がつとめた。**11日華門・月華門**　紫宸殿とその前（南方）に広がる庭（南庭）からなる区画に出入りするための東門が日華門、西門が月華門。**12称唯**　命令を受けた者が声を出して答えること。唯と称す。文字の順とは逆に「いしょう」とよむ。**13郎名**　貢馬の序次を示す呼称。牽進の順に一・二・三…と称した。諸史料では、「望月一赤毛」のように、牧名、序次、馬の毛色などの特徴を組み合わせた呼称がしばしばみられる。**14櫻樹**（桜）　いわゆる「左近の桜」。紫宸殿の前、東寄りに植えられた。**15敷政門**　内裏の東側、綾綺殿と宜陽殿の間にある門。日華門からいったん外に出た王卿は、宜陽殿の後ろを通って北に向かい、敷政門を入って紫宸殿の座に戻った。

現代語訳

西宮記、信濃諸牧の駒牽(中略)
天皇が南殿(紫宸殿)に出御する。親王公卿は(中略)相分かれて着座する。(中略)上卿の大臣は、召しを受けて、簀子敷の座に参候する。(中略)次に、牧監と左右近衛の番長以下が、もし近衛府の人数が足りない時は左右馬寮の騎士も加わって、御馬を牽いて日華門より南庭に入る。南庭を三めぐりした頃あいに、〈先頭の御馬が天皇の御前を通る時に〉大臣が命令して、騎れ、という。(中略)口取り人らは、ともにひざまずく。鞭を抜き、手をついて馬に騎る。(中略)七・八めぐりしたところで、大臣が、おりよ、という。(中略)共に馬よりおりる。そこで、南殿の南階の前、二丈ほど離れたところに馬を整列させる。(中略)主当の馬寮の頭または助が一人進み出て、御馬を列立させる。立ち定まったのち、(中略)上卿の大臣が、左近衛の取手の将の名を呼ぶ。(中略)取手の将は日華門の下で称唯し、小走りに南の階の東南の角から二丈ばかりの位置に立つ。あいついで左馬寮の取手の者の名を呼ぶ。称唯し、小走りに同じところに立つ。(中略)次に右近衛の取手の将の名を呼ぶ。月華門の下で称唯し、小走りに同じ階の南西の角から二丈ばかりの位置に立つ。次に右馬寮の取手の者の名を呼ぶ。称唯し小走りに立つ。(中略)立ち定まると、大臣が命令して、御馬取れ、という。(中略)声を揃えて称唯する。今の位置から退き戻って御馬の中に入る。左右の取手が相互に行き来し、一頭ずつ順番に取手の御馬を引き出す。(中略)天皇の御前に進み出て、笏をただし、選びとった馬の牧の名と郎名(馬の順番)を奏上する。口取り人が順々に日華門・月華門から退出することは通常の儀式と同じである。左右それぞれ何頭かをとる。〈駒牽の馬の総数が八十頭の時は各二十頭を先にとり、六十頭の時は各十頭を、五十頭の時は各六頭を先にとるものである。〉(中略)すなわち、臣下に馬を賜わることを、上卿の大臣が天皇に奏上し、天皇の命を王卿に示す。王卿は一人ひとり建物をおりる。左右の近衛の中少将と左右馬寮の頭・助らは、紫宸殿の前の桜の木の東側から南庭に進み出る。〈御馬の後ろに列立する。〉王卿が一人ひとり、御馬一頭を選びとる。(中略)天皇の御前に牽き出して一拝し、馬を牽いて日華門より庭外に退出する。〈この間は馬の右側に立つ。〉庭外に出た王卿は、改めて敷政門から戻り入り、昇殿して着座する。ただし、上卿一人だけは、日華門の内側から先に戻り、建物に昇って本座に参候する。近衛の将と馬寮の頭・助らが馬を賜わり終わったところで、取手の将らが改めて進み出て、残りの馬を分け取り終わる。(中略)そこで、左右の近衛の番長以下が、取手の御馬を牽き、(中略)それぞれ日華門・月華門より南庭に入り、まず天皇の御前に列立する。〈北を向く。〉一斉に馬に騎り、日華門外から月華門をめざして馳せ渡る。終るとさらに日華門をめざして一頭一頭馳せ渡る。(中略)王卿以下、馬を賜わった者は、桜の木の西側に列立する。(中略)天皇に向かって拝舞し、終るとそれぞれ退出する。

▼解説

朝廷の政務に関する平安時代の儀式書として現在に伝わる代表的なものには、九世紀前期編纂の『内裏式』『内裏儀式』、貞観年間(八五九〜八七七)編纂の『儀式』(『貞観儀式』)があり、十世紀以降では、源高明(九一四〜九八二)撰『西宮記』、藤原公任(九六六〜一〇四一)撰『北山抄』、大江匡房(一〇四一〜一一一一)撰『江家次第』(『江次第』とも)が豊富な内容をもつものとしてよく知られている。村上天皇(九二六〜九六七)撰『清涼記』の存在も知られるが、諸書に逸文がみえるのみで今に伝わらない。

ここに掲載した『西宮記』の「信濃諸牧駒牽」の記事は、『政事要略』巻二十三所引で、『西宮記』諸本の中で、当儀についてもっとも豊富な内容を伝える。『西宮記』は、源高明が編纂を進めていた時点から、記載内容の多寡に違いがある複数の本があったようで、現在に伝わる写本の系統も複雑である。『政事要略』が引用する記載は、現存諸本と異なる内容を含んでおり、『西宮記』原撰本のものと考えられている。

駒牽は、都に到着した御牧からの貢馬を内裏に牽き入れ、天皇の前で左右馬寮と王臣に分配する儀式で、毎年八月の国・牧ごとに定められた日に行なわれた。御牧は、朝廷に常備馬を供給するための制度として八世紀後期に整備が始まり、甲斐(三牧)・武蔵(六牧)・信濃(十六牧)・上野(九牧)の四カ国におかれた(牧数は『延喜式』にみえる数)。駒牽の式日は、八月七日甲斐国諸牧、十三日武蔵国秩父(ちちぶ)牧、十五日(天暦七年〈九五三〉以降は十六日)信濃国諸牧、十七日甲斐国穂坂(ほさか)牧、二十日武蔵国小野(おの)牧、二十三日信濃国望月(もちづき)牧、二十五日武蔵国諸牧と武蔵国立野(たての)牧、二十七日上野国諸牧であった。

信濃国諸牧駒牽の内容を概観すると、紫宸殿南庭に貢馬を牽き入れるに先立って、参会する貴族らをねぎらう「陣饗(じんきょう)」が設けられ、その間に、上卿(儀式を差配する大臣)は信濃国から提出された「御馬解文」を天皇に奏上する。紫宸殿での儀式は、天皇が出御し、参会者が座に着くと、貢馬が南庭に牽き入れられる。貢馬は、「牽廻(ひきまわし)」といって南庭を三廻りほど牽き回され、また近衛らが実際に騎乗してみせ、そののち整列する。これによって、貢馬の質を見定めたのであろう。ついで「分取(わけとり)」である。「分取」では、左右馬寮が一頭ずつ貢馬を選びとり、その名称を申告して庭外に牽き出していく。取手となる近衛次将・馬寮官人には馬をみる目が求められる。貢馬数の多い信濃諸牧と上野諸牧の駒牽では、「分取」がある程度まで進むと、天皇の指示によりいったんこれを中断し、「頒給」を行なう。「頒給」は、参会する公卿・官人らに貢馬を賜うもので、対象者は南庭に降り、整列した貢馬から一頭をみずから選びとり、天皇に一拝して牽き出し、庭外を経てもとの座に戻る。「頒給」ののち残った馬があれば再び「分取」を行なう。「頒給」に移行するタイミングについて、貢馬が八十頭であれば、左右各二十頭を、六十頭なら各十頭を、五十頭なら各六頭を「分取」した時点とされる。いずれもほぼ四十頭を残して「頒給」に移る趣旨であり、「頒給」に供する貢馬の上限は四十頭ほどと認識されていたのであろう(山口二〇二二)。最後に、「分取」した馬を南庭の東から西、西から東に馳せ渡らせる「馳馬(はせうま)」を行なう。儀式を締めくくる見せ場である。終了すると、「頒給」を受けた者は天皇に奏慶拝舞して退出となる。

御牧からの駒牽は、淳和天皇期(八二三〜八三三)に朝廷の恒例行事として行なわれていることが知られ、清和天皇の貞観年間に、実施日の変更など制度が整備された。駒牽の意味について、王権の支配下にあることを象徴する律令制以前からの服属儀礼を引き継ぐものとする理解もあるが、儀式の内容は、天皇のもとに到着した貢馬をその場で官司と王臣に配分する点に重点がおかれている。天皇を頂点とする朝廷の秩序と君臣関係の確認・強化としての意義を認めることができよう(山梨県二〇〇四)。

参考史料

『儀式』巻七・正月七日儀

(上略)乗輿御二豊楽殿一。内侍置二位記筥於大臣之座前一。即臨二東檻一喚二大臣一。(中略)大臣到二左近陣西頭一謝座。升レ自二東階一着座。(中略)次皇太子升レ自二同階一到二座東頭一、西面。謝座謝酒就レ座。(中略)内記進二宣命文於大臣一。大臣受、令二内侍一奉。訖返賜。(中略)大臣喚二内豎一。(中略)大臣宣、喚二式部兵部一。称唯。出喚二二省輔一。(中略)大臣喚二式部一。称唯。升レ殿受二位記筥一、降復二本処一。(中略)兵部亦如レ之。(中略)大臣喚二大舎人一、二声。(中略)少納言、代入レ自二逢春門一就レ版。大臣宣、喚二大夫等一。称唯。出レ自二儀鸞門東戸一(中略)喚レ之。親王以下五位以上称唯。次六位以下称唯。参議已上一列入レ自二儀鸞門東戸一。(中略)次五位以上、東西相分参入。並用二東西戸一。(中略)親王以下、各就レ標。大臣宣、侍レ座。(中略)参議以上、依レ次就二殿上座一。次五位以上六位以下、東西相分就レ座。(中略)式兵両省、率二可レ叙人一東西相分入。(中略)就レ標。(中略)大臣喚下堪二宣命一参議已上一人上、授二宣命文一。(中略)皇太子立二座東一而西面。次親王以下、降レ自二東階一。(中略)列立。(中略)五位以上六位以下、(中略)各立二堂前一。(中略)宣命大夫、降レ自二東階一、就レ版。宣制云、天皇我詔旨良万止勅大命乎衆聞食止宣。皇太子先称唯。次五位以上称唯。次六位以下称唯。訖皇太子再拝。次五位以上六位已下、共再拝。(中略)更宣云、仕奉人等中尓其仕奉状乃随尓治賜人毛在。又御意愛盛尓治賜人毛一二在。故レ是、以二冠位一上賜治賜波久止詔夫大命乎衆聞食止宣。皇太子先称唯。次上下称唯。訖皇太子再拝。次上下再拝。(中略)各復着座。(下略)

正月七日節での叙位

正月七日節では種々の儀礼が行なわれるが、ここは叙位儀を中心に示した。儀式を主宰する上卿の大臣が天皇のもとで位記(一人ひとりに発行される叙位の証明書)を確認し、人事を扱う式部省(文官)・兵部省(武官)の官人に内容が伝達される。正殿の前庭(南庭)の正門が開かれ、親王・公卿以下官人が参入し、庭中の位階ごとに定められた位置に列立した上で、周囲の建物内の座に着く。叙位される官人が庭中にならぶ。叙位は宣命(伝統的な読み言葉で天皇の命を伝える文面)によって参会者に告げられ、皇太子以下の参会者はすべて建物をおり、地に立って聞きとる。宣命使(読み上げる役にふさわしい参議以上の者)が一同の前に立ち、宣命を読み伝える。その作法は、まず天皇の命を伝えることを宣し、ついでその内容を宣する(宣制一段)。一同はその都度、称唯・再拝する。

参考文献

大日方克己「八月駒牽―古代国家と貢馬の儀礼―」(同『古代国家と年中行事』吉川弘文館、一九九三年)。山梨県編『山梨県史』通史編一(第七章第五節「駒牽と相撲」、山口英男執筆担当、二〇〇四年)。山口英男「畿内近傍の牧と馬寮の馬」(広瀬和雄ほか編『講座　畿内の古代学』Ⅳ軍事と対外交渉、雄山閣、二〇二二年)。

（中略）

『西宮記』４月郡司読奏（巻３　前田育徳会尊経閣文庫所蔵）

6 儀式と書面

儀式は政務を進めるための手順・作法であり、その中には書類が登場する場面がある。その内容を読み解くことで、政務に用いられる書類の内容・役割や、その扱い方など、書類をもとに進められる政務の実際を具体的に知ることができる。政務を決済する公卿らの能力も、そこに浮かび上がる。

釈文　＊上段写真の枠内を翻刻した。

一、郡司讀奏[1]、（中略）
上卿着陣、省官在日華門外[2]、上卿、令蔵人令奏讀奏候由、
（中略）上卿以下、着宜陽殿[3]、上卿、以外記
召式部、丞捧奏筥参上[4]、（中略）
上卿、就御所[5]、令奏、（中略）
上卿着座、（中略）
次丞、置擬文筥、（中略）
輔参入、（中略）
上卿、目輔[6]、令讀、
先讀畿内七道六十国銓擬大少領数、次讀道名、（中略）
次讀国名、次朝集使名、次大少領姓名、（中略）
次国擬位姓名、クニアテ万宇セリ、次讀〔断〕析入[7]、有無譜者[8]、
令讀擬文[9]、（中略）
上卿見文儀、見合注郡上氏与今擬者姓、先祖姓等可一同、又見注端朝集使位姓名与在擬文朝集使、次見断入文、有違[10]
例越擬者、断入必可有降擬文、有無譜・同門等者[11]、又可有其句、無譜者、勞効譜第者[12]、不注祖列上注立郡譜第姓[13]、譜第氏[14]、一郡或有二三人、又有勞効・傍親譜第[15]、無誤者、上卿、以朱筆、国擬上注定字、違例越擬者、注定少字、両領共闕時、又可加少字、不経少領、一

度越擬者、上注違例越擬、仍断入文、必可有降擬文、
有誤、不給定字、後日、以省勘文奏聞、入給定之列、
（中略）輔持文退出、（中略）
上卿就御所、奏聞、了
返給、（下略）

読み下し

一、郡司読奏（中略）
上卿、陣に着す。〈省官は日華門外に在り。〉上卿、蔵人をして読奏候ぜる由を奏せしむ。（中略）上卿以下、宜陽殿に着す。上卿、外記を以て式部を召す。丞、奏の筥を捧げて参上す。（中略）上卿、御所に就きて奏せしむ。（中略）上卿、座に着す。（中略）ついで、丞、擬文の筥を置く。（中略）輔、参入す。（中略）上卿、輔に目して読ましむ。
先ず畿内七道六十国の銓擬大少領の数を読む。次に道の名を読む。（中略）次に国名を読む。次に大少領の姓名。（中略）次に国擬の位姓名。〈クニアテマウセリ、〉次に断入を読む。無譜の者あらば、擬文を読ましむ。（中略）
上卿文を見る儀〈郡の上に注せる氏と今擬者の姓とを見合す。先祖の姓等、一同すべし。また端に注せる朝集使の位姓名と擬文に在る朝集使とを見る。次に断入の文を見る。違例越擬あらば、断入して必ず降し擬する文あるべし。無譜・同門等あらば、またその句あるべし。無譜の者、労効譜第の者は、祖列に、上に注せる立郡譜第の姓を注さず。譜第の氏は、一郡に或は二・三人あり。また労効・傍親の譜第あり。誤り無くば、上卿、朱筆を以て国擬の上に定の字を注す。違例越擬は、定少の字を注す。両領共に闕くる時は、また少の字を加ふべし。〉少領を経ずして一度に越擬せば、上に違例越擬と注す。仍って文を断入し、必ず降し擬する文あるべし。誤りあらば、定の字を給はず。後日、省の勘文をもって奏聞し、定を給ふ列に入る。（中略）輔、文を持ちて退出す。（中略）上卿、御所に就きて奏聞す。了りて返給す。（下略）

語句説明

1郡司讀奏 式部省が提出した郡領候補者の選考結果を天皇に奏上するに際し、読み上げて点検する政務。**2省官** ここでは式部省の官人。式部省は文官の人事を管掌した。以下の輔・丞なども式部省の輔・丞。**3宜陽殿** 内裏の正殿である紫宸殿とその南庭の区画の東西にある南北に長い建物の一つで、紫宸殿の東に位置する。**4奏筥** 奏文を入れた箱。**5御所** 天皇の日常の居所。清涼殿。**6目** 目くばせ（アイコンタクト）で合図する。**7断入** 貼り継がれている紙面を途中で切断し、補足する内容を記した紙を挿入して貼り継ぐこと。または挿入した紙のこと。ここでは、式部省が点検・判定した内容が断入されている。

8無譜　譜第(郡領に就任した先祖)のない者。**9擬文**　国司が郡司候補者を推薦することを述べた書面。**10違例越擬**　少領を経ずに大領に擬すること。**11同門**　現任の郡領と同姓の者。**12労効譜第**　労効を評価されて郡司に就任した者が先祖にいる者。**13立郡譜第**　立郡(郡が設置された)時の郡司就任者が先祖にいる者。**14譜第氏**　譜第を認められている氏族。**15傍親譜第**　立郡譜第と同姓で譜第を有するが、立郡時の郡領の子孫ではない者。

現代語訳

一、郡司読奏(中略)

上卿が左近衛陣(さこのえのじん)に着く。〈式部省の官人は日華門の外に居る。〉上卿は、蔵人をして郡司読奏がある由を天皇に奏上する。(中略)上卿以下が、宜陽殿に着く。上卿は、外記をもって式部省を呼び出す。式部丞が、読奏の文書の入った筥を捧げて参上する。(中略)上卿は、御所に参って奏上する。(中略)御所から戻った上卿が、もとの座に着く。(中略)ついで、式部丞が擬文の入った筥をおく。(中略)式部輔が参入する。(中略)上卿が、式部輔に目くばせして読み上げさせる。

最初に、畿内七道六十国の銓擬する大少領の人数を読み上げる。次に道の名を読み上げる。(中略)

次に国名を読み上げる。次に(その国の)朝集使の名を読み上げる。次に大少領の姓名を読み上げる。(中略)次に国擬者(国が選考した候補者)の位・姓名を読み上げる。〈国擬はクニアテモウセリと読む。〉次に断入の文を読み上げる。無譜の者があれば、国から提出された擬文を読み上げさせる。(中略)

上卿が文書を点検する作法　〈郡名の上に書いてある氏と、候補者(今擬者)の姓とを照合する。先祖の姓などが同じであるべきである。また、文書の端(右端)に注記してある朝集使の位・姓名と、擬文に書かれている朝集使を照合する。次に断入してある文を点検する。違例越擬がある場合は、断入して降し擬する旨の文章があるべきである。無譜・同門などの場合もまた、その旨の文言があるべきである。無譜の者、労効譜第の者は、祖列(祖先を書き上げた部分)に、郡名の上に注記されている立郡譜第の姓が記されていない。譜第の氏は、一郡にあるいは二、三名がいて、また労効による譜第や傍親の譜第もある。以上に誤りがなければ、上卿は、朱筆で国擬者の上に「定」の字を書き加える。違例越擬については、「定少」(少領に定む)の字を注記する。大少領がともに欠員となっていた郡の場合もまた、「少」の字を書き加える。〉少領を経ずに一度に(大領に)越擬している場合は、その上に「違例越擬」と注記する。よって、文を断入して、必ず「降し擬する」の文言がなくてはならない。誤りがある場合は、「定」の字を書き与えない。後日、式部省の勘文(報告書)によって天皇に奏聞した上で「定」を書き与える中に入れる。(中略)式部輔が読奏の文をもって退出する。(中略)上卿が、御所に参って読奏の結果を奏聞する。奏聞が終わって、上卿に文書を返給する。(下略)

解説

郡司読奏は、奏任官である郡領(大領・少領)の任用手続きのうち、候補者を天皇に奏上する政務で、毎年四月二十日以前に行なうこととされていた。九世紀の『内裏式』『儀式』(『貞観儀式』)では、内裏紫宸殿に出御した天皇の前で式部輔が奏を読み上げ、候補者ごとに天皇の意向を確認して任用を決定する形であった。しかし、その後は天皇が出御しないのが通例となり、掲載史料ではその形となっている。政務は紫宸殿東脇の宜陽殿で行なわれ、公卿が参会したところに式部省が参上し、郡司読奏の文を提出する。上卿の大臣はそれをもって天皇のもとに赴き、蔵人を介して奏上し、天皇の指示を受けて宜陽殿に戻る。宜陽殿では、式部輔に奏文を読み上げさせて、選考の処理に不備がないかを上卿が点検する。終ると、上卿は判定結果を天皇に改めて奏上する。

郡司は、国からの候補者の推薦(国擬)と式部省での銓擬を経て選考された。判任官の主政・主帳は太政官の判断で任用が決まるが、奏任官の大領・少領は、天皇に奏上して裁可を得て任用された。この手順は、律令制当初からのものであるが、選考基準や対象者の資格などは、平安時代初期までに何度も変更された(本章1節参照)。

選考では譜第・労効・芸業などが勘案され、そのいずれを優先するかで変遷があり、延暦十七年(七九八)に、従来行なわれていた譜第による選考が停止され、芸業(業務の具体的な処理能力)に一本化したが、翌十八年(七九九)、中央での労効(勤務実績)による選考も加えられた。ところが、弘仁二年(八一一)になると、譜第の者を優先して選考し(先尽譜第)、ほかに人がいない場合に芸業におよぶ(後及芸業)こととされた。翌三年(八一二)には、郡司任用は国擬を尊重することが命じられ(郡司国定)、同十三(八二二)年からは、三年間試用して実績のあったことが国擬の条件となった。ここにみる郡司読奏は、こうした制度の変遷を踏まえて実施された。

読奏の奏文には、冒頭に今回銓擬する全国の大領・少領の総数が記され、ついで畿内七道の順に国名・郡名が書かれ、国名の箇所には、国擬の書面を提出した国司(朝集使)の名が記される。郡の項目には、大領・少領の姓名、任用候補者(今擬者)の姓名が記載されている。郡名の上には、その郡で譜第を有する氏の名が注記される。また、祖列(祖別とも)といって、今擬者の先祖の中に郡領就任者がいれば、その情報が書き上げられた。これらの内容は、式部省が国擬の文面から必要なところを書き写し、冒頭集計、道・国・郡名、注記を加えるなどして作成したのであろう。国擬に不備がある場合は、式部省がチェックし、そのことを書き込まなくてはならなかった。その際、該当箇所で紙面をいったん切断し、注記を書き込んだ紙をそこに貼り込む方法がとられた。これを断入といい、その文面を断入文と称した。こうしてできあがった奏文のうち、式部輔は、おもに今擬にかかわる必要な部分を読み上げていく。上卿はこれを聞き取りながら、式部省による処置が正しく行なわれているかどうかを点検する。必要な場合は、国擬の文面(擬文)との照合なども行なう。誤りのないことが確認できれば、上卿は国擬者の上に朱筆で「定」と書き入れた。

上卿の点検事項の中で重視されるのが譜第の確認で、やや複雑な様相を示す。弘仁二年に「先尽譜第」が原則となり、譜第の有無が決定的な意味をもつこととなったためであろうが、それ以前からの作法の名残があるのかもしれない。譜第とは、かつて郡領に就任した者の系譜に属することをさし、その初めは、郡(評)が設置された時の就任者(立郡人、通常は二名)である。その系譜に属する子孫が立郡譜第となる。その後、郡領就任者は時代とともに増加し、譜第が積み重なっていくが、そこには立郡譜第でない者も含まれる。一つは、労効を評価されて任用された者で、その子孫は「労効譜第」と称された。ただし、天平十年(七三八)の法令により、労効による就任者が先祖に一名しかいない者は、選考上の譜第資格を認めないこととされた。もう一つは、立郡人の直系ではない一族(叔伯父・兄弟・甥など)の子孫(傍親)が就任する場合である。この系譜に属する者は、立郡人と同姓で譜第をもつが、立郡譜第ではない。このようにして譜第をもつ者が増加していく中で、天平七年(七三五)の法令に「譜第重大」という表現が登場する。譜第の軽重が選考時に勘案されたことがわかり、それは系譜中に存在する郡領就任者の人数ではかられたと考えられる。この法令と同時に、郡領には原則として同姓の者(同門)の並任を禁じることも命じられた。ついで、天平勝宝元年(七四九)、郡ごとに「立郡以来譜第重大之家」を選定し、今後はそれらの家の嫡系の者のみを選考対象とすることが命じられた。立郡譜第・傍親譜第・労効譜第のうち、これ以後の選考における譜第資格は、立郡譜第に該当するいくつかの家にしぼられ、その嫡系の者のみに認められることとなった。平安時代初期にも、譜第の扱いが変動を繰り返したことは前述した通りで、延暦十七年に停止、弘仁二年に再度復活した。こうした変遷の中で、複雑な様相を呈する譜第の判定は、郡領選考上の焦点となり、それをめぐる政務処理の前例が蓄積されていたのであろう。郡司読奏で、祖列や式部省注記といった細部にまで目を配る手順は、それを引き継いでいるとも考えられる。

　譜第をもたない者は、祖列の記載が存在しない「無譜」である。その場合は、弘仁二年の制度が例外として認める「後及芸業」の適用となり、その旨が明記されていなくてはならなかった。また、大領の欠員には少領を昇任させ、大領・少領とも欠員となった場合は、まず少領を任用する規定があり(延喜式部式)、それに反する大領への「違例越擬」は認められず、少領に「降擬」する処置が必要であった。先にふれた「同門」の扱いなども確認された。

　こうした細かい手順を考えると、一々の政務で上卿をつとめるには、相応の知識と判断能力が必要であることがよくわかる。また、ここでみた郡司読奏の次第は、郡領任用制度が固定化して以降の姿を示すものだが、同時に、以前のあり方を引き継ぎながら形成された内容であることにも目を向けたい。制度改定により政務のどこが変化し、どこが変化しなかったのか。時代をさかのぼって政務の実態を考える手掛りとしても、儀式書の記述は貴重な意味をもつのである。

参考史料

『小右記』長徳二年(九九六)十月十三日条

十三日、庚戌、(中略)参内之間、大外記致時朝臣(中原)レ令申云、今日可レ為二郡司読奏一。(中略)早可二参行一者。(中略)余(藤原実資)披二擬文一、目二匡衡朝臣(大江)一。匡衡読申擬文多誤。問二其由一、匡衡敢無二答対一。至レ無レ難注二定字一、至レ有レ難不レ給レ定。其難注レ右(左)。(中略)

読奏難

一、摂津国、不レ注二朝進(集)使一。

二、伊勢国三□(重)郡大領中臣伊勢常海。伊勢連、而無二来(連)字一。又令レ擬二々大領一、而断入文無二省(式部省)降文一。

三、尾張国丹羽郡、令レ擬二々少領海宿祢一。是本擬文不レ注二其名一。又先祖尾張氏。無レ□(譜カ)氏、須レ注二無譜・違例越擬一。

四、陸奥国牡鹿郡、朝集使権大掾未(告カ)彦宿祢守正。擬文告字作(可脱カ)二吉字一。

五、丹波国天田郡、断入文。路不給遺。給字可レ作二拾字一。

六、丹後国朝集使掾巨勢臣懐節。朝字落。

七、伊勢(予)国温泉郡大領闕、転二擬見少領伊与連時兼時兼一。重二注人名一。

ミスの多い郡司読奏

『小右記(しょうゆうき)』の記主藤原実資(さねすけ)が、上位者(左大臣藤原道長、右大臣同顕光(あきみつ)、大納言同公季(きんすえ)ら)の不参・不調などのために、中納言で郡司読奏を主宰した際の記事。「読奏難」(読奏のおちど)を列挙する。文字・文言のもれや書誤り・重複、違例越擬など式部省の見落しを指摘している。

参考文献

山口英男「郡領の銓擬とその変遷―任用関係法令の再検討―」(同『日本古代の地域社会と行政機構』吉川弘文館、二〇一九年、初出一九九三年)。森公章「試郡司・読奏・任郡司ノート」(同『古代郡司制度の研究』吉川弘文館、二〇〇〇年、初出一九九七年)。須原祥二「式部試練と郡司読奏」(同『古代地方制度形成過程の研究』吉川弘文館、二〇一一年、初出一九九八年)。磐下徹「郡司読奏考」(同『日本古代の郡司と天皇』吉川弘文館、二〇一六年、初出二〇〇七年)。

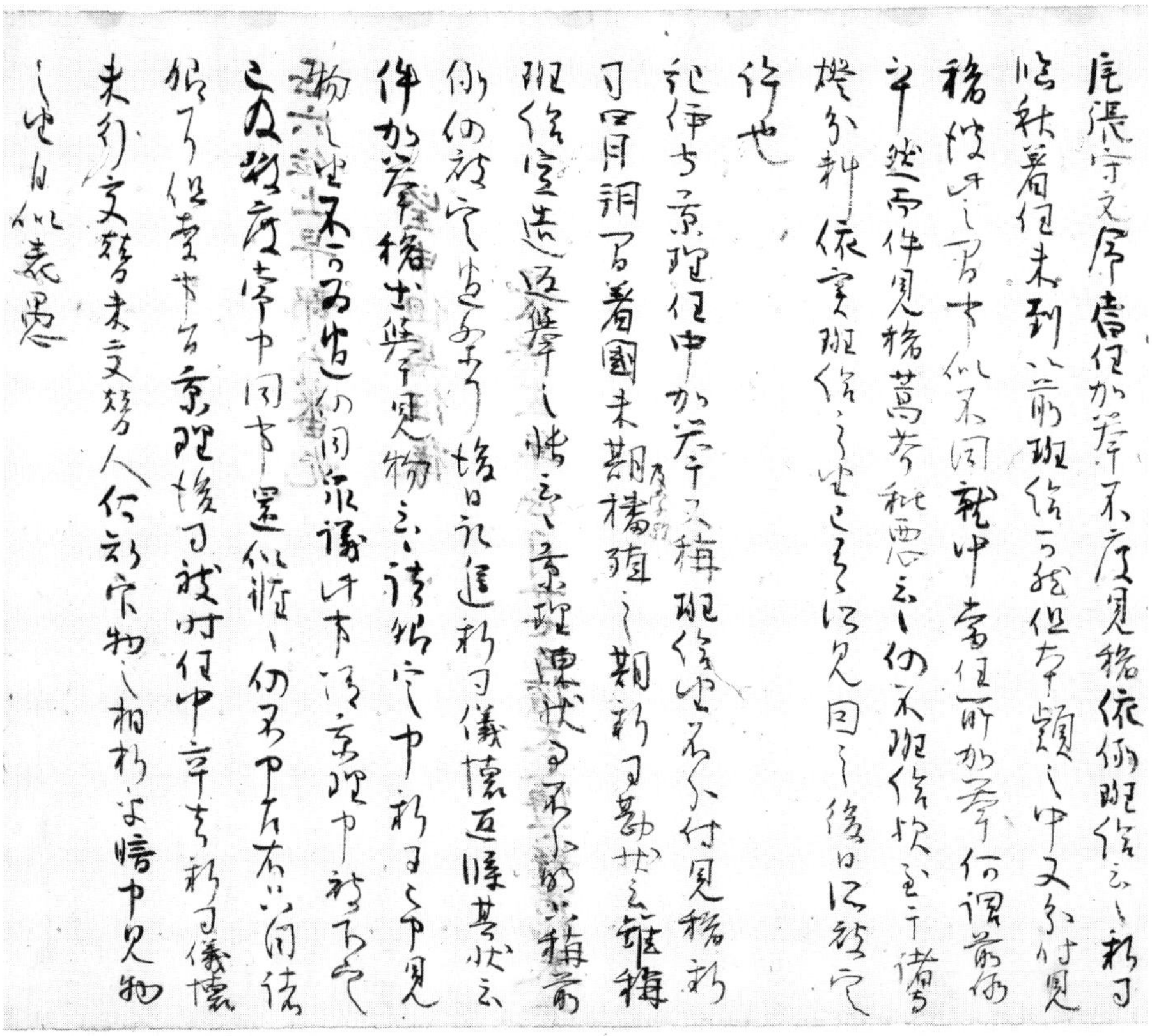

『北山抄』吏途指南・古今定功過例（巻10　京都国立博物館所蔵）

7 地方支配のための政務

受領(ずりょう)体制が成立して以降の地方支配は、国司の最上席者として現地の行政を取り仕切る受領(守、一部の国は介)が、都への貢納を請け負うかわりに、国内支配全般の権限を委託される形となった。政治の中枢を握る議政官である公卿たち上級貴族は、人事権の行使を通じて受領を統率した。受領の任期中の執務内容の評価・判定は、人事を左右する要素であり、公卿にとって重要な政務の一つであった。

釈文

尾張守元命[1]、當任加挙[2]、不度見稲[3]、依例班給云々[4]、新司[5]、
臨秋着任、未到以前班給可然、但本顛之中[6]、又分付見[7]
稲、彼此之間、事似不同、就中[8]、當任所加挙、何謂前例
乎、然而件見稲、蕘芥秕悪云々、仍不頒給歟、至于[9]諸寺
燈分料、依実班給之由、已有所見、回之、後日所被定
許也、
紀伊守景理[10]、任中加挙、又偁班給由、不分付見稲、新
司四月朔間、着國、未(及字欤)期播殖之期、新司[11]勘状云、雖偁
班給、空造[12]返挙之帳云々、景理[13]陳状、事不分明、只偁前
例、仍被定過[14]条了、後日、取進新司儀懐返牒、其状云、
件加挙稲、出挙見物云々、諸卿定申、新司已申見
物之由、不可為過、仍同衆議、此事、随景理申、被下定、
已及数度、常申同事、還似軽々、仍不申左右、只同諸
卿耳、但案事旨、景理後司致時[15]、任中卒去、新司儀懐
未行交替、未交替人、何知官物[16]之相折乎、暗申見物
之由、自似表愚、

読み下し

尾張守元命(藤原)　当任の加挙、見稲を度さずして例によりて班給す、と云々。新司、秋に臨みて着任す。未だ到る以前に班給せるは然るべし。但し、本頴の中にまた見稲を分付す。彼此の間、事似て同じからず。就中、当任の加挙せる所を何ぞ前例といはんや。然れども、件の見稲は藁芥秕悪、と云々。よりて頒給せざるか。諸寺灯分料に至りては、実により班給の由、すでに所見あり。これにより、後日、定め許さるる所なり。

紀伊守景理(大江)　任中の加挙、また班給の由を称して見稲を分付せず。新司、四月朔の間、国に着くに、未だ播殖の期に及ばず。新司勘状に云く、班給と称し難く、空しく返挙の帳を造れり、と云々。景理の陳状、事分明ならずしてただ前例と称す。よりて過条と定められ了ぬ。後日、新司儀懐(橘カ)の返牒を取り進む。その状に云く、件の加挙稲、見物を出挙す、と云々。諸卿定め申して、新司すでに見物の由を申さば、過となすべからず、と。よりて衆議に同ず。この事、景理の申すに随いて定に下さるること、すでに数度に及ぶ。常に同じき事を申すは、還りて軽々たるに似たり。よりて左右を申さず、ただ諸卿に同ずるのみ。但し事の旨を案ずるに、景理の後司致時(中原カ)任中に卒去す。新司儀懐、未だ交替を行はず。未だ交替せざるの人、何ぞ官物の相折を知らんや。暗に見物の由を申すは、自ら愚を表すに似たり。

語句説明

1元命　藤原元命。北家魚名流藤原氏。生没年不詳。藤原惟成の叔父。実務に長けた者が任じられる式部丞を経て、寛和二年(九八六)尾張守に任じられ、任期三年目の永延二年(九八八)十一月、国内の郡司百姓等に圧政を訴えられ(『尾張国郡司百姓等解』)、翌年春に解任された。極位従四位下。**2加挙**　国ごとに決められている正税出挙の定額に加えて出挙すること。国の増収となることから、受領の業績として評価された。出挙は、春に種付けのための本稲(元本)を農民に貸し付け、秋の収穫後に利稲(利息)と本稲をあわせて返済させた。諸国は正税を出挙してその利稲を国の財政に用いた。**3見稲**　現物の稲のこと。この時期の出挙では、帳簿の上で本稲を貸し付けたことにして、実際には稲を渡さず、秋に利稲だけを徴収することがあった。**4班給**　本稲を貸し付けること。**5新司**　後任の受領のこと。**6本頴**(穎)　出挙の本稲。**7分付**　前任の受領が後任の受領に国の資産を引き渡すこと。**8當任**(当)　その時の現任の受領のこと。**9諸寺燈**(灯)**分料**　国が出挙する正税の中には用途を定められているものがあり、灯分料は、寺院の灯明の費用にあてる目的で設定されている正税。**10景理**　大江景理(九六二〜一〇二八)。一条天皇の蔵人右衛門尉を経て、紀伊守を二年延任して長保二年(一〇〇〇)までつとめた。その後も、春宮権大進、右少弁兼河内守、三条天皇の五位蔵人、内蔵権頭、右中弁、備前守を歴任。長元元年(一〇二八)八月二十四日没。時に摂津守兼左馬頭。極位従四位下。**11勘状**　事情を調査した結果の報告書。**12返挙**　出挙を返上すること。その内容を記録したのが「返挙之帳」。**13陳状**　弁明書。**14過**　職務上の過失。**15任中**　任期中。**16相折**　収納全体を個別に割りあてること。ここでは官物の具体的な内訳の意味。

現代語訳

尾張守藤原元命。当任における加挙(定例と別の追加分の出挙)について、見稲(現物の稲)を渡さずに、前例に従って割りあてたとの説明である。新任の国司が秋になって着任したので、到着する以前に班給しているのはしかるべきである。ところが、引き継いだ本稲の中でも見稲が分付されている。両者は、受領の功績として似ているようで同じではない。(本稲があるなら見稲を班給できた筈であり、見稲を班給できないなら本稲を分付けできない筈である。)なにより、当任において加挙したのならば、どうして前例によるというのか。しかしながら、その見稲は藁か芥か籾がらのような質の悪いものという説明である。そのために班給しなかったのであろうか。諸寺灯分料の出挙については、実際の稲を班給したことが確認できる。これにより、後日になって定め許されたところである。

紀伊守大江景理。任期中の加挙について、また本稲を班給したと称して見稲を後任者に分付けしなかった。新司は四月初日の頃に国に到着したので、まだ植えつけの季節になっていない(稲の貸付け以前である)。新司の点検書面では、班給したとはいいがたく、むなしく出挙返上を記録した帳簿を作成したということである。景理の陳述書面では、事情がはっきりせず、ただ前例と称している。よって、過(職務上の過失)と認定された。後日になって、新司である橘儀懐の回答書を取り寄せて提出された。その書面によれば、件の加挙の稲は見稲を出挙したと述べている。諸卿が判定するには、新司が見物であるという以上、過とすることはできないということである。よって、衆議に同意した。この件については、景理の申請で功過定に下されることがすでに数度におよんでいる。そのたびに同じことを主張するのは、かえって軽々しくみられかねない。よって、あれこれいわずに、ただ諸卿に同意したのである。ただし、ことの状況を考えると、景理の後任である中原致時は、任期中に死亡した。その後任である橘儀懐は、交替業務をまだ行なっていない。交替をいまだ行なっていない人が、どうして官物の配分がわかるのだろうか。わけも知らずに見物であるというのは、おのずから愚かさをあらわすようなものである。

▼解説

『北山抄(ほくざんしょう)』は藤原公任(きんとう)(九六六〜一〇四一)が著述した儀式書で、十巻が伝わる。そのうち巻十「吏途指南(りとしなん)」は、国司(受領)の業務について、心得ておくべき事柄を叙述した内容となっている。そこに「古今定むる功過の例」として、公任が経験した受領功過定(こうかさだめ)の実例が記述されている。公任は名筆家としても名高く、巻十は公任自筆の草稿本が伝わっていることでも貴重であり、図版はそれを掲げた。

受領の任期は通例四年で、正月の県召除目(あがためしのじもく)などで国守に任じられると、天皇や高位者への「罷申(まかりもうし)」などを行なった上で京を発ち赴任する。任国に着くと、前任者との間で「交替政(せい)」と呼ばれる引継ぎを行ない、国の資産が前任者から後任者へ「分付け」される。実際に引き継いだ現物と、国の帳簿の上で存在すべき内容とを照合した結果などを記載した書面(不与解由状(ふよげゆじょう))を作成して、前任者の負うべき責任範囲と、新任者の業務の始点を明確にする。この交替政を終えて、新任の受領は国務に就くこととなる。任を終える際にも、今度は後任の受領と「交替政」を行なう。受領としての任期中の功過(こうか)(功績と過失)は、不与解由状を受けて勘解由使が作成した勘文や、中央への貢納や任国の財政処理について担当官司が調査した勘文などに基づいて判定される。その判定を行なうのが「功過定」であり、除目が行なわれる機会にあわせて実施される例である。功過定は「朝(ちょう)(朝廷)の要事」と認識され、多数の公卿が出席して、厳しい意見も交わされた。功過の判定は全員一致となるまで審議されるため、自分の意見にこだわる公卿がいれば、決着まで数年かかる場合もあった。「無過」とされた受領は、位階を加えられ、受領に再任されるチャンスを得たが、「過」となれば、もはや受領にはなれなかった。功過定は、公卿が受領を統制する上できわめて重要な意味をもった。

ここでみる尾張守藤原元命の功過定は、長保五年(一〇〇三)四月に行なわれたものである(『権記(ごんき)』)。元命は、寛和二年に尾張守となり、その任期中の永延二年十一月に、国内の郡司百姓等にその圧政を訴えられた。その訴状が著名な『尾張国郡司百姓等解』である。この時期に、こうした国司苛政上訴と呼ばれる動きが頻発したが、三十一条にわたる詳細な記述をもつ『同解』は、受領の国内統治の実態を今に伝える貴重な史料となっている。「受領は倒るるところに土をつかめ」という説話（『今昔物語集』）で知られる信濃守藤原陳忠とともに、元命は当時の受領の典型と理解される人物である。訴状は翌永祚元年（九八九）二月に朝廷で取り上げられ、同四月、元命の後任として藤原文信が任じられた。その後、元命の功過定が決着するまでには、かなりの年数を要した。ただ、国内から訴えられた圧政の内容が問題とされた形跡はなく、恒例の枠を超えた正税出挙（加挙）の本稲の扱いが議論となっている。結局、正税の中の諸寺灯分料について、本稲を見稲で班給した証拠があることを理由に無過となった。功過定で無過であれば、位階が上がり、以後も受領の候補となり得るはずである。しかし、功過定が決着する以前の活動がわずかに知られるだけで、そのほかの元命の経歴は不明である。それなりの年齢に達していたのかもしれない。離任から功過定が結着するまで十五年を要したことも、そもそも異例といえよう。

　元命が尾張守に就任した背景には、甥の惟成の存在があったと思われる。卓越した実務官人であった惟成は、花山天皇の乳母子であったことから、天皇が永観二年（九八四）に十七歳で即位すると、近臣として天皇を強力に支え、「五位摂政」と称されるほどの辣腕をふるった。元命にとって強い後ろ盾になったと考えられる。ところが、寛和二年六月、花山天皇は突然退位出家し、一条天皇が即位した。背後に一条天皇の外祖父である藤原兼家の暗躍があったとされる。これにより、元命は強力な政治的後援を絶たれることになったであろう。元命の後任となった藤原文信は、一条天皇の摂政となった兼家や、小野宮流の藤原実資など、有力貴族とのつながりを有する人物であった。実入りのよい尾張守の地位は、政界上層部にとっても大きな関心事だったであろう。元命解任・尾張守交替の背景には、受領人事をめぐる政界の力関係が絡み、苛政上訴を行なう地域勢力の側もそこを見越して動いたのかもしれない。

　大江景理は、紀伊守の任期二年の延長が認められ、長保二年までつとめた。藤原元命が無過となったのと同じ長保五年四月の功過定で審議され、その時は過と判定された。景理は、加挙の本稲は班給したので、後任者への分付けはないと主張したが、交替の時期が稲の播殖以前である上、後任として分付けを受けた中原致時から、班給したとはみなしがたく、出挙返上の帳簿があるとの報告があったためである。ところが、致時が在任中に死亡し、後任に橘儀懐が任じられると、景理は、加挙は見稲の出挙であったという内容の報告を儀懐から取り寄せ、改めて功過定にもちだしてきた。本項の書きぶりによると、再審議はそれ以前にも行なわれたらしい。結局、過ありとした先の判定は寛弘元年（一〇〇四）三月に取消しとなった（『御堂関白記』）。『北山抄』著者の公任は、判定変更に大いに不満だったようだが、大勢に従って全員一致に同意したようである。功過定ではさまざまな手練手管が繰りだされ、虚々実々の駆引きもあったことがうかがえる。

参考史料

尾張国郡司百姓等解（第六条）

一、請レ被二裁断一所レ進調絹減直幷精好生糸事

右、両種貢進官物、定数具録二官帳一。但疋別所当料田、先例二町四段、代米四石八斗也。然而絹実所レ進之日、所二定納一絹、疋別一町余也。亦至二精好之生糸一者、責二取当国之美糸一、織二私用之綾羅一、挙二買他国之麁糸一、備二貢官之例進一。抑蚕養之業、進退更不レ任レ心、或国吏、令レ得二蚕養一、而不レ登二年穀一、或国吏、令レ登二年穀一、以不レ宜二蚕養一。而当任守元命朝臣者、著任以降、蚕養業不レ可也。是只絹減直、糸精好所レ致歟。専城之吏、

忠節已空。分優之職、牧掌永絶。所謂傾国之讐、害レ人蠹、豈過二於斯一哉。
望請、蒙二裁糺一、被レ召二問其旨一、兼亦被レ改二任良吏一矣。

国司苛政の実態

藤原元命の圧政として、調の絹・生糸などの法外な加徴や不正を訴える内容。官物の賦課は、田地面積当りの基準(税率)に前例があるのに、その率を二倍以上とした(絹減直)。精好(優良品)の生糸を国内から取り立てながら、朝廷には他国で調達した粗悪品を貢進し、私利をはかった。その結果、国内の養蚕業自体が衰えてしまった。国司の職責にふさわしくなく、国を傾け人を害するものであり、良吏に改任してほしいと訴える。調が人別から土地別賦課の税に変化し、また現地で徴収した物品そのものを中央に貢進する形が失われていたことも指摘できる。

参考文献
増渕徹「上訴と功過」(『京都橘女子大学研究紀要』二五、一九九八年)。山口英男「「尾張国郡司百姓等解」と藤原元命」(『UP』三五〇号、二〇〇一年)。榎本淳一「尾張国郡司百姓等解文」(佐藤信・小口雅史編『古代史料を読む　下　平安王朝編』同成社、二〇一八年)。

III 儀式書と故実

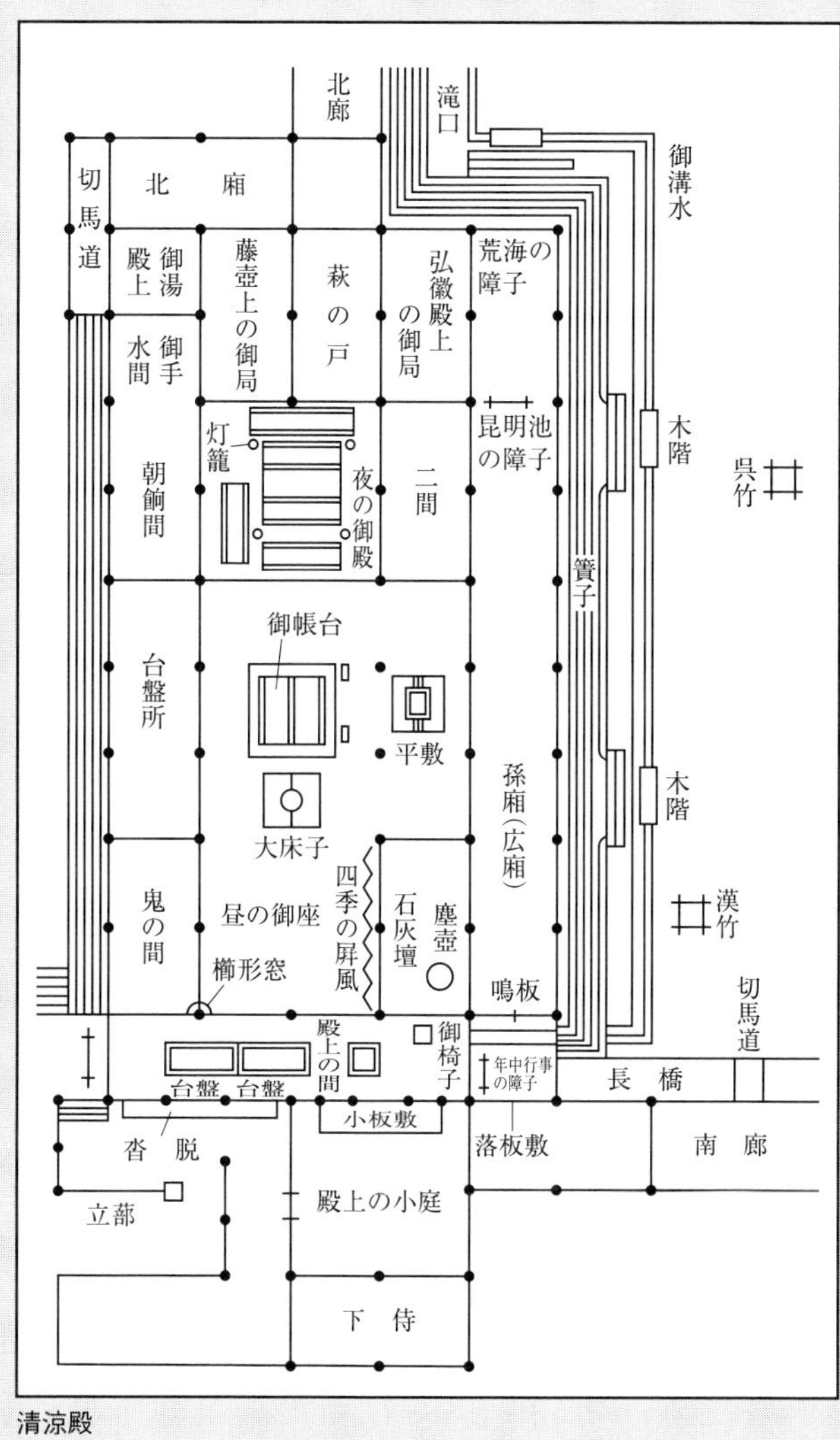

清涼殿

『内裏式』序（前田育徳会尊経閣文庫所蔵）

1 儀式書の始まり

朝廷で行なわれる政務や恒例・臨時の行事を儀式といい、その次第を定めた書を儀式書という。日本列島では、隋・唐の影響を受け、推古朝以後、中国的な儀礼の受容がなされ、奈良時代の改訂期を経て、平安初期には唐制の積極的な導入期へと推移した。現存する最古の「儀式」としては、弘仁十一年（八二〇）に嵯峨天皇に上奏された『内裏式』があるので、その序を読む。

釈文

内裏式序
[1]盖〔蓋〕儀注之興、其所由來久矣、[2]所以指□〔道カ〕
喩人、納于軌[3]初〔物〕者也、　皇上以禁中[4]礼式
[5]節〔節〕父〔文カ〕未具、覧之者多[6]岐、行之者滋惑、乃詔
正三位守右大臣兼行左衞大將臣藤原朝臣[7]
冬嗣・中納言従三位兼行左衞門督陸奥出羽按察
使臣良[8]岑朝臣安世・權中納言従三位兼行春宮大
夫左兵衞督臣藤原朝臣三守・[9]従四位下行中務大輔
臣朝野[10]宿祢鹿取・従四位下皇后宮大夫兼行近江
守臣小野朝臣岑守・父〔文カ〕[11]章博士従五位下兼行大内記
臣桑原[12]公腹赤・従五位下行大内記臣滋野宿祢[13]貞主
等〔等〕、令[14]條定焉、於是[15]抄摭[16]新見、[17]採綴[18]舊章、[19]原始要
終、[20]緝斯[21]朝憲、取[22]捨〔捨カ〕之且〔宜〕、[23]斷於天旨、起自[24]元正、訖
[25]季冬、所常[26]履行及臨時[27]軍國諸大小事、[28]以類區
分、[29]勒成三巻、[30]庶其[31]升降之序・[32]降殺之儀、[33]披文
即脱、臨事〔時〕靡滞、[34]各修厥職、守而弗忘、[35]象闕書、

義近於此、

読み下し

内裏式序

蓋し儀注の興、其の由来するところ久し。道を指して人を喩し、軌物に納むる所以の者なり。皇上、禁中の礼式の節文、未だ具はらざるを以て、これを覧る者は多岐にして、これを行ふ者は滋惑ふ。乃ち正三位守右大臣兼行左近衛大将臣藤原朝臣冬嗣・中納言従三位兼行左衛門督陸奥出羽按察使臣良岑朝臣安世・権中納言従三位兼春宮大夫左兵衛督臣藤原朝臣三守・従四位下行中務大輔臣朝野宿禰鹿取・従四位下皇后宮大夫兼行近江守臣小野朝臣岑守・文章博士従五位下兼行大内記臣桑原公腹赤・従五位下行大内記臣滋野宿禰貞主らに詔して、条定せしむ。是に於いて新見を抄摭し、旧章を採綴す。始を原ね終はりを要め、朝憲を緝め斯く。取捨の宜しきは、天旨に断む。元正より起こして、季冬に訖る、常に履み行ふところ及び臨時の軍国の諸の大小の事、類を以て区分し、勒して三巻と成す。庶はくは、其の升降の序、降殺の儀、文を披けば即ち脱け、時に臨みて滞ること靡きことを。各厥の職を修め、守りて忘れず。象闕の書、義、此れに近し。

語句説明

1蓋〔蓋〕儀注之興、其所由來〔来〕久矣　『隋書』志第二十八　経籍二の「漢舊儀四巻」以下の沿革を「書儀疏一巻」まで五十九部二千二十九巻の「儀注篇」を列記した箇所に続いて、「儀注之興、其所二由来一矣。自二君臣父子、六親九族、各有二上下親疏之別一」云々とある部分に出典がある。「儀注」とは前漢・後漢の『漢儀』『漢舊儀』から始まり、隋・唐の『江都集礼』『大唐開元礼』などにいたる朝儀、もしくは朝儀の書をさす。儀注の起源が古くさかのぼることを述べたもの。**2所以指□〔道カ〕喩人、納于軌物〔物〕者也**　流布本では「指喩人」とあるが、前田本では「指」の後に一、二字分の空白があり、親本の破損による脱落が想定され、西本昌弘は「□」内には「道」「路」などの文字を推定する(西本一九九七a)。軌物とは守らなければならない決り。法度。掟。**3皇上**　在位中の天皇を崇めていう言葉。**4禁中礼式**　内裏における礼儀の式法のこと。**5節父〔文カ〕**　節文。礼儀を決めて実施し、節度を保つこと。その儀式書・条文。『旧唐書』礼儀志に「高宗初、議者以二貞観礼一節文未レ尽、又詔二太尉長孫無忌(以下官職人名略)等、重加二緝定一、勒成二一百三十巻〔永徽礼〕一」とある。**6覧之者多岐、行之者滋惑**　対句。『隋書』刑法志に「望之者不レ迷、(中略)行之者不レ惑」とある。**7藤原冬嗣**　七七五〜八二六。平安初期の公卿。父は藤原北家の内麻呂、母は百済永継。平城天皇の時、春宮大進・春宮亮として皇太子神野親王(のちの嵯峨天皇)に仕え、親王の即位後、侍従として近侍。弘仁元年(八一〇)、新設の蔵人所の長官たる蔵人頭に就任。嵯峨天皇の信任がすこぶる篤く、翌二年(八一一)には参議に列した。その後、左大将・春宮大夫を兼ね、権中納言・中納言・大納言・右大臣を経て、天長二年(八二五)、左大臣。女の順子は皇太子正良親王(のち仁明天皇)の妃となり、親王即位後、皇后となり、所生の道康親王はのち即位して文徳天皇になるという外戚化に成功し、北家興隆の基を築いた。『弘仁格式』『内裏式』を撰し、『日本後紀』の編纂にも参画した。**8良岑安世**　七八五〜八三〇。平安初期の公卿。父は桓武天皇。母は百済永継という。北家藤原氏の真夏・冬嗣の同母弟。延暦二十一年(八〇二)、良岑朝臣の姓を賜り臣籍降下。多芸多能を称された。異母兄弟である平城・嵯峨・淳和三代の宮廷に臣下として仕え、皇太弟大伴親王(のち淳和天皇)や嵯峨天皇の皇子正良親王の春宮大夫を兼ねるなど信任も篤く、蔵人頭、参議、中納言、大納言、右大将をつとめた。『日本後紀』『内裏式』『経国集』の編纂に参画した。**9藤原三守**　七八五

〜八四〇。平安初期の公卿。藤原南家の武智麻呂の曽孫。真作の子。室の橘安万子は檀林皇后橘嘉智子の姉。若くして大学に学び、五経に習熟し、嵯峨天皇には蕃邸の旧臣としてことに寵遇された。蔵人頭、式部大輔、参議、権中納言、中納言、刑部卿、大納言を経て、承和五年(八三八)に右大臣にのぼる。**10朝野鹿取**　七七四〜八四三。平安初期の官人。忍海原連鷹取の子だが、叔父朝野道長の養子となる。左衛門佐、近江介、左近衛少将、内蔵頭、相模介、中務大輔、民部大輔、左中弁、大宰大弐などを経て、天長十年(八三三)に参議となる。式部大輔、左大弁、民部卿、越中守などを歴任し、承和九年(八四二)に従三位にいたる。若くして大学に学び、史漢に通じ、文章生となるにおよび遣唐准録事にも任じられた。『日本後紀』『内裏式』の撰者になるなど、文人・学者としても活躍した。**11小野岑守**　七七八〜八三〇。平安初期の官人・文人。峰守とも。小野永見の三男。篁の父。権少外記、左馬頭、内蔵頭、美濃守、陸奥守、参議兼大宰大弐、勘解由長官、刑部卿を歴任。『凌雲集』『内裏式』『日本後紀』の編纂に参画した。**12桑原腹赤**　七八九〜八二五。平安初期の官人・詩人。桑原公秋成の子。都良香の叔父にあたる。弘仁十三年(八二二)、姓を都宿禰と改め、都腹赤となる。文章生、少内記、播磨少目、大内記などを経て、文章博士にいたる。嵯峨天皇に近侍し、『文華秀麗集』の有力詩人の一人。『文華秀麗集』『内裏式』の編纂に参画した。**13滋野貞主**　七八五〜八五二。平安初期の公卿・儒学者。楢原造東人の曽孫、伊蘇志臣(滋野宿禰)家訳の子。文章生、少内記、大内記を経て、弘仁十四年(八二三)、東宮学士となり滋野朝臣を賜姓。承和九年、参議。以後、宮内卿、相模守を歴任。『内裏式』『経国集』の編纂に参画し、『秘府略』をつくる。**14條(条)定**　順序立てて制定すること。**15抄摭**　「抄」は写すこと。「摭」は拾い集めること、寄せ集めること。**16新見**　「見」は現の意味。現在の新式。**17採綴**　取り集めて綴りあわせること。**18舊(旧)章**　昔の法典。古くからの掟。「抄摭新見」と「採綴舊章」とは対句。**19原始要終**　「原」はたずねること。さかのぼって追求すること。『易経』繫辞下に「易之為㆑書也、原㆑始要㆑終。以為㆑質也」とある。もとにさかのぼって考え、終局をたずね求めること。**20緝斯**　「緝」は原稿を綴りあわせること。「斯」はばらばらに切り離すこと。**21朝憲**　朝廷の定めた掟。**22取拾〔捨カ〕**　よいものを取って用いることと、悪いものをすてて用いないこと。**23斷(断)於(于)天旨**　「天旨」は天子の意志、天子の御心。「斷」は定める、ずばりと決めること。**24元正**　正月一日。元日。元旦。**25季冬**　陰暦十二月。**26履行**　「履」は人としての道、または約束を行なうこと。「履行」は言ったこと・決めたことを実際に行なうこと。**27軍國(国)**　軍事と国事。**28以類區(区)分**　「類」はなかま。よく似て同じグループに属するもの。またその区分け。「區分」は種類・性質などによって分ける。分別する。分類すること。**29勒**　文章を石に刻み込むこと。**30庶**　「こひねがわくは」と読み、どうか〜したいの意。**31升降之序**　「升降」は「昇降」に同じ。「序」はついで。その折。**32降殺之儀**　「降殺」は礼数を漸次に減じること。一説に礼の隆んに備わることと減殺すること。「降」は「隆」の譌りで「隆殺」(厚いことと薄いこと。尊い者には礼を隆んに、卑しい者には礼を減殺すること)に同じ。「殺」は漸次に減らすこと。「升降之序」と「降殺之儀」とは対句。「庶其」の「其」は両句にかかる。**33披文即脱、臨事(時)靡滞**　「披」は手紙や書物を開いて読む。「脱」は「解」に通じ、解く、理解するの意。「即脱」はただちに了解すること。観智院本『類聚名義抄』には「脱」の和訓に「トク」がみえる。「靡」は存在の否定をあらわし、ない、なし、…ず、と訓む。**34各修厥軄(職)、守而弗忘**　『隋書』志第二十八　経籍二の「舊事篇」に「古者、朝廷之政、發㆓號施令㆒、百司奉㆑之、藏㆓于官府㆒、各修㆓其職㆒、守而弗㆑忘」とある。「厥」はその「其」

と同系統の遠称の指示語。「弗」は打消しをあらわす言葉「ず」。他動詞の客体を省いた場合に多く用いる。**35象闕書**　「象闕」は宮城の門。象魏に同じ。「象」は法象、すなわち法律の義。「闕」は宮殿の門。昔は法律を高い城門に掲示したことから、象闕書とは法令の書をいう。

現代語訳

内裏式序

　そもそも「儀注」の起源とは、その来歴が古くにさかのぼる。人民を喩して法令に従わせるゆえである。天皇は内裏の礼式の条文が未だ完備されないため、これを覧る者は(事柄が複雑になり)いくつか調べなければならず、これを行う者はますます戸惑った。そこで藤原冬嗣・良岑安世・藤原三守・朝野鹿取・小野岑守・桑原腹赤・滋野貞主らに詔して制定させた。ここにおいて、現在の新式を寄せ集め、先行する儀注・法制の書を取り集めつづった。始原を推しはかり終局をたずね求め、朝廷の定めた掟を編纂した。よいものを取って用いることや悪いものをすてて用いないことについての最終的な判断は天皇の意志に委ねた。正月一日から十二月末にいたるまでの恒例および臨時の軍事と国事に関する諸々の大小のこと、よく似ているものを区分し、文章にして三巻となした。どうか願うことには、儀式における上り下り、順番や礼を身分によって厚くしたり薄くしたりすることなど、文章をひもとけばすぐにわかり、時に臨んで儀式が停滞することがないことを。それぞれその職を全うし、守って忘れないこと。法令の書、その意義は手近にあってわかりやすいことである。

▼解説

　朝廷で行なわれる儀式次第を定めた書を儀式書というが、中国では隋の『江都集礼』や唐の『貞観礼』『開元礼』など、吉・凶・賓・軍・嘉の五礼に基づく儀注が編纂されていたが、日本列島でも七世紀初頭以降、その影響を受け、中国的な儀礼の受容がなされた。日本列島における礼制受容の歴史は、推古朝以後の初期受容期から、奈良時代の改訂期を経て、平安初期の唐制の積極的導入期へと推移したと考えられている(西本一九九七b)。『懐風藻』序によれば、「聖徳太子(厩戸皇子)」が「肇て礼義を制したまふ」とあり、「淡海先帝(天智天皇)」の時に「五礼を定め」たとある。『家伝』上(鎌足伝)には天智天皇七年(六六八)秋九月の次に、「此より先」として「帝(天智天皇)、大臣(藤原鎌足)に礼儀を撰述せし」むとあるように、詳細は不明だが、推古朝や天智朝に「礼儀(義)」が定められたという。

　その後、『続日本紀』文武天皇二年(六九八)八月癸丑(二十六日)条(「朝儀の礼を定む。語は別式に具ふ」)や宝亀十年(七七九)四月辛卯(二十一日)条(「領唐客使ら奏して言く、(中略)又奏して曰く、(中略)今、唐客を領すること何れの例に准拠せんといへり。進退の礼・行列の礼は具に別式に載す。」)から、八世紀の日本律令制国家では「賓礼」を含む朝儀の次第が「別式」にまとめられていたことが知られる(西本一九九五)。九世紀前半、朝廷で行なう朝儀、臨時・恒例の行事、四季の祭儀などに関する作法や次第を定めた儀式書が弘仁年間(八一〇〜八二四)に編纂された。一般に、諸司(所司)の儀式を定めたとされる『弘仁儀式』十巻、天皇の儀礼を定めた儀式書とされる『内裏儀式』三巻・『内裏式』一巻が知られている。

　しかし、『弘仁格式』とともに編纂されたという『弘仁儀式』は『本朝法家文書目録』『本朝書籍目録』に十巻とみえるのみで(篇目が『本朝法家文書目録』にみえる)、伝本のみならず逸文も伝存しないため、その存在を疑問視する見解もあり、『内裏式』こそ、弘仁の『儀式』ではないかという見解もある(石塚一九六三)。一方、弘仁十二年(八二一)正月三十日に藤原冬嗣らが編纂・奏上し、天長十年二月十九日に清原夏野・藤原吉野・紀長江・春澄善縄が改訂・奏上した『内裏式』一巻に対して、『内裏儀式』は嵯峨天皇の頃に完成した恒例臨時の朝儀の儀式書とされるものの、その成立年代や編者、『内裏式』との先後関係に関して不明な点も多く、『内裏儀式』の方が『内裏式』に先行するとされる説（大西一九七二）や『内裏式』の方が『内裏儀式』に先行するとする説（和田一九三六、岩橋一九五八）がある。その後、両儀式書の儀式内容を分析した西本によって『内裏儀式』が弘仁九年以前の儀式書であることが指摘されており、『内裏儀式』先行説が有力となっているが（西本一九九七b）、『内裏儀式』の写本が近世まで下ることもあるため、ここでは古写本が残っている『内裏式』の序文を取りあげた。従来、『内裏式』の序は脱文があったが、西本によって前田育徳会尊経閣文庫所蔵『内裏式』には本来の序が残されていることが判明した。

参考史料

現在伝えられている『内裏式』の構成（『内裏式』の目録）

上巻　元正受二群臣朝賀一式幷會、七日會式、八日賜二女王祿一式十一月同、上卯日獻二御杖一式、十六日踏歌式、十七日觀射式、

中巻　奏二成選短冊一式、賀茂祭日警固式、奏二銓擬郡領一式、五月五日馬射式、五月六日馬射式、七月七日相撲式、七月八日相撲式、九月九日菊花宴式、十一月進二御暦一式、十一月奏二御宅田稻數一式、十一月新嘗會式、十二月進二御藥一式、十二月大儺式、

下巻　敍二内親王以下一式、任官式、任二女官一式、詔書式、

参考文献

西本昌弘「儀式書」（阿部猛・義江明子・槇道雄・相曽貴志編『日本古代史研究事典』東京堂出版、一九九五年）。西本昌弘「前田本の『内裏式』序について」（『日本古代儀礼成立史の研究』塙書房、一九九七年a）。西本昌弘「古例からみた『内裏儀式』の成立」（同前所収、一九九七年b）。和田英松『本朝書籍目録考證』（明治書院、一九三六年）。岩橋小弥太『上代史籍の研究』第二集（吉川弘文館、一九五八年）。石塚一石「三代儀式の成立について」（『日本上古史研究』七巻二号、一九六三年）。

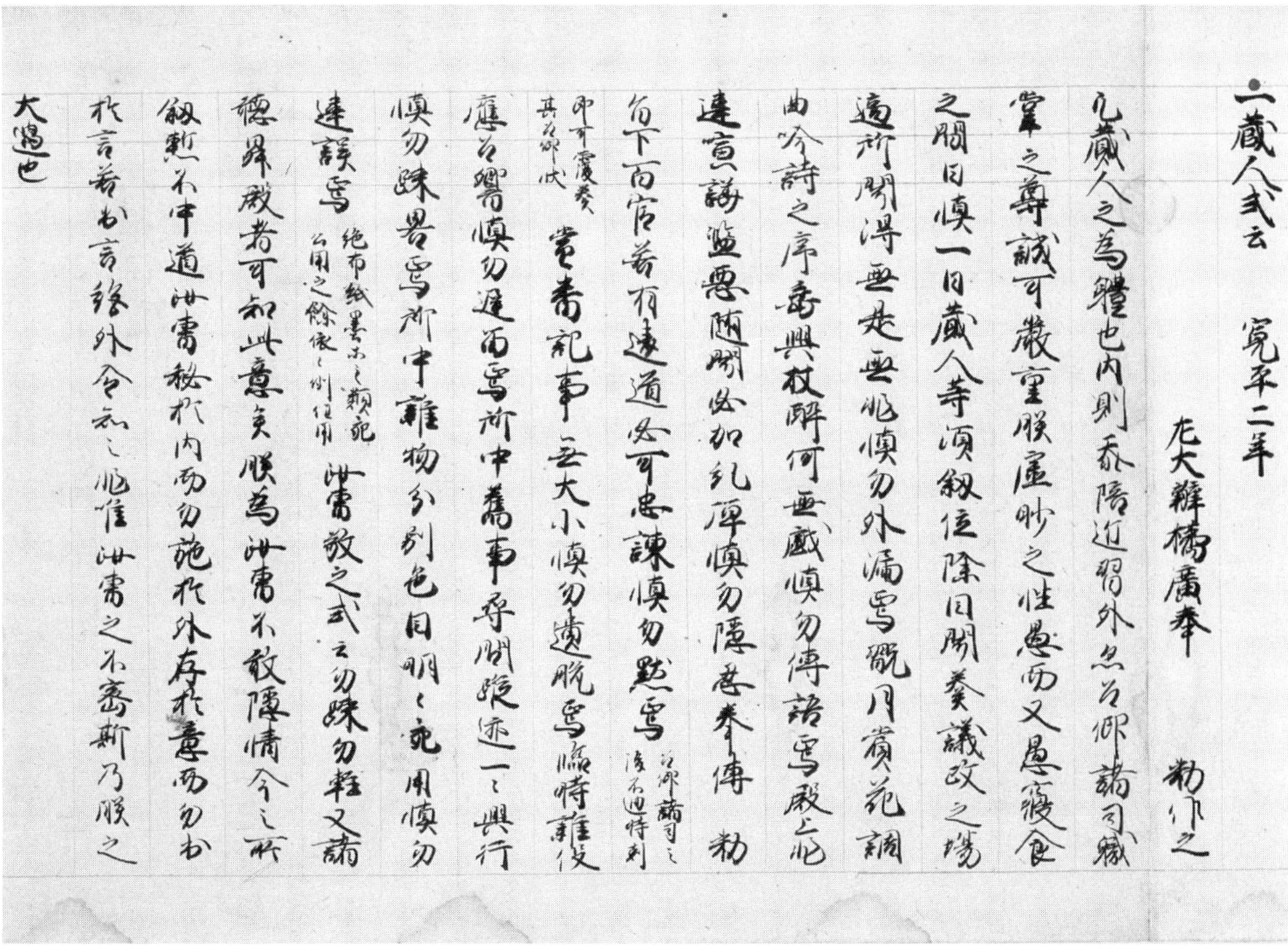

『侍中群要』巻1所引，橘廣相撰「寛平二年蔵人式　序」（名古屋市蓬左文庫所蔵）

2 蔵人の職掌

律令国家の変容に大きな影響を与えたのは令外官(りょうげのかん)で，設立された平安初期当初は天皇家の家政機関であった蔵人所(くろうどどころ)が，平安中期・後期にかけて，宮廷の政務運営機関の中枢として発展したことである。その蔵人所の職員（蔵人）の職務・服務規律に関する細則（「式(しき)」）が「蔵人式」であり，現在は散逸しているが，逸文によって，寛平と天暦の二つの「蔵人式」があったことが知られている。蔵人の職掌を知るために『侍中群要(じちゅうぐんよう)』に引かれた「寛平二年蔵人式　序」を読む。

釈文　＊□内の文字は流布本により補った文字。

・(朱)一、蔵人式云、　寛平二年　左大辨橘廣[相]奉　勅作之、

凡[1]蔵人之為[2]軆也、内則忝陪近習[3]、外亦(則イ)召[4]仰[5]諸司、職[6]
掌之尊、誠可嚴重、朕[7]、虚[8]眇之性、愚而又愚、寢(寝)食
之間、日[9]愼一日、蔵人等、須[10]叙(敍)位・除[12]目、聞[13]奏・議[14]政之場、
適所聞得、無是無非、愼勿外漏[11]焉、翫[15]月賞花、調
曲吟詩之序(席カ)、乘輿杖(扶)醉、何無戲[16][言]、愼[17]勿傳語焉、殿[18]上非[19]
違、喧[20]嘩[21]濫悪、随聞、必加[22]糺彈、愼勿隱[23]忍[焉]、奉傳　勅
旨、[宣]下[24]百官、若有違道、必可[25]忠諫、愼勿默[26][止]焉、召[27]仰諸司之後、不[28]廻時剋
即、可覆奏[29]其召仰状、當[30]番[日]記、事無大小、愼勿遺[31]脱焉、臨時雜役、
應召[如]響、愼勿遲[32]留焉、(蔵人所)所中舊事、尋問蹤[33]迹、一々興[34]行、
愼勿踈畧焉、所中雜物、分別色目、明[35]々宛(充)用、愼勿
違誤焉、絁・布・紙・墨等之類、公用之餘、依々(ママ)例任用、宛(充)[38]汝曹、敬之(戒之イ)式云、勿踈勿軽、又諸
聽昇殿者[36]、[同]可知此意[37]矣、朕為[38]汝曹、不敢隱情。今之所
叙(敍)、慙不中道、汝曹、秘於内而勿施[39]於外、存於意而勿出

於言、若出言施外、令[人]知之、非唯汝曹之不密、斯乃朕之（宇多天皇）
大過也。

読み下し

蔵人式に云く。　寛平二年（八九〇）　左大弁　橘広相、勅を奉りてこれを作る。

凡そ蔵人の体たるや、内には則ち忝くも近習に陪へ、外には則ち諸司に召し仰す。職掌の尊きこと、誠に厳重たるべし。朕、虚眇の性、愚かにしてまた愚かなり。寝食の間、日に一日を慎む。蔵人等、叙位・除目、聞奏・議政を須つの場、適聞き得るところ、是も無く非も無く、慎みて外に漏らすこと勿れ。月を翫び・花を賞で、曲を調へ、詩を吟ふの席、興に乗じて、酔ひを扶くるに、何ぞ戯言なからんや。慎みて伝へ語ること勿れ。殿上の非違、喧嘩・濫悪は、聞くに随ひて、必ず糺弾を加へよ。慎みて隠忍すること勿れ。勅旨を伝へ奉り、百官に宣べ下すに、若し道に違ふこと有らば、必ず忠諫すべし。慎みて黙止すること勿れ。〈諸司に召し仰すの後、時剋を廻さず、即ち其の召し仰せの状を覆奏すべし。〉当番の日記は、事に大小無し。慎みて遺脱すること勿れ。臨時の雑役、召すに応ずること響くが如し。慎みて遅留すること勿れ。所中の旧事は、蹤迹を尋ね問ひ、一々の興行、慎みて疎略すること勿れ。所中の雑物は、色目に分別し、明々に充て用ひよ。慎みて違誤すること勿れ。〈絁・布・紙・墨等の類は、公用に充つるの余、例に依りこれを任せ用ひよ。〉汝曹、これを敬ひ、これを戒しめよ。疎んずること勿れ、軽んずること勿れ。また諸の昇殿を聴さるる者、同じく此の意を知るべし。朕は、汝曹の為に、敢て情を隠さず、今、これを叙ぶるところは、道に中らざるを慙じず。汝曹、内に秘して、外に施すこと勿れ。意に存りて、言に出すこと勿れ。若し言に出で、外に施さば、人をして、これを知らしめよ。唯だ、汝曹の密せざるにあらず。斯れ乃ち朕の大過なり。

語句説明

1蔵人　弘仁元年（八一〇）に設置された令外官司である蔵人所の職員。平城上皇の変（薬子の変）を契機に、嵯峨天皇が巨勢野足・藤原冬嗣を蔵人頭に任じたことに始まるが、天皇の代替わりごとに任命され、詔勅の伝達や人事、告訴の受理、軍事力の発動を迅速に行なった。蔵人所の構成員（職員）は、九世紀末、宇多天皇の頃に拡充され、別当・蔵人頭・五位蔵人・六位蔵人・非蔵人のほか、天皇家の家政にも関わる雑色・所衆・出納・小舎人・瀧口などがいる。蔵人は天皇と上卿との間の伝達を行なうほか、朝廷の恒例・臨時の儀式・年中行事を上卿とともに担当した。**2體**（体）　体。外からみえるようす。**3近習**　主君の側近くに仕えること。**4亦**　「内則忝陪㆓近習㆒」と「外亦（則カ）召㆓仰諸司㆒」とは対句か。「亦」の異体字「尒」は「則」をくずした字体に似ていること、丹鶴叢書本は「則」とあることから、「内には則ち…、外には則ち…」と対句で読む。**5召仰**　「めしおほせ」と読み、人を召して命令を下すこと。さまざまな公事の前に関係の職員を招集して職務を命じること。**6職**（職）**掌**　担当の職務内容。役割。**7朕**　ここでは宇多天皇（在位八八七〜八九七）のこと。**8虚眇**　卑しく小さいさま。**9日愼**（慎）**一日**　一日一時をもつつしむこと。『後漢書』に「戦々兢々、可㆔日慎㆓一日㆒」（戦々兢々として、日に一日を慎しむべし）、空海撰『三教指帰』上に「日愼一日、時競一時、孜孜鑚仰、切切斟酌」（日に一日を慎み、時に一時を競って、孜孜として鑚仰し、切切として斟酌せむ）とある。**10須**　「まつ」と訓読する。待つこと。待ち受けること、とどまること。「須」を再読文字の助動詞「すべかラク…ベシ（須㆓…㆒）」と訓読しては、意味がとれない。ここでは、待つ、待ち受ける意味の動詞として訓読し解釈する。なお、参考史料で示した早稲田大学所蔵竹屋光棣書写本によれば、

「須」の右側に朱で「預イ」と傍書しているので、「須」を「預」とする写本の存在も知られる。**11敍位**（叙）　叙位。位階を授ける儀式。「叙」「敍」は評議して官位を与える。授ける。**12除目**　「除」は旧官を除き新官に就けること（官職を授けること）、「目」は新官を目録に記す意。大臣以外の諸臣を官職に任命する儀式。秋の司召除目には京官を、春の県召除目には外官（国司など地方官）を任じた。清涼殿の天皇の御座の前で行なわれた。**13聞奏**　天子に申し上げること。奏聞。蔵人として天皇への上奏事項を取り次ぐこと。**14議政**　政を話し合って決めること。ここでは参議以上の公卿会議で審議すること。**15翫**　愛でる。もてあそぶ。物事のおもしろみや意味を十分に理解して味わうこと。**16戲言**（戯）　ざれごと。戯れの言葉。ぎげん。**17慎**　控えめな態度をとること。自重すること。**18殿上**　天皇の日常の御座所である清涼殿の南廂にある殿上の間。殿上人はここにひかえ、上の戸から東廂の御前に参進したため、公卿の僉議が行なわれることがあった。清涼殿の控室・事務室・会議室を兼ねていたので、蔵人は常にここに詰めていた。**19非違**　法に違反すること。違法行為。**20喧嘩**　騒がしいこと。かまびすしいこと。また、そのさま。**21濫悪**　乱暴で悪いこと。でたらめで悪い行為。**22糺彈**（弾）　罪状や失敗などを問いただして、とがめること。**23隱忍**（隠）　苦しみを外部にあらわさないで、たえしのぶこと。**24百官**　中央・地方の多くの役人。**25忠諫**　臣下が主君のためを思って、その誤ちをいさめること。**26默止**（黙）　口をつぐんでそのままにしていくこと。無言ですませること。**27召仰**　朝廷の行事において、上位者が下位者を呼び寄せて、特定の任務に就くことを命じること。**28不廻時剋**　時刻を廻らさず。時を経過させずに。すぐに。**29覆奏**　繰り返し調べて天子に奏上すること。**30當**（当）**番日記**　蔵人が交代でつける日記。蔵人日記。**31遺脱**　もれ落ちること。抜けて残ること。遺漏。**32遅留**　遅れとどまること。ぐずぐずすること。**33蹤迹**　足跡。以前に行なわれた事柄。先人の業績。**34興行**　行ない。**35明々**　疑わしい点が少しもないさま。明白。**36公用**　公の用事。**37任用**　まかせ用いる。**38汝曹**　じょそう。なんじが輩。お前たち。観智院本『類聚名義抄』には「ナムタチ」と訓じる。**39施**　施す。人々の前にあらわし示すこと。公衆に示すこと。

現代語訳

蔵人式にいうことには（序文が以下のように引用されている）、寛平二年、左大弁橘広相が宇多天皇の勅命を奉ってこの「式」をつくりました。

そもそも蔵人の体（本質）というものは、内向きにはすなわち畏れ多いことに近習として天皇のお側にそい、外向きにはすなわち諸司に事務連絡を行なう。職掌の立派なことは、誠に恐れ慎むべきである。朕（宇多天皇）の卑しく小さい生まれつきのさがは、愚かにして愚かである。寝たり食事をしたりする間、一日一時をも慎んでいる。蔵人らは、位階を授ける儀式や官職を任命する儀式、天皇への奏上する儀式や公卿が審議する儀式を待っている（待機している）あいだに、偶然に聞き知った内容は、その是非を論ぜず、心を引き締めて外にもらしてはいけない。月を鑑賞したり、花を慈しんで楽しみ、音楽の調べを聞き、漢詩を口ずさむ席で、興に乗って（おもしろさの勢いにまかせて調子づいて）、酔って（ふらふらする）体を支えている状態で、どうして戯れていった冗談がないでしょうか（必ずあります）。自重して、（それを）伝えることがあってはなりません。禁中における違法行為、騒がしい行為や乱暴行為は、聞くに従って、必ず問いただして、とがめなさい。自重してたえしのんではいけない。天皇の詔を伝え奉り、百官に宣べ下す場合に、もしも人としての規範とすべき筋に違うことがあれば、必ず主君のためを思って誤ちをいさめなさい。自重して口をつぐんでいてはならない。〈諸司を呼びよせて特定の任務に就くように命じた後、すぐに、その命じた内容を繰り返し天皇に奏上しなさい。〉(蔵人)が交代でつけている日記(蔵人日記)は、朝廷の行事・儀式には大小はないので、慎重にして、もれ落ちることがあってはならない。不定時の雑用は、召すに対応することは(音がぶつかって)響くように(すぐ対応し)、身を慎んでぐずぐずしてはならない。蔵人所の古い事柄は、以前に行なわれた前例をたずね問い、一つ一つの事柄を行ない進める際は、慎んでおろそかに行なってはならない。蔵人所の中の日用の細々としたものは、物品の種類に分別して、疑わしい点が少しもないよう、不足しているところに使いなさい。自重して違い誤ることがあってはならない。〈絁・布・紙・墨などの類は、公用にあてる以外は、例によってこれをまかせ用いなさい。〉お前たちは、以上のことを敬い、戒めなさい。軽視してはいけない。あなどってはならない。また清涼殿の殿上の間にのぼることを許可されているすべての者は、同様にこの意を知るべきである。私はお前たちのために、あえて私情を隠さない。今、述べた内容は、人としての行為の規範とすべき筋を踏み外してないことを恥じない。お前たちは、心の内に秘して、外に示すことがあってはならない。心にあっても、言葉に出すことはあってはならない。もしも言葉に出して、外に示すならば、人にこのことを知らせなさい。ただ、お前たちが秘密にできないことではなく、これはつまり私の大きな誤りである。

▼解説

天皇の身辺に仕え、蔵人所の職員である蔵人の職務や日中・年中・臨時の儀式作法の規定・マニュアルを集めた式である「蔵人式」には寛平二年に宇多天皇の詔を受けて橘広相が撰した「寛平小式」(「寛平蔵人式」)一巻と天暦年間(九四七〜九五七)に村上天皇が作成させた「天暦蔵人式」二巻の、少なくとも二つの「蔵人式」が知られているが、全文は散逸し、いずれも伝本はなく、『西宮記』『政事要略』などに引用されて逸文が残るのみである。蔵人の奉仕すべき諸々の作法などが、日中行事や恒例・臨時の年中行事の次第によって記されている。『寛平小式』の「序」は、平安中期、円融天皇から後一条・後朱雀天皇の頃にかけて編纂され、その後、加筆・増補された蔵人に関する公事書である『侍中群要』の冒頭に引用されている。『侍中群要』の活字本としては弘化四年(一八四七)の水野忠央序の「丹鶴叢書」己酉帙所収「侍中群要 十巻」新宮・丹鶴城、国書刊行会編・刊「續々群書類従」第七法制部二所収「侍中群要」一九〇六年(のち続群書類聚完成会、八木書店)、目崎徳衛校訂・解説『侍中群要』(吉川弘文館、一九八五年)、渡辺直彦校注『侍中群要』神道大系編纂会(神道大系編纂會編『續神道大系』朝儀祭祀編、一九九八年)がある。

参考史料 早稲田大学図書館所蔵『侍中群要』(二冊本)寛政九年(一七九七)竹屋光棣書写奥書本

嘉元四年(一三〇六)四月五日、以二水谷大蔵大輔清有之本一書写
挍合畢、　　　　　　　　　　　　　　　　　　　貞顕(北条)

本奥之(書カ)、
養和元年(一一八一)十一月十一日癸未、天陰、辰刻、終二書写之功一、以二江州息五品羽林之本(親家)一写レ之、轉(傳イ)展書寫之間、少々有二字僻(ひがごと)事等一欤、同十五日、移レ點挍合訖、此書本上下巻也、(已イ)而依レ為二大内(西イ)一分為二十巻一、為レ無二披閲煩一也、『或本、正親(町)丁家本也、奥書写レ之、光棣』
以二廣橋家本一駈二自筆一、乃令二挍合一畢、
　于レ時、寛政九年八月十七日　　　　竹屋光棣

＊竹屋家は、広橋仲光の子の兼俊(?〜一四四七)に始まる藤原北家日野氏流広橋氏流公家。竹屋光棣(一七八一〜一八三七)は准大臣広橋伊光の子として生まれたが、竹屋勝孟の養子となり竹屋家十二代を継ぐ。

一条兼良撰『江次第鈔』発題（前田育徳会尊経閣文庫所蔵）

釈文

江次第鈔[1]巻第一　發題[2]

問、此書何由名[3]江次第[4]耶。　答、江師[5]匡房卿〔所〕作。故名曰江家次第。　又問、匡房卿、賜大江[6]姓、起於何世哉。　答、平城天皇之子阿保[7]親王、々々（親王）之子本主、（行平・業平等兄弟也。）始賜姓土師、後改曰大枝。本主之子音人[8]、又改枝字、為江。大江之氏、自是而始。匡房者、音人七世之孫、中納言維時[9]之五世、匡衡[10]之曽孫[11]、成衡之子也。匡房卿撰此次第者、依後二条關白[12]之命。始不為一書。臨公事之期、漸々撰之[13]。後人集而成書、廿一巻、立恒例・臨時部類者也。江都督[14]墓誌銘云、二朝[15]侍中[16]、三代帝師[17]（白川・堀川・鳥羽）。不知誰人作[18]。

問、如公事次第者、如西宮[19]（×官）・北山抄等、自古有之。何煩重作此次第哉。　答、礼者、天理[20]之節文、人事[21]之儀則也。其理[22]本於太一[23]、故百世[24]不易之道也。但至夫儀則者、所謂威儀[25]文辞[26]等、皆出於人

3 平安時代の儀式書の変遷

九世紀後半以降、朝廷の儀礼・政務は総称して「公事（くじ）」と称されるようになる。「公事」は律令に規定された儀礼・政務をもとに成立したが、九世紀以降にまとめられた「式」や「儀式」などの細則に従って行なわれ、そうしたもののうちから「故実（こじつ）」が成立した。「故実」の備忘のために、日記（古記録）が公卿らによって認め（したた）られた。故実に則って公事を行なうための式次第（進行手順）を記した「公事」のマニュアル書として、個人の儀式書（私撰の儀式書）が成立し、源高明（たかあきら）撰『西宮記（さいきゅうき）』、藤原公任（きんとう）撰『北山抄（ほくざんしょう）』、大江匡房（まさふさ）撰『江次第（ごうしだい）』（平安時代の三大儀式書）が尊重された。こうした各儀式書の成立の経緯や流れについて、中世の理解ではあるが、詳しく記した『江次第』の注釈書・一条兼良（かねよし）撰『江次第鈔（しょう）』の「発題（はつだい）」を取り上げ、読む。

為一。是以、[27]三代[28]礼[29]樂、至レ周大ニ備ル。周ノ礼又至レ漢大ニ變。尓(爾)来、[30]沿革因レ世、損益隨レ時。本朝礼儀、亦[31]如レ是。[32]蓋[33]延喜之時、撰二儀式十巻一。自レ今視レ之、猶古礼也。故天暦[34]撰二新儀式一巻一、用二當世之礼一。又[35]村上天皇、自製二清涼記十巻一。其意同二新儀式一。此後、西宮左大臣高明公(源)・四条大納言公任(藤原)等、私各作二次第一、助二成新儀式一。爰[36]一條院以來、天下政務一變。及二白川(白河天皇)・堀川(堀河天皇)御宇一、又大一変。於レ是新儀式又為二古礼一也。江次第之作、不レ獲レ已而為レ之者也。

読み下し

江次第鈔巻第一　発題

問ふ、「此の書、何に由りて江次第と名づくるや」と。答ふ、「江帥匡房卿作るところなり。故に名づけて江家の次第と曰ふなり」と。また問ふ。「匡房卿、大江姓を賜はること何世に起こるや」。と　答ふ、「平城天皇の子阿保親王、親王の子本主、〈行平・業平ら兄弟なり。〉はじめは姓土師を賜はる。後に改めて大枝と曰ふ。本主の子音人、また枝の字を改めて江と為す。大江の氏、是よりして始む。匡房は、音人の七世の孫、中納言維時の五世、匡衡の曾孫、成衡の子なり。匡房卿、此の次第を撰ぶは、後二条関白の命に依り、始めは一書を為さず、公事の期に臨み、漸々これを撰ぶ。後人、集めて書を成すこと、廿一巻。恒例・臨時の部類を立つるものなり」と。江都督墓誌に云く。「二朝の侍中、三代の帝師」と。白川・堀川・鳥羽　誰人の作かを知らず。

問ふ。「公事の次第の如きは、西宮・北山抄などの如く、古よりこれ有り。何の煩ひに重ねて此の次第を作るや」と。　答ふ、「礼は、天理の節文、人事の儀則なり。其の理の本は、太一においてする故に、百世不易の道なり。但し夫の儀則に至りては、所謂威儀の文辞ら、皆人為に出ず。是以、三代の礼楽、周に至りて大に備はる。周の礼また漢に至りて大に変はる。爾来、沿革は世に因り、損益は時に随ふ。本朝の礼儀もまた是の如し。蓋し延喜の時、儀式十巻を撰ぶ。今よりこれを視るに、猶古礼なり。故に天暦、新儀式一巻を撰び、当世の礼を用ふ。また村上天皇、清涼記十巻をみずから製る。其の意、新儀式に同じ。此の後、西宮左大臣(源)高明公・四条大納言(藤原)公任ら、私に各次第を作り、新儀式を助成す。爰に一条院以来、天下の政務一変す。白川・堀川の御宇に及び、また大に一変す。是において新儀式もまた古礼と為るなり。江次第の作、已を獲ずしてこれを為すものなり」と。

語句説明

1江次第鈔　室町時代の公卿・学者である一条兼良(一四〇二～八一)撰による大江匡房撰『江次第』の注釈書。『江次第』の要句を摘出し注解を加える。『江次第』巻一の正月四方拝から巻七の六月節折までに対応する部分が伝わるが、それ以降は不明。兼良は亡くなる直前まで後土御門天皇に『江次第』の進講を行なっており、その際の著述か。**2發(発)題**　書物の表題の意味を明らかにすること。例えば『隋書』巻三十二　志二十七　経籍一詩に「毛詩發題序義一巻、梁武帝撰、」とある。**3由**　「～により(て)」と読み、「～によって」「～の理由で」と訳し、根拠・理由の意を示す。**4江次第**　江家次第とも。大江匡房が関白藤原師通の要請によって編纂した平安後期の儀式書。寛治年間(一〇八七～九四)から天永年間(一一一〇～一三)頃成立。全二十一巻(巻十六・巻二十一を除く計十九巻が伝存)。巻一～巻十一は恒例の年中行事、巻十二に神事、巻十三に仏事、巻十四～巻二十一は臨時の行事を収載。摂関期の儀式書『西宮記』『北山抄』を参照・継承しながら、白河院政期の朝儀を詳しく記す。**5江帥匡房卿**　大江匡房（一〇四一～一一一一）。平安後期の官僚・学者。成衡の男。母は橘孝親の女。天喜六年（一〇五八）に対策（秀才試）に及第し、東宮学士・左大弁・式部大輔などを経て、寛治二年（一〇八八）に参議、同八年（一〇九四）に権中納言、二度大宰権帥を歴任、正二位大蔵卿にいたる。後三条・白河・堀河の三帝の侍読をつとめるなど、当代の儒学を代表するとともに、白河院の「院の近臣」となるなど実務官僚としても活躍した。大宰権帥に任じられたことから江帥・江都督、極官の大蔵卿にちなみ江大府卿と呼ばれた。日記に『江記』があり、述作に『続本朝往生伝』『本朝神仙伝』『江都督納言願文集』『江談抄』『言談抄』『匡房集』『遊女記』『傀儡子記』などがある。**6大江姓**　大江氏は平安時代における紀伝道（大学寮の学科の一つで、漢文学・中国史を講じた学科）の名門で、もとは土師氏であったが、桓武天皇の時、天皇の外祖母が土師宿禰真妹であったことから土師氏を大江氏と改め、貞観八年（八六六）十月十五日、参議大枝音人らが上表して大枝を大江に改めることを許された。『日本三代実録』貞観八年十月十五日丙戌条には、「先レ是、參議正四位下行右大辨兼播磨權守大枝朝臣音人・散位從五位下大枝朝臣氏雄等上表曰、『去延暦九年（七九〇）十二月勅書云、（春秋之義、祖以レ子貴。此則禮經之垂典。帝王之恒範。宜下朕外祖母土師宿禰（眞妹）追二贈正一位一、其改二土師氏一爲中大枝朝臣上」者。謹案。春秋曰。（國家之立也。本大而末小）。漢書曰。（枝大二於幹一。不レ折必披）。是知、枝條已大。根幹由レ其摧殘。譬猶二子孫暫榮、祖統從レ此窮盡一。然則、以二大枝一爲レ姓。誠非二本枝長固・子孫無レ疆之義一也。但此姓已生レ自二先皇之恩給一。不レ欲下在二遺民一而變革上。望請、不三敢改二稱謂一。但將下以二枝字一爲上レ江。然則一門危樹。去二鳴柯一而永レ春、千里大江、宗二辭海一而無レ盡、至レ是』。詔、『許レ之』。」とある。なお、「発題」で示されている大江氏の略系図を示すと以下の通り。平城天皇―阿保親王―大枝本主（土師）―大江音人（大枝）―千古―維時―重光―匡衡―挙周―成衡―匡房　**7阿保親王**　七九二～八四二。平城天皇の第一皇子。母は葛井藤子。在原仲平・行平・業平らの父。弘仁元年（八一〇）、平城太上天皇の変（薬子の変）に連座し、大宰権帥に左遷。天長元年（八二四）に許され、その子は臣籍降下し、在原姓を賜った。天長十年（八三三）、三品に叙せられ、治部卿、上野・上総大守、宮内卿、兵部卿、弾正尹などを歴任。**8音人**　八一一～八七七。大枝（貞観八年十月十五日より大江）音人。平安前期の文人官僚。備中権介・大枝本主の嫡男（阿保親王の子とする説もあり）。江相公と称された（相公は参議の唐名）。対策に及第してから、おもに弁官を歴任の後、参議・左衛門督にいたる。『貞観格』『貞観式』『日本文徳天皇実録』の編纂に参画。文人社会における大江氏の地位を確立し、江家の始祖と称された。『扶桑略記』元慶元年（八七七）十一月三日庚子条（『日本三代実録』逸文）に「參議從三位「行」左衛門督大江朝臣音人庚薨。年六十七。「音人者」右京人。備中權介本主之長子也「云々」。音人、内性沈靜、外似二質訥一。爲レ人、廣眉大目、儀容魁偉、音聲美大、甚有二風度一。（中略）音人師二事文章博士菅原朝臣清公一、讀二後漢書一。（中略）音人、明二解政躰一、諳二練故實一。朝庭毎レ至レ有二疑議一、先詢而取レ決。昔有レ恩者、至レ貴厚報レ之」とあり、音人は政（政務）のあり方（実態）を明らかに解き、故実をそらんじ習っており、朝廷でなかなか決まらない会議（「疑議」）があるごとに、まず（音人）に相談し、判断を求めたとある。「音聲美大」に関しては、『日本三代実録』貞観九年（八六七）正月十七日戊午条（仲野親王（桓武天皇第十二皇子）薨伝）に「親王（仲野）能用二奏壽・宣命之道一。音儀・詞語、足レ爲二模範一。當時王公、罕レ識二其儀一。勅二參議藤原朝臣基經・大江朝臣音人等一。就二親王（仲野）六條亭一。受二習其音詞・曲折一焉」とみえ、「奏壽・宣命之道」に詳しい仲野親王から、音人はその「音詞・曲折」を受け習っていることが参考になる。また、『類聚国史』巻百四十七　文部下　撰書　陽成天皇元慶元年十一月三日庚子条(『日本三代実録』逸文)に「参議従三位行左衛門督大江朝臣音人薨云々。音人別奉レ勅、撰二群籍要覧卌巻、弘帝範三巻一。又有レ勅、与二参議刑部卿菅原朝臣是善一、撰二定貞観格式一。其上表幷式序、皆是音人之辞也」とみえ、『群籍要覧』四十巻(経書をはじめ正史や諸子の書六十数種から、為政者の参考となる箇条を抜き出してまとめた唐・太宗奉勅撰〈魏徴ら編〉『群書治要』五十巻にならってつくられた書か)・『弘帝範』(唐・太宗撰『帝範』をわかりやすく天皇に解説した書か。「弘」はひろめるの意)を撰び、菅原是善と『貞観格』『貞観式』を、撰定し、その「上表」と「式序」を執筆した。さらに『扶桑略記』元慶四年(八八〇)八月三十日辛亥条(『日本三代実録』逸文)の菅原是善薨伝によれば、「是善、藻思①華瞻②、聲価③尤高。小野篁、詩家之宗匠、春澄善縄・大江音人、在朝之通儒也。並以二文章一相許焉。上卿・良吏、儒士・詞人、多是門弟子也」(①藻思：詩文をつくること。また、詩文の才能。②華瞻：仰ぎみる。③聲価：評判、名声)とあり、朝廷に仕える「通儒」(多くの物事についての広い知識をもっている博識の学者)であった。**9維時** 大江維時。八八八～九六三。平安中期の学者。音人の孫で、千古の男。母は巨勢文雄の女。文章博士、大学頭、東宮学士などを経て、参議となり、従三位中納言にのぼる。醍醐・朱雀・村上の三帝の侍読をつとめる。博覧強記で四書五経などの経書や中国の史書に通じ、世に江納言と称された。**10匡衡** 大江匡衡。九五二～一〇一二。平安中期の漢詩人・歌人。文人官僚。父は重光。妻は赤染衛門。文章生出身で、対策に及第の後、文章博士・式部権少輔などを経て、寛弘七年(一〇一〇)式部大輔にいたる。一条天皇の侍読として『文選』『史記』『白氏文集』などを講じる。三度尾張国守となり善政を施した。漢詩集に『江吏部集』がある。**11曽孫** ひまご。孫の子。**12後二条關白** 藤原師通(一〇六二～九九)。平安後期の関白。父は藤原師実。母は右大臣源師房の女麗子。延久四年(一〇七二)に従五位上に叙され、侍従、右近衛権少将、同権中将を経て、承保二年(一〇七五)に従三位に進み、参議、権中納言、権大納言を歴任し、左近衛大将・中宮大夫を兼ね、永保三年(一〇八三)に内大臣にのぼった。嘉保元年(一〇九四)、父師実の辞任を受けて関白となり、永長元年(一〇九六)、従一位に進み、一座宣旨(関白が最上席の大臣でなかったり、大臣を帯したりしていない場合、その座を第一と定める宣旨)をこうむった。堀河天皇を補佐し、必ずしも白河上皇の聴政に拘束されず、大寺の僧徒の強訴に断固として対処し、制圧したが、康和元年(一〇九九)六月二十八日に三十八歳で急死した。政務の余暇に大江匡房や惟宗孝言に就いて経史(経書・史書)を学んだ。日記に『後二条師通記』がある。**13漸々** おもむろに。次第に。**14江都督墓誌** 大江匡房の墓誌銘。匡房は天永二年(一一一一)十一月五日に亡くなっているが、墓所は不明。墓碑銘も現存していないので、貴重な逸文。**15二朝** 後三条天皇と白河天皇。**16侍中** 蔵人の唐名。**17三代** 傍書にみえるように白河天皇・堀河天皇・鳥羽天皇の三代の天皇をさす。**18帝師** 天皇の側に仕え、学問を教授する学者。侍読。通常は博士。**19西宮・北山抄** 醍醐源氏の源高明(九一四～九八二)撰の『西宮記』と小野宮流の藤原公任(九七二～一〇二七)撰の『北山抄』。『西宮記』は「さいきゅうき」「さいぐうき」「せいきゅうき」とも読み、「西宮抄」ともいった。書名は高明が西宮左大臣と呼ばれたことにちなむ。宮廷の年中行事、恒例・臨時の行事、典礼、装束、制度や儀式次第を記述する。関連する事例を先行の儀式書・国史・日記などから書名をあげて引用する勘物が多数引かれているが、その中には高明の没後である天元五年(九八二)以降のものもあり、源経頼など後世の人の追記があるとされる。高明没後に女の明子が藤原道長に相伝した可能性が指摘されているが、一条天皇の頃には朝儀・典礼の貴重な書として、公卿や実務官僚に利用された。一方、『北山抄』は全十巻。「四条大納言記」とも。巻一・二(年中要抄上・下)・巻三・四(拾遺雑抄上・下)・巻五(践祚抄)・巻六(備忘)までが恒例・臨時の行事、巻七(都省雑事)が弁官、巻八(大将儀)・巻九(羽林要抄)が近衛大将・少将、巻十(吏途指南)が国司、にそれぞれ関する次第や故実を記す。巻四・五は藤原道長の委嘱により、巻七は公任の子息定頼のために、巻八・九は公任の娘婿藤原教通のために、それぞれつくられるなど各巻によって成立の事情と時期が異なるが、治安年間(一〇二一〜二四)には一書になった。小野宮流の祖・実頼(清慎公)の説を継承した部分もある。**20天理之節文**　「天理」とは万物を支配する自然の道理。天然の本性。人の正しい道理を備えている本性のこと。「節文」とは、物事をほどよくして立派に飾り立てること。その飾り。「文」は飾るの意。節文とは節度を与えて整えること。きちんとした節度を保ったり、体裁を整えたりすること。『礼記』坊記に「礼は天地の節文なり」とある。**21人事之儀則**　人間社会の出来事に関する儀式。**22理**　物事の筋道。ことわり。**23太一**　天地がまだ分かれていない混沌とした状態の時の、万物の根源のこと。物事の一番はじめ。**24百世不易之道**　後世まで変わらない道。**25威儀**　中国古代の礼儀に関する細かい規則。**26文辞**　文詞に同じ。文章の言葉。文章の辞句。**27是以**　「ここをもって」と読み、こういうわけでの意。**28三代**　中国の古代王朝である夏・殷・周の三王朝。**29礼樂(楽)**　礼儀と音楽。**30沿革**　物事の移り変わり。**31如是**　「かくのごとし」と読み、「このようである。この通りである」と訳す。**32盖**　蓋の異体字。蓋は文頭におき、議論を説き起こす時に用いる。「けだし」と訓読し、一般的にいえば、全体としてはの意。**33延喜之時、撰儀式十巻**　『延喜儀式』のこと。『延喜儀式』は延喜年間に『延喜式』の編纂と並行して撰ばれていた朝廷の儀式次第をまとめた儀式書。現在、散逸しているが、『本朝書籍目録』『本朝法家文書目録』には十巻とみえ、「祈年祭儀」以下、約九十条の項目が列挙されている。**34新儀式**　村上天皇の治世の晩年、応和三年(九六三)以降、康保四年(九六七)までに撰述された朝廷の儀式書。現在、第四巻臨時上、第五巻臨時下のみが伝わるほか、正月の十四日男踏歌・二十日内宴、四月の二孟旬・賀茂祭などの逸文が知られる。全六巻。村上天皇撰『清涼記』と異名同書とする説もあるが、『江次第鈔』巻一の発題にみえるように別の書物とする説が有力。なお、同書が『新儀式』を一巻とするのは誤り。**35清涼記**　「清涼殿記」「清涼抄」とも。村上天皇治世の前半に天皇自身が撰した勅撰の宮廷儀式書。天慶九年(九四六)から天暦四・五年(九五〇・九五一)の間に成立か。『本朝書籍目録』には五巻、本書『江次第鈔』には十巻とみえ、藤原忠実の『法性寺殿記』天永二年三月一日条によれば、村上天皇の親撰本と藤原師尹の加注本が存在したとあるが、ともに伝存しない。『政事要略』『柱史抄』などに逸文がみえ、年中行事と臨時儀式よりなる。**36一條(条)院**　一条天皇(在位九八六〜一〇一一)。

現代語訳

江次第鈔　発題

問う、「この書はどういう理由で江次第と名づけたのでしょうか」と。

答え、「江帥匡房卿(大江匡房卿)がつくった。ゆえに名づけて江家の次第というのである」と。また問う。「匡房卿が大江姓を賜ったのは何世の時に起こったのか」と。答え、「平城天皇の子阿保親王、親王の子本主、〈行平・業平らの兄弟である。〉が初めて土師の姓を賜った。のちに(土師を)改めて大枝といった。本主の子である音人が、また枝の字を改めて江とした。大江の氏はこの時から始まった。匡房は音人の七世の孫であり、中納言維時の五世、匡衡の曽孫、成衡の子である。匡房卿がこの次第を撰んだ動機は、後二条関白藤原師通の命(おおせ)に依ってであり、初めは一つの書の体裁をなさず、様々公事の機会に臨む際に、少しずつこれを撰んだものを、のちの人が、集めて書をなすこと二十一巻で、恒例・臨時の部類を立てた」と。「江都督墓誌」(匡房の墓誌銘)には、「後三条・白河両天皇の侍従で、白河・堀川・鳥羽の三代の天皇の侍読となった」と。誰がつくったか不明である。

問う、「公事の次第のようなものは、西宮記や北山抄などのように、古くからある。何の手間のかかることがあって二重にこの次第をつくるのだろうか」と。答え、「礼は、「天理の節文」すなわち人間の正しい道理を備えている本性を立派に飾り立てるものであり、人間社会の出来事に関する規則である。その「理」すなわち物事の筋道の本質は、「太一」すなわち天地がまだ分かれていない混沌とした状態の時の万物の根源でなされるがゆえに、後世まで変わらない道理である。ただし、かの規則にいたって、いわゆる礼儀に関する細かい規則の文章は、みな人の行為より生まれる。これによって、中国の古代王朝である夏・殷・周の三代の礼楽(礼儀と音楽)は、周の時にいたってだいたい備わった。周王朝の礼もまた漢の時代にいたって大いに変化した。それ以来、(儀式の)移り変わりは時代により、(儀式の)減ることと増やすことは時間の流れに従う。本朝(日本)の礼儀もまたそのようである。そもそも、延喜年間の時に、儀式十巻を撰修したが、今からこれをみると、なお古礼である。そのため天暦の時に、新儀式一巻を撰んで、今の時代の礼を用いた。また村上天皇は「清涼記」十巻をみずからつくったが、その意図は「新儀式」に同じである。この後、西宮左大臣源高明公と四条大納言藤原公任らが、私的におのおの次第をつくり、「新儀式」を助けた。さて、一条天皇(在位九八六～一〇一一)以来、天下の政務が一変した。白河天皇と堀河天皇の在位期間中におよんで、また(天下の政務が)おおいに一変した。ここに「新儀式」もまた古礼となってしまった。江次第をつくったのはやむを得ずしてなされたことである」。

▼解説

引用した「発題」は室町時代の公卿による『江次第』の注釈書の見解であるが、『江次第』が作成された理由や平安時代の儀式書の編纂と儀式の変遷を的確に示している。日本における儀式典礼に関する書の編纂は、本章1節で述べたように九世紀に盛んになるが、十世紀初頭、『延喜儀式』の編纂をもって一応完了する。その間、十世紀以降、儀礼の形骸化が進み、官撰儀式書の規定が実態にあわなくなり、『延喜儀式』ですら「古礼」と称せられるようにいたり、村上天皇の在位期間中には儀式作法を変革する必要が生じ、天暦年間の「蔵人式」や「新儀式」「清涼記」など天皇側近の儀式書がつくられる一方、『本朝月令(げつれい/がつりょう)』『九条年中行事』『西宮記』などの私撰儀式書も編纂された。その後、十一世紀前半には藤原公任が『北山抄』、藤原実資が『小野宮年中行事』、藤原行成が『新撰年中行事』を、十一世紀後半には大江匡房が『江次第』を編纂した。『西宮記』『北山抄』『江次第』の三書はその体系性と豊富な先例引用から、王朝儀式書の鑑(かがみ)として重用された(西本一九九五)。『江次第鈔』の「発題」によれば、『西宮記』や『北山抄』は『新儀式』の助けとなったとある。この背景には、十世紀末から十一世紀初頭の一条天皇の在位期間中に「天下の政務」の仕方が大きく変わったことがあった。また『江次第』は大江匡房が関白藤原師通の命によって少しずつ撰んだものが最終的に一書にされたが、十一世紀後半から十二世紀初頭の白河天皇と堀河天皇の在位期間中、天下の政務がおおいに一変した。『江次第』が編纂された背景にはこうした状況があった。

参考文献

西本昌弘「儀式書」(阿部猛・義江明子・槇道雄・相曾貴志編『日本古代史研究事典』東京堂出版、一九九五年)。

（中略）

「大嘗会叙位除目等雑注文　諸公事口伝故実相承事」（宮内庁書陵部図書寮文庫所蔵）

4 口伝・故実の成立と相承の系譜

平安時代の公卿(くぎょう)による年中行事(ねんじゅうぎょうじ)・儀式などの政務に関する口伝(くでん)・故(こ)実(じつ)は、どのように継承されたのだろうか。摂関・院政期以降、鎌倉中期までの継承過程と、相承の系譜が記された文書を読む。

釈文

（第1紙、九条道房筆）

「大嘗會弁叙位・除目以下諸公事、口傳・故實相承事、」

（第2紙）

（中略〔**参考史料**参照〕）

（第3紙）

（中略〔**参考史料**参照〕）

（第4紙）

攝政　[1]西宮説、[2]能俊之時、盡了、
關白　[3]小野宮説、[4]資信之時、絶了、
口傳・故實、近代絶了、為之如何、[5]忠雅・[6]經宗兩公、無師説、只以[7]狂惑・[8]奇謀、[9]猥搆出新儀、[10]稱故實、[11]時人[12]嘲之、然而、他家皆失了、仍[13]當世人、多習彼等流、仍[14]謬説流布、可悲之世也、[15]源氏家説、[16]雅通不傳[17]兩息、雖授[18]實守、々々(實守)又不授人死了、[19]中御門説、[20]宗家死後、無相承、
以上、[21]後京極殿所被注置也、自筆書相在、
[22]普賢寺入道無[23]庭訓、[24]猪猥(隈カ)入道殿、[25]聊

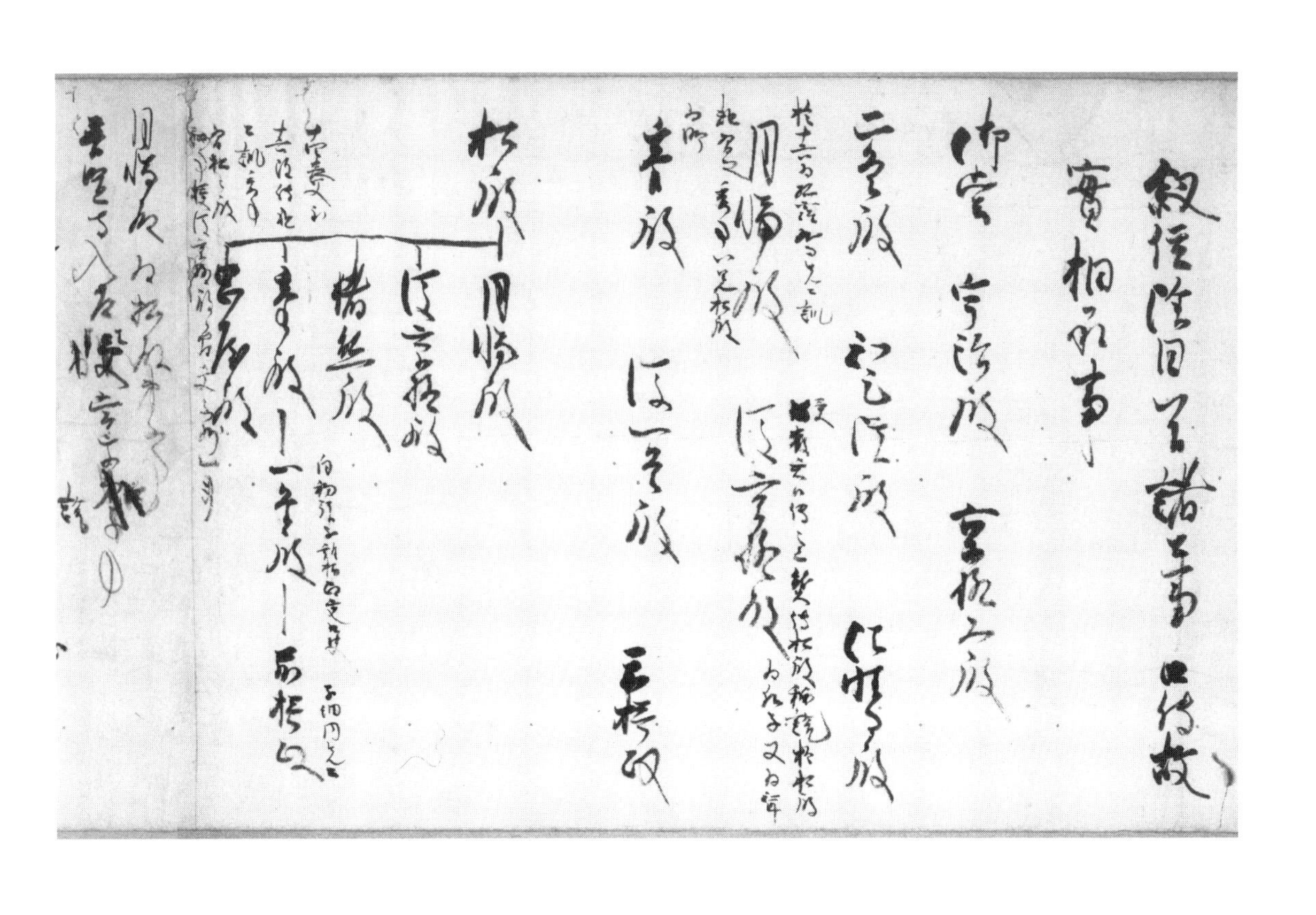

雖有松訓[26]、不委、岡屋禪閤[27]子細同父、
[28]近衛故關白以下、後絶了、當執柄[29]普光園[30]〔福カ〕死
給了、右大臣[31]、洞院[32]攝政之後、不継也、

（第5紙）

叙位・除目以下諸公事、口傳・故
實相承事[33]

御堂[34]　宇治殿[35]　京極大殿[36]
二条殿[37]　知足院殿[38]　法性寺殿[39]
月輪殿[40] 於十六為孤露[41]、然而先公訓受[43]得嚴君口傳之上、熟傳松殿秘説[44]、於松殿親習之、委事以兄松殿為師、
後京極殿[42]為猶子[45]、又為聟[46]、
峯殿[47]　後一条殿[48]　前攝政[49]

（基房）松殿 十四喪父、至十六、雖傳祖[50]公訓、委事習松之殿[52]、秘事授後京極殿之間、更不殘一事[53]、
├ 月輪殿
├ 後京極殿
├ 猪熊殿
├ 峯殿[51]（九条道家）
│ └ 一条殿（一条実経） 自初拜至執柄、不受口決、子細同先公、
│ 　└ 前攝政（一条家経）
└ 岡屋殿[54]

（第6紙表）

月輪殿為松殿弟子事
普賢寺入道大大嘗會弟子事（×受）（大）（説）

（中略〔13行分〕）○『玉葉』治承三年十一月十六日条抜書

（第6紙裏）……………………

（後略〔11行分〕）○『玉葉』治承三年十一月二十三日条・同年十二月三十日条抜書

読み下し

（第1紙、九条道房筆）

「大嘗会〈幷に叙位・除目以下の諸公事、口伝・故実相承の事〉」

（第2紙）……………………

（中略〔参考史料 読み下しを参照〕）

（第3紙）……………………

（中略〔参考史料 読み下しを参照〕）

（第4紙）……………………

摂政　（源高明）西宮説、（源）能俊の時、尽し了ぬ。

関白　（藤原実頼）小野宮説、（藤原）資信の時、絶へ了ぬ。

口伝・故実、近代、絶へ了ぬ。これを為すこと如何。（花山院）（大炊御門〔中御門〕）忠雅・経宗の両公、師説無し。只狂惑・奇謀を以て、猥りに新儀を構へ出だし、故実と称す。時人、これを嘲る。然而、他家は皆失ひ了ぬ。仍って当世の人、多くは彼等の流を習ふ。仍って謬説、流布す。悲しむべきの世也。源氏の家説、（久我庶流）源雅通、両息に伝へず。（徳大寺）実守に授くると雖も、（実守）々々も又、人に授けずして死に了ぬ。中御門説、宗家の死後、相承無し。

以上は、後京極殿、注し置かれるところ也。自筆の書、相ひ在す。普賢寺入道、庭訓無し。猪猥入道殿、聊か松訓有りと雖も、委しからず。岡屋禅閤、子細、父に同じ。近衛故関白以下、絶へ了ぬ。当執柄普光園、死に給ひ了ぬ。右大臣、洞院摂政の後、継ざる也。

（第5紙）……………………

叙位・除目以下の諸公事、口伝・故実相承の事

御堂　宇治殿　京極大殿

二条殿　知足院殿　法性寺殿　十六にて孤露と為る。然れども先公の訓、厳君の口伝を受くの上、熟松殿の秘説を伝ふ。

月輪殿　親しくこれを習ふ。委き事、兄松殿を以て師と為す。　後京極殿　松殿に於いては猶子為り。又聟為り。

峯殿　後一条殿　前摂政

松殿―月輪殿
　　├後京極殿
　　├猪熊殿
　　├峯殿―一条殿―前摂政
　　└岡屋殿

十四にて父を喪ふ。十六に至り祖公の訓を伝ふと雖も、委き事松之殿に習ふ。

初拝より執柄に至り、口決を受けず。子細先公に同じ。

秘事を後京極殿に授かるの間、更に一事も残さず。

（第6紙表以後略）

語句説明

1西宮説　西宮左大臣と呼ばれた源高明（九一四〜九八二）撰『西宮記』に集成され、彼によってつくりだされた朝儀典礼に関する口伝・故実で、その後、醍醐源氏に継承された儀礼説。**2能俊**　権中納言源能俊（一〇七一〜一一三四）。権大納言源俊明の長男。**3小野宮説**　「小野宮流」の祖である藤原実頼が形成し、その子孫に伝えられた説。**4資信**　中納言藤原資信（一〇八二〜一一五八）。参議顕実の長男。**5忠雅**　太政大臣藤原（花山院）忠雅（一一二四〜九三）。権中納言藤原忠宗の次男。**6經宗**（経）　左大臣藤原（大炊御門〈中御門〉）経宗（一一一九〜八九）。大納言藤原経実の四男。**7狂惑**　でたらめで、どうでもよいさま。**8奇謀**　あやしげなはかりごと。**9構出**　「搆」は偽り、仕組むこと。「出」は策を立てること。**10新儀**　不

法な新しいやり方。**11時人**　その当時の人々。**12嘲**　あざ笑う。からかう。声を潜めてからかう。**13當世**　今の世。当代。**14謬説**　誤った考えを述べた者。**15源氏家説**　村上(久我)源氏系公卿に伝えられた説。**16雅通**　内大臣源(久我庶流)雅通(一一一八～七五)。中院入道右大臣源雅定の猶子(実父・雅定の兄・権大納言顕通)。**17兩息**　土御門内大臣源通親(一一四九～一二〇二)と唐橋大納言源通資(?～一二〇五)。**18實守**　権中納言藤原(徳大寺庶流)実守(一一四七～八五)。父は大炊御門右大臣藤原(徳大寺)公能。**19中御門説**　中御門右大臣藤原宗忠(一〇六二～一一四一)が創出し、中御門流に伝えられた儀礼説。**20宗家**　権大納言藤原宗家(一一六〇～八九)。宗忠の孫。**21後京極殿**　関白九条良経(一一六九～一二〇六)。九条兼実の次男。編纂した除目の儀式書に『大間成文抄』『春除目抄』『秋除目抄』などがある。**22普賢寺入道**　摂政・関白近衛基通(一一六〇～一二三三)。近衛基実の長男。近衛家第二代。普賢寺殿と称す。**23庭訓**　孔子が庭でその子伯魚に対して教訓したとの故実から、父が子に対する教訓。**24猪猥入道殿**　「猥」は「隈」の誤りで、関白近衛家実(一一七九～一二四二)。**25聊**　「いささか」と読み、しばらくの間。なんとか。わずかに。**26松殿**　摂政・関白・太政大臣松殿基房(一一四五～一二三〇)。菩提院入道。関白藤原忠通の五男。故実に詳しく、その儀礼説は「松殿説」と称された。**27岡屋禪閤**　摂政・関白・太政大臣近衛兼経(一二一〇～五九)。関白・太政大臣近衛家実の三男。**28近衛故關白**　関白・左大臣近衛基平(一二四六～六八)。深心院関白。文永五年(一二六八)十一月十九日薨去(享年二十三)。**29當執柄**　執柄とは摂政・関白の別称。**30普光園**　福光園に同じか。関白・左大臣二条良実(一二一六～七〇)。摂政・関白・左大臣九条道家の次男。**31右大臣**　近衛基平が「故關白」とあることから本文書は基平が亡くなった文永五年十一月十九日よりは後で、さらに「當執柄」(関白)であった二条良実が「死給了」とあるので、二条良実が亡くなった文永七年(一二七〇)十一月二十九日直後に書かれたものと想定されることから(櫻井二〇〇九)、「右大臣」は、寛元四年(一二四六)十二月二十四日に右大臣に任じられたのち、建長四年(一二五二)七月二十日に後嵯峨上皇の勅勘を蒙って右大臣を解任された前右大臣九条忠家(一二二九～七五)のことか。忠家は洞院摂政九条教実の長男。忠家はその後、文永十年(一二七三)五月五日に関白宣下を得て藤氏長者となり、廟堂(政治を行なう場)に復帰を果たし、翌文永十一年(一二七四)正月に摂政に就任するものの、大嘗会の故実を知らないという理由で同年六月に摂政を辞した。**32洞院攝政**　摂政・関白・左大臣九条教実(一二一一～三五)。九条道家の長男。**33相承**　互いに受け継ぐこと。**34御堂**　藤原道長(九六六～一〇二七)。**35宇治殿**　藤原頼通(九九二～一〇七四)。藤原道長の長男　**36京極大殿**　藤原師実(一〇四二～一一〇一)。藤原頼通の六男。**37二条殿**　藤原師通(一〇六二～九九)。藤原師実の長男。後二条殿とも。**38知足院殿**　藤原忠実(一〇七八～一一六二)。藤原師通の長男。富家殿とも。**39法性寺殿**　藤原忠通(一〇九七～一一六四)。藤原忠実の次男。**40月輪殿**　九条兼実(一一四九～一二〇七)。藤原忠通の六男。**41孤露**　たよりのない身の上。みなしご。長寛二年(一一六四)二月十九日に父忠通が亡くなった。時に十六歳。**42後京極殿**　21に同じ。**43嚴君**　他人の父を敬っていう語。父君。ここでは九条兼実。**44熟**　「つらつら」と読み、じっくりと。とくと。念を入れて。奥底まで詳しいさま。**45猶子**　兄弟の子。甥。姪。ここでは、松殿基房からみて、弟の九条兼実の子の良経は甥にあたる。**46聟**　むこ。九条良経の妻は松殿基房の娘・藤原寿子であった。**47峯殿**　九条道家(一一九三～一二五二)。九条良経の次男。光明峯寺殿とも。**48後一条殿**　一条実経(一二二三～八四)。九条道家の四男。円明寺殿とも。**49前攝政**　一条実経の長男家経

(一二四八〜九三)か。文永十一年、後宇多天皇の摂政になるが、翌年辞職。後光明峯寺関白とも。一方、「前摂政」を九条教実の長男九条忠家(一音院関白)とする説もある(櫻井二〇〇九)。忠家は文永十一年正月、亀山天皇が譲位し、後宇多天皇が即位するに伴い、摂政に就任するが、同年六月に同職を辞している。**50十四喪父**(峯殿の頭書) 峯殿は九条道家。元久三年(一二〇六)春、十四歳の時、父の良経が急死した。**51祖公訓** 「祖公」は祖父九条兼実。「訓」は教え。筋を通した説明。年長者や上役の説明や指示。ここでは相承されてきた口伝・故実。**52松之殿** 松殿(基房)に同じ。**53更不殘一事** 前稿(田島二〇〇九)では、「受□抄一書」と翻刻したが、海上論文(海上二〇二二)により、修正した。**54岡屋殿** 岡屋関白と称された近衛兼経。近衛家実の三男。

現代語訳

(第1紙)

大嘗会〈ならびに叙位・除目以下の諸公事に関する口伝・故実の継承に関する事。〉

(第4紙)

摂政　西宮(源高明)説は能俊(源)の時にすっかりなくなってしまった。
関白　小野宮(藤原実頼)説は資信(藤原)の時に断絶してしまった。

口伝・故実は、近代、断絶してしまった。これをどうしようか。(花山院)忠雅・(大炊御門)経宗の両公は、「師説」(師匠の学説)がない。ただ、でたらめでどうでもよく、あやしげなはからいを用いて、勝手に「新儀」(不法な新しいやり方)を偽り、仕組むような策を立て、「故実」と称している。その当時の人々は、このことを、声を潜めてからかった。しかしながら、「他家」は皆、(相承した口伝・故実を)失ってしまった。そのため、今の世の人々は、多くは彼ら(花山院忠雅・大炊御門経宗)の系統を習う。よって誤った考えを述べたものが、世の中に広く行き渡ってしまった。悲むべき世である。源氏の家説(村上源氏の口伝・故実に関する説)は源(久我庶流)雅通が二人の子息(土御門通親・唐橋通資)に伝えず、藤原(徳大寺庶流)実守に授けたけれども、実守もまた、人に授けずに亡くなってしまった。中御門説(藤原宗忠が創出した儀礼説)は、(宗忠の孫の)(藤原)宗家の死後、継承する者がない。

以上のことは、後京極殿(九条良経)が記し残したことであり、(良経の)自筆の書が散在します。

近衛家二代の普賢寺入道(近衛基通)は、父(基実)からの教え(庭訓)がなかった。近衛家三代当主の猪猥入道殿(近衛家実)は、しばらくの間、「松訓」すなわち松殿基房の教えを受けたが、詳しくは受けなかった。第四代当主岡屋禅閤(近衛兼経)は、詳細は父の家実と同じである(庭訓を受けなかった)。そして近衛家五代当主の近衛故関白(近衛基平)以後、(近衛家では)口伝・故実の相承はとだえてしまった。一方、関白だった二条良実が(文永七年に)死んでしまった(ので、摂政・関白の口伝・故実は二条家には継承されていない)。(また)「(前)右大臣」(九条忠家カ)は「洞院摂政」(九条教実)の(早逝の)のち、(口伝・故実を)継承していない。

(第5紙)

叙位・除目以下の諸公事、口伝・故実の継承に関すること(は以下のように継承された)

御堂(藤原道長)　宇治殿(藤原頼通)　京極大殿(藤原師実)　二条殿(藤原師通)　知足院殿(藤原忠実)　法性寺殿(藤原忠通)
月輪殿(九条兼実)　後京極殿(九条良経)　峯殿(九条道家)　後一条殿(一条実経)　前摂政(一条家経カ)

40 月輪殿の注記　十六歳の時に父(忠通)が亡くなって孤児となったが、「先公」(先祖)の教えは自分で直接に習った。詳しいことは、兄の松殿基房を師として習った。

後京極殿(九条良経)の注記[42]　父九条兼実の口伝を受けた上に、じっくりと松殿基房の秘説を伝えた。松殿基房からみたら、従弟(弟兼実の子)であり、聟(娘の夫)でもあった。

(系図の説明)

松殿基房は九条兼実・九条良経・近衛家実・九条道家・近衛兼経にそれぞれ叙位・除目以下の公事に関する口伝・故実を授けた。

(系図の説明)

九条道家は一条実経に口伝・故実を授け、一条実経は一条家経に口伝・故実を授けた。

峯殿(九条道家)の注記[50]　十四歳で父を失った。十六歳にいたって「祖公」(九条兼実)の教えを伝えられたが、詳しい内容は松殿基房に習った。秘事は九条良経に授けられたが、さらに一事も残さず(授けられた)。

「一条殿」(一条実経)の注記　初拝(初めて官職を授ること)より執柄(摂政または関白)にいたるまで、口頭の教えを受けていない。

「前摂政」(一条家経)の注記　子細は「先公」(一条殿＝一条実経)に同じ。

(第6紙表)……………………………………………………………………

月輪殿(九条兼実)は松殿(基房)の弟子であること。

普賢寺入道(近衛基通)は、大嘗会説を受けたこと。

▼解説

平安時代の公卿による恒例・臨時の年中行事・儀式などの政務に関する口伝・故実は、竹内理三によって「公卿学」と命名・定義された。こうした儀礼説は、藤原基経(昭宣公)に萌芽があり、時平の時に発展し、時平の早世後、忠平(貞信公)によって朝儀作法の故実が成立・集大成され、その子の実頼(清慎公)・師輔にいたってそれぞれ、「小野宮流」「九条流」に分かれたとする。その後、実頼の説は小野流の公任撰『北山抄』に継承され、師輔の説は、藤原北家の本流となり九条流北家の道長に継承されるが、道家は室の源明子を通じて入手したと思われる明子の父高明撰『西宮記』の説(西宮説)ほか、公任撰『北山抄』などの説も採り入れ再編し、道長—頼通—師実—師通—忠実と続く、道長の儀礼説(御堂流)を形成したという。

本節では、竹内説が依拠した根本史料を検討し、さらに摂関を独占する藤原北家九条流以外の非摂関家の儀礼による秘事・口伝が諸家ごとに整理し始めるという、藤原頼通隠退頃以降の秘事・口伝の様相に関する、現在、宮内庁書陵部図書寮文庫所蔵九条家旧蔵『大嘗會叙位除目等雑注文諸公事口伝故実相承事』一巻(函号　九—一二三六)と題して登録されている文書を読み解いた。

なお、本文書の文書名は、図書寮文庫では、「大嘗會叙位除目等雑注文諸公事口伝故実相承事」(函号　九—一二三六)として登録されているが、近世初期に九条道房がつけた外題(第1紙)の方がわかりやすいと思われるので、九条家本「大嘗會幷叙位除目以下諸公事口伝故実相承事」とした。

内容が多岐にわたり、長文のため、全体の概略を述べると、本文書には、藤原道長以降、忠実までのいわゆる「御堂説」の系譜を確認した後、忠通以降、鎌倉前期の五摂家分裂後までの「御堂説」の系譜が記されている。さらに関連して、「西宮説」「小野宮説」「源氏説」「中御門説」など、「花園説」(本章5節参照)を除く、摂関家以外の儀礼説の継承に関しても言及があるが、摂関・院政期以降、鎌倉前・中期までの口伝・故実の継承過程が語られ、相承の系譜が記されている。

文書の書誌と構成を述べると、鎌倉期原本(巻子)で、宮内庁書陵部で修補された現表紙(外題「大嘗會 叙位除目等雑注文」)を除くと、紙数は計六紙である。その内、第1紙は、後補の表紙で、外題が「大嘗會幷叙位除目以下諸公事口傳故實相承事、」と九条道房(一六〇九〜四七)の筆で書かれており、江戸初期に道房による修補の際につけられたものと思われる。第2紙から第6紙(紙背に続く)は同筆で、同じ檀紙を用いており、鎌倉後期の原本で、一連のものと思われる。第4紙は、10行目までが、九条良経の自筆書に書かれていた内容で、摂政・関白に伝わっていた口伝・故実に関して、近代、その継承が絶えてしまったこと、「西宮説」は源能俊の時に、「小野宮説」は藤原資信の時に、それぞれ途絶えてしまったこと、そのため、師説のない花山院忠雅や大炊御門経宗の誤った説が流布して、今の人は嘆かわしいことにそれを学んでいること、村上(久我)源氏の「源氏家説」は雅通が子息に伝えず、藤原実守に授けたが、実守は誰にも伝えずに亡くなってしまったこと、「中御門説」は宗家の死後、継承されなかったことを指摘する。

12行目以降には、その後の、摂関家での口伝・故実の相承に関して述べ、近衛家二代の基通は、父からの教えがなかったこと、近衛家三代当主の家実は、しばらくの間、松殿基房に教えを受けたが、詳しくないこと、第四代当主の兼経は、詳細は父の家実と同じであること、そして近衛家五代当主の基平以後、口伝・故実の相承は途絶えてしまったことが記される。一方、九条家では、藤原忠通から「御堂説」を授けられた松殿基房から教えを受けた九条道家以降、その子息の代で、九条家は、九条家(九条教実)・二条家(二条良実)・一条家(一条実経)の三家に分かれるが、二条良実が文永七年に亡くなってしまったので、二条家には、摂関家の口伝・故実が、この文書(覚書)が書かれた時点(櫻井二〇〇九によれば、二条良実が没した、文永七年十一月二十九日直後のものという)では、断絶していること、さらに当時の九条家の当主である「右大臣」(前右大臣九条忠家・道家の孫)も、父九条教実(「洞院摂政」)が早逝したため、摂政・関白の口伝・故実が九条家でも継承されていないことが記されている(以上、第4紙)。

一方、第5紙の系譜では、藤原忠通以降、道長からの口伝・故実が松殿基房を経て、九条道家から一条実経に、実経から一条家経に継承されていることが記されているので、この文書(覚書)が記された時点では、摂関家の正統な口伝・故実は一条実経に継承されていた。

ただし、こうした解釈に対して、第4紙15行目の「右大臣(九条忠家カ)、洞院摂政(九条教実)之後(文暦二年三月二十八日薨去)、不継也。」の「不継」を「相継」と読んだ上で、第5紙の系譜の「峯殿」の下に記された、一条実経を示す「後一条殿」(6行目)および「一条殿」(11行目)の下に記された「前摂政」を、実経の子の一条家経ではなく、九条忠家に比定し、本史料全体の筆者を忠家の子の忠教(一二四八〜一三三二、九条家六代当主、報恩院関白)であるとし、道家が寛元四年に鎌倉幕府との関係が悪化して失脚して以降、忠家も、建長三年(一二五一)十二月の了行法師の謀反未遂事件に絡んで、右大臣を解任され失脚し、九条家の朝廷内での地位が他の摂家におよばなかったところ、忠家が文永十年五月五日に関白宣下され藤氏長者となって、同年十二月には従一位に叙位され、翌文永十一年正月には摂政に任じられ、復帰を果たすきっかけを得たことから、公家社会における九条家の地位を回復するため、自家の正統性を主張する書付けを懸命に忠家が残したものであるとする見解がある(櫻井二〇〇九)。この見解は、本文書が九条家文書として伝来したことからすると、理解しやすい見解である。しかし、忠家は摂政に就任するものの、同年六月に同職を辞職するが、その際も大嘗会の故実を知らないことを理由とし、さらに三度の上表すら許されないなど、異例なものであったとされている(『勘仲記』文永十一年六月二十一日条、三田二〇〇〇)。本文書第2紙(参考史料を参照)に記されるように、「建治」(後宇多天皇)の「大礼之日」(大嘗会卯日・文永十一年十一月十九日)では、「下官」(摂政の一条家経)は、祖父九条道家が後嵯峨天皇の命で草案をつくって実際に行なった大嘗会卯日次第を、父の一条実経が用いた「大嘗會卯日次第」に基づき、「幼主」(後宇多天皇)の作法を「扶持」(手を貸して助けること)し奉ったとあり、九条忠家は摂関家の口伝・故実を知らないので、第4紙15行目は「相継」ではなく、「不継」と読む方が正しいと思われる(この部分、最初に書かれていた文字が擦り消しされていることは注目される)。

むしろ、忠家の子の忠教は、次の正応元年(一二八八)十一月二十二日の伏見(ふしみ)天皇の大嘗会では、天皇から「大嘗會神供進次第草」に関して諮問を受けたり、忠教がつくった正応元年の「大嘗會神饌間事」などが残っていたりすることから、忠教が深く関与し、関係資料の収集もしていたらしい。したがって、本文書が、櫻井論文の指摘のように、忠教が深く関与したにしろ、文永十一年の大嘗会以降、おそらくは、翌建治元年(一二七五)六月九日に忠家が亡くなった以降に、忠教は、「後一条殿」(一条実経)や「前摂政」(一条家経)に教えを請う必要から、こうような経緯を認(したた)めたのではないかと考えた方が正しいと思われる。

このように考えると、本文書(覚書)は、「前摂政」という表記から一条家経が摂政を辞した建治元年十月二十一日からほどない頃に、大嘗会に関する口伝・故実を伝授されていなかったがために摂政を解任されたという、九条家としての屈辱を晴らし、将来に備える意味があり、一条実経または家経に口伝・故実を習い、また関係の儀式書の書写を請うたのではないかと思われ、その起点となった思いから、忠教が本文書に深く関与したと理解したい。なお、叙位・除目に関しても、忠教は、父忠家が復帰し関白に任じられた文永十年十二月に権中納言に任じられ、翌文永十一年には権大納言兼左近衛大将、建治元年には右大臣、正応元年には左大臣などを歴任し、正応四年(一二九一)に関白・藤氏長者になり、正応六年(一二九三)までつとめ、報恩院関白と称された。叙位・除目の執筆に関しては、寛喜三年(一二三一)に九条教実が執筆をつとめて以来、九条家では誰も執筆をつとめていなかったが、九条忠教が弘安三年(一二八〇)に右大臣で除目の執筆を初めてつとめ、弘安六年(一二八三)から同十一年(正応元年)にかけて、叙位・除目の執筆をしばしば行なった。九条家では約五十年間、叙位・除目の執筆をつとめる公卿が出なかったことになる。儀式書は継承されていたものの、忠教によって、叙位・除目の口伝・故実は再興されたといっていいと思われる。忠教による叙位・除目関係の儀式書は、『秋除目略次第(右大臣作法)』(函号　九―一二八〇)・『京官除目入眼次第』(函号　九―四五四)・『京官除目略次第(右大臣作法・弘安三年)』(函号　九―一七九)などが知られ、「九条忠教秘蔵記録覚書」には、忠教が所蔵していた儀式書が知られる。

以上のように、摂関・院政期の摂関家の口伝・故実が、どのようにして継承されたのか、本文書は明らかにしてくれる。

参考史料

本文書で省略した第2紙と第3紙は以下の通り。

釈文

(第2紙)

「大嘗會卯日次第

□□□(仁治カ)三年(十一月十二日)大嘗會之時、□(仍)

勅二禪閤一云、「被レ進二次第一」、件草奉二

嚴命一、抄二出之一、

□□(寛元カ)四年、微臣、當二輔導之仁一、

□□(幼主カ)之礼、(之治世、弥知二其例一歟。)雖レ有二相違一、神饌之儀、

云レ無二用捨一、仍以二此次第一、經二

後嵯峨上皇 叡覧一、神饌事、一向無二

□(相)違一之由有二勅定一、尤秘書也、院

令レ治二天下一給、已為二吉例一、

以上端□(書)、後一条入道(一条実経)、

此後、建治[15]大礼之日、下官(一条実経)以二此次第一、奉レ扶[16]持[17]幼主一、恐謹已為二三代[18]佳例一、

（第3紙）

供二神饌一之時、神嘉殿与二大嘗宮一左方右相異（角違）、殊可レ有二了見一歟。仍古賢所レ迷也。全所二相伝一次第、

一、後三条院御次第[19]、無二左右一、為二明鏡一歟[20]。

一、本端書云、後三条・白河・堀川（河）・鳥羽・新院（崇徳）・近衛・當院（後白河）、令レ用給次第、可レ秘云々、

一、仁治[21]、祖父禅閤[22]奉勅被レ作二進後嵯峨院草一、子細載レ右、

一、大嘗會[23]次第、自二卯日一至二午日一、建暦、祖公草、

一、保安四年秘記[25]、玉林[24]、件記、本家近衛[26]、殊秘蔵、有二廣[27]略一、共以所レ持、

読み下し

（第2紙）

大嘗会卯日次第

□□（仁治カ）□三年大嘗会の時、仍ち禅閤に勅して云く、「次第を進められよ」と。件の草、厳命を奉りて、これを抄出す。□□（寛元カ）四年、微臣、輔導の仁に当り、〔　〕の治世、弥其の例を知るか。□□（幼主カ）の礼にて、相違有りと雖も、神饌の儀、用捨無しと云ふ。仍って、此の次第を以って、後嵯峨上皇の叡覧を経るに、神饌の事、一向、相違無きの由、勅定有り。尤も秘書也。院、天下を治めしめ給ふこと、已に吉例為り。

以上の端書、後一条入道なり。

此の後、建治大礼の日、下官、此の次第を以って、幼主を扶持し奉る。恐謹すること、已に三代の佳例なり。

（第3紙）

神饌を供するの時、神嘉殿と大嘗宮との方角、相違す。殊に了見有るべきか。仍って古賢、迷ふところなり。全て相伝するところの次第、

一、後三条院御次第。〈左右無く、明鏡為るか。〉

一、本端書に云く、後三条・白河・堀川・鳥羽・新院・近衛・当院、用ひせしめ給ふ次第なり。秘すべきと云々。

一、仁治、祖父禅閤、勅を奉りて、後嵯峨院に作り進めらるる草。子細、右に載す。

一、大嘗会次第。〈卯日より、午日に至る。建暦、祖公の草。〉

一、保安四年秘記。玉林。件の記、本家近衛、殊に秘蔵し、広・略有り。共に以って所持す。

語句説明

1 大嘗會（会）卯日　大嘗会は、天皇が即位したのち、最初に挙行する一世一代の大規模な新嘗祭のこと。十一月の中または下の卯・辰・巳・午の四日間に、臨時に造営した大嘗宮をおもな祭場として行なう。卯の日から辰の日の暁にかけて、天皇は朝堂院（八省院）の庭につくられた大嘗宮内の廻立殿から悠紀殿に入り、神に食物を供え、みずからも食べる「神饌親供」の儀を行ない、その後、主基殿でも同様な儀式を行なう。その間、吉野の国栖奏、諸国の語部による古詞の奏上、また悠紀・主基の斎国による国風など地方の芸能が奏され、隼人の歌舞も奏された。**2 □□（仁治カ）三年大嘗會（会）**　残画や内容から仁治三年（一二四二）十一月十二日の後嵯峨天皇の大嘗会を示す。

3禪(禅)閤　摂政や関白などで、在家のまま剃髪した者。ここでは九条道家をさす。**4件草**　「大嘗會卯日次第」の草案。**5嚴(厳)命**　厳しい命令。ここでは後嵯峨天皇の命令。**6□□(寛元カ)四年**　残画や内容から、寛元四年を示す。**7微臣**　数えるに足りない臣下。臣下が主人に対して自分をへりくだっていう語。ここでは一条実経のこと。**8輔導之仁**　「輔導」とは、正しい方向に進むように教え導いてやること。「仁」は人を敬っていう語。「輔導之仁」とは、ここでは天子(天皇)を補佐する摂政をさす。**9□□(幼主カ)之礼**　未詳。ただし、二字目が残画から「主」と読めそうなので、「□□」は「幼主」の可能性を提唱しておく。**10神饌之儀**　大嘗会で天皇が神に「神饌」(「御饌」と称される神様に献上するお供えの食事)を羞め共食する儀式。卯の日の亥の刻に安曇・高橋両氏が内膳司の官人と采女とを率いて松明を先頭に神饌をおさめた筥などを悠紀殿に運び込む(神饌行立の儀)。つづいて天皇が神に食物を供え、みずからも食べる「神饌親供」の儀が始まる。陪膳の采女が奉仕し、八重畳の東の神座と御座に米と粟の飯、粥や黒酒・白酒など、数々の品々の神と天皇の膳をならべる。天皇は神の食薦の上に神饌の品々を十枚の葉盤に取り分けたものを供え、その神饌の上に神酒をそそぐ。ついで天皇も箸を取って食す。以上の神事を神饌親供といい、大嘗会でもっとも重要な儀式である。**11用捨**　必要としないこと。やめること。「無用捨」で、必要であることを示す。**12叡覧**　天皇(上皇)がご覧になること。ここでは、後嵯峨上皇がご覧になること。**13一向**　後に打消しを伴って、まるっきり。ちっとも。まったく。**14勅定**　天皇の仰せ。天皇のご命令。勅命。詔。勅諚。**15建治大礼之日**　文永十一年十一月十九日に行なわれた後宇多天皇の大嘗会。**16扶持**　助けること。扶助すること。**17幼主**　幼い君主。ここでは後宇多天皇。**18三代佳例**　九条道家・一条実経・一条家経と天皇の大嘗会に「次第」の作成などで奉仕したこと。**19後三条院御次第**　治暦四年(一〇六八)十一月二十二日の後三条天皇の大嘗会で用いられた儀式次第。その端書に、後三条・白河・堀河・鳥羽・新院(崇徳)・近衛・当院(後白河)の大嘗会で用いられた次第であることが記されていたという。「當院」が後白河天皇なので、この次第の端書が書かれたのが、白河院政期であることが知られる。**20無左右、為明鏡**　「無左右」で「そうなし」と訓読し、いずれとも決定しない、ならびないの意。「明鏡」は漢音では「めいけい」と読み、曇りのない鏡、澄み切った鏡の意味で、公正・明確に判断する手本を示す。「後三条院御次第」は他に比べるものがないほど基準となる手本の儀式次第であるという意味。**21仁治**　仁治三年十一月十三日の御嵯峨天皇の大嘗会。**22祖父禪(禅)閤**　九条道家。「祖父」とあるので、これを書いたのは、道家の孫であり、「子細載右」という注記から、「右」とは第2紙のことで、第2紙11・12行目の記載から、一条家経が記した可能性が高い。**23大嘗會(会)次第、自卯日、至午日、建暦、祖公草、**　割注の「建暦」から、建暦二年(一二一二)十一月十三日(卯日)から十六日(午日)まで行なわれた順徳天皇の大嘗会の次第。「祖公草」とは九条道家が草案をつくったことを示す。**24祖公**　九条道家。**25保安四年秘記、玉林**　「玉林」は藤原忠通の日記。保安四年(一一二三)十一月十八日に行なわれた崇徳天皇の大嘗会の卯日の模様を摂政として儀式に奉仕した忠通の日記。宮内庁書陵部図書寮文庫所蔵九条家本に平安末期書写本ではあるが、『大嘗會卯日御記　保安四年十一月十八日(法性寺殿御記　大嘗会記)藤原忠通記』一巻(函号　九—二一〇)がある。**26本家近衞(衛)**　九条家側(九条家・二条家・一条家)からみて、近衛家は「本家」であったことが知られる。**27廣畧(広略)**　「廣」は広本(詳しく本文が長い本)。「畧」は略本(簡約本)。詳細なものと簡略なものと二種類の写本があったことが知られる。

参考文献

竹内理三「口傳と教命―公卿学系譜（秘事口傳成立以前）―」（『歴史地理』七五―三・四、一九四〇年、のち同『律令制と貴族政権』Ⅱ、御茶の水書房、一九五八年。『竹内理三著作集五　貴族政治の展開』角川書店、一九九九年）。宮内庁書陵部図書課図書調査室解説担当「41　大嘗会叙位除目等雑事注文」（宮内庁書陵部編・刊『（展示図録）除目』二〇〇八年）。田島公「「公卿学系譜」の研究―平安・鎌倉期の公家社会における朝儀作法・秘事口伝・故実の成立と相承―」（田島公編『禁裏・公家文庫研究』第三輯、思文閣出版、二〇〇九年）。櫻井彦「鎌倉期公家社会の一断面」（『日本歴史』七三二号、二〇〇九年）。海上貴彦「九条道家筆『春除目次第』の紹介と翻刻」（田島公編『禁裏・公家文庫研究』第八輯、思文閣出版、二〇二二年）。三田武繁「摂関家九条家の確立」（『北大史学』四〇号　二〇〇〇年、のち同『鎌倉幕府体制成立史の研究』吉川弘文館、二〇〇七年）。

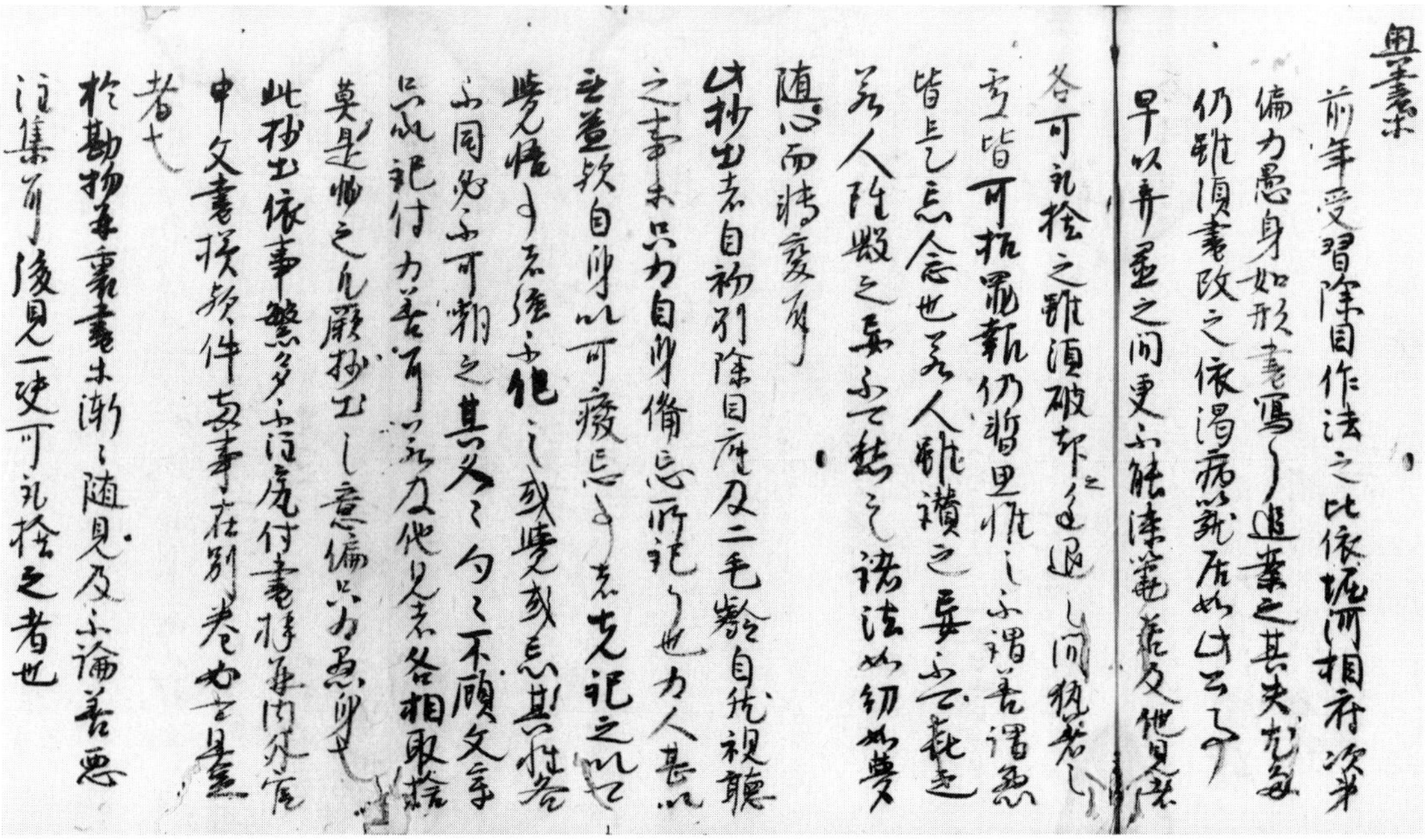

『春玉秘抄』奥書（田中穣氏旧蔵典籍古文書　国立歴史民俗博物館所蔵）

5 「花園説」の成立と相承の系譜

「故実」は、摂関家だけでなく、参議を経て大臣・大納言・中納言などにのぼる公卿にも形成・継承されてきた。その代表が後三条天皇皇孫の源有仁（ありひと）の説で、のちに「花園説（はなぞの）」と称され、摂関家以外の公卿（非摂家）に継承されることになった故実である。院政期におけるその形成や継承過程がよくわかる田中本『春玉秘抄（しゅんぎょくひしょう）』の長大な奥書を読む。

釈文

奥[1]書等、
前年[2]、受習除目[3]作法之比、依堀河相府[4]次第、
偏為愚身[5]〔源有仁〕、如形書寫了、追案之、其失尤多、
仍雖須書改之、依渇病[6]籠居[7]、如此公事、
早以弃〔棄〕置之間、更不能染筆、若及他見者[8]、
各可取捨[9]之、雖須破却〈之〉、進退[10]之間、執着[11]之〔不脱カ〕
處、皆可招罪報[12]、仍暫思惟[13]之、不謂善、謂悪、
皆是忘念[14]也、若人雖讃之、妄不可喜之、
若人雖毀之、妄不可愁之、諸法、如幼〔幻〕如夢、
随心而轉変耳、
此抄出者[15]、自初列除目座[16]、及二毛齢[17]、自然視聴[18]
之事等、只為自身備忘、所記了也、為人甚以
無益歟、自身以可廃忘事者[19]、先記之、以可
覺悟事者[20]、強不化〔記カ〕之、或覺、或忘、其性各
不同、必不可嘲之、其文々勺〔句〕々[21]、不顧文章、
只以記付、為善耳、若及他見者、各相取捨、
莫是非[22]之、凡厥抄出之意、偏只為愚身也、

此抄出、依事繁多、不注尻[23]付書[24]様幷内外官
申文書様歟、件両事、在別巻、必可具足
者也、
於勘物[25]幷裏書等、漸[26]々随見及、不論善悪、
注集耳、後見一決、可取捨之者也、
此抄出具書、惣六巻也、
今新冩、号春玉秘抄是也、私今案八巻此書。号秋玉秘抄是也、
一者春次第、是也、一者秋次第一巻。中書了、
号春玉畧抄是也、一説折之、
一者春次第頗畧之、中書[27]了、同清書了、一者春次第
不載作法・進退儀一巻、一者注加尻付・請文
等書様二巻也、其中、此春為（ママ）次第、早可清書
者也、不得心之比、更不可弁次第首尾者也、
此書、依繁多、不注加尻付等者也、号叙玉抄 叙位抄
一巻又在別、惣七巻也、
正[28]本裏奥云、以此書、一様別抄出畢、保安六年[29]抄也、書[30]
写本云、仁[31]平三年十二月廿三日、以正本、重讀
合了、且直付相違字々了、大外記師業[32]筆
此抄由來者、故花[33]薗左大臣、欲作除目執[34]筆之
時、依 白[35]川法皇仰、久[36]我〔太〕大政大臣（源俊房）為師匠、被
授執筆之作法、其上、堀川入道左府又被加
稱左府次第也、若此御筆歟、
嚴訓、以兩人之説、被作此書、謂本書者、是
以堀川左府次第為部〔立カ〕主、
白河法皇御抄也、謂綿[38]〔書〕文者、堀[37]川左府授彼師[39]時卿
之説也、云彼謂是、可比麗[40]水之金・荊岫之珠、加之、
（源有仁）相府在世之間、視聴秘事・口傳、惣載此一巻、
彼存[41]日、被進覧 鳥羽法皇、被申云、「此抄
以白河院仰作之、我無子孫、可為御物」者、依之、

[42]相府、薨去之後、被公納了、而[43]嚴祖禅閣〔閤〕、任[44]
丞相之時、申請 仙院[45]、叡旨[46]云、「此抄於他人
敢不可下給、至于禅閤欤〔者〕、為彼[47]相府(源有仁)之弟子、
朕(鳥羽院)[48]又無隔心」者、禅閤(徳大寺実能)〔閣〕泣随喜之、被書寫了、
所謂、
春大抄一巻、此抄也、同畧抄一巻、春不載作法一巻、
秋抄一巻、尻付・請文二巻、叙位一巻、惣七巻也、
相府(源有仁)在世之間、深以秘蔵、不放其傍、若有
出行之時、女房、号督局、[49]懐其箱祗候、及
一宿逗留之時、必随身深秘之旨、蓋如此、
禪閤(徳大寺実能)秘蔵之次第又如先、彼督局、左府(源有仁)
薨去之後、相次祗候、又懐此箱、已為多年
之勤、常動懐舊之思、至于先公[50]御時、
又不忘前事、弥誡他見、而至于此大文者、
不調部立、可謂雜乱、不入境之人者、難弁
首尾、逾増迷惑歟、仍下官(徳大寺実定)、自去年孟夏
比、手自書寫之、裏書・勘物、不漏一文、不
違一字、書之継之、調成部主〔立カ〕、延而為八巻已了、
於今者為自抄、弥秘書寫之間、暑往寒
來、漸及衰老、已疲携[51]提、眼暗心苦、只
依思報國也、于時治承二年閏六月
廿日紀〔記〕之、
左将軍[52] 御判(徳大寺実定)
傳此書之人、為相府、必可修善、是為
道之冥加〔也〕之、

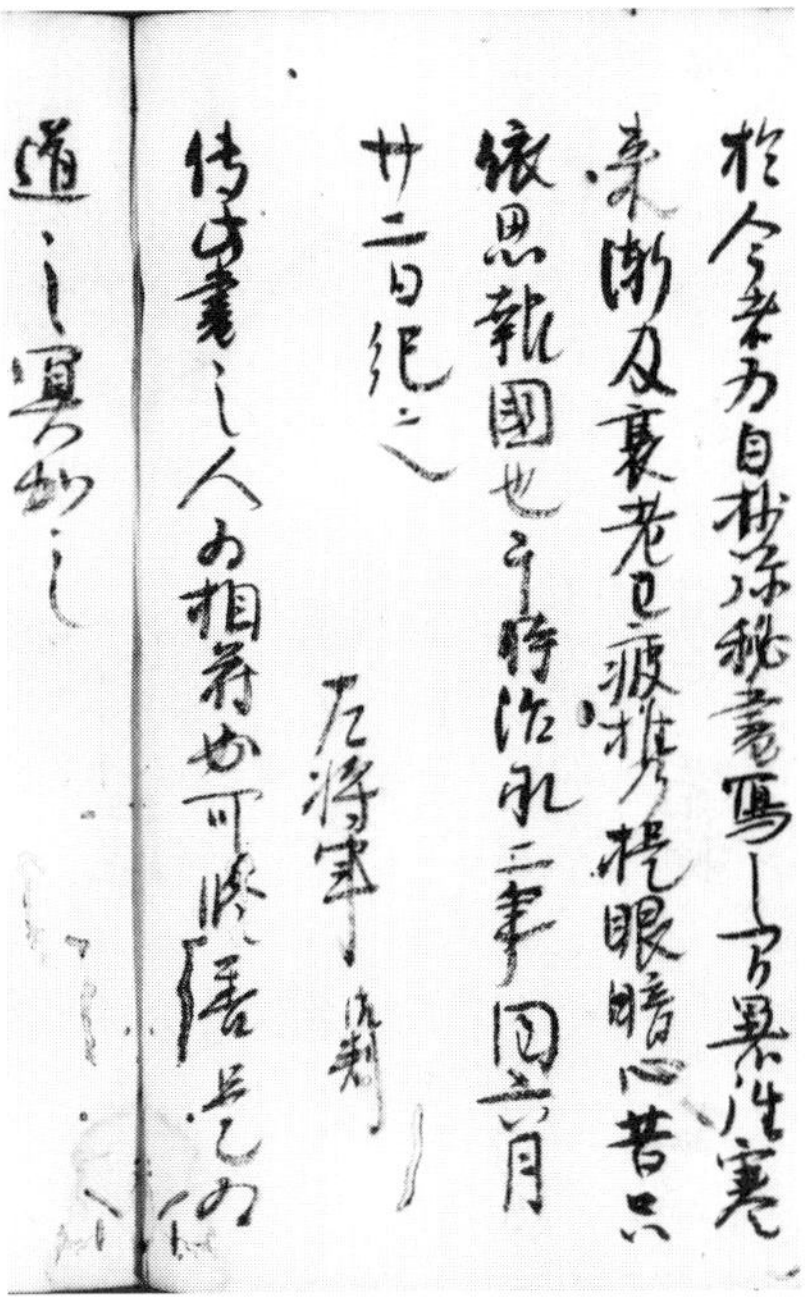

読み下し

奥書など

前年、除目の作法を受け習ふの比、堀河相府の次第に依り、偏へに愚身のため、形の如く書写し了ぬ。追ってこれを案ずるに、其の失尤も多し。仍てすべからくこれを書き改むべしと雖も、渇病に依り、籠居す。此くの如き公事、早く以て棄て置くの間、更に筆を染むることあたはず。若し他見に及ばば、各これを取捨すべし。すべからくこれを破却すべしと雖も、進退の間、執着の処、皆罪報を招くべし。仍て暫くこれを思惟するに、善と謂はず、悪と謂はず。皆是れ忘念なり。若し人これを讃むると雖も、妄りにこれを喜ぶべからず。若し人これを毀つと雖も、妄りにこれを愁ふべからず。諸の法は幻の如く、夢の如し。心に随ひて転変するのみ。

この抄出は、初めて除目の座に列するより、二毛の齢に及び、自然に視聴の事など、ただ自身の備忘の為に、記し了はるところなり。人の為には甚だ以て無益か。自身以て廃忘すべき事は、先ずこれを記し、以て覚悟すべき事は、強にこれを記さず。或ひは覚へ、或ひは忘れ、その性、各同じからず。必ずしもこれを嘲るべからず。其の文々句々、文章を顧みず、ただ以て記し付し、善と為すのみ。若し他見に及ばば、各あひ取捨し、これを是非すること莫れ。凡そ厥の抄出の意、偏にただ愚身の為なり。此の抄出、事の繁多に依り、尻付の書様幷に内外官の申文の書様を注さざるか。件の両事、別巻に在り。必ず具足すべきものなり。

勘物幷に裏書などに於ひては、漸々に見及ぶに随ひて、善悪を論じず、注し集めるのみ。後に見て一決すべし。これを取捨すべきものなり。

此の抄出の具書は、惣じて六巻なり。

（今新たに写し、春玉秘抄と号するは是なり。私に今案ずるに、八巻。抄と号するは是なり。）

一つは春次第、是なり。

（秋玉秘抄と号するは此の書なり。）

一つは秋次第一巻　〈中書し了はんぬ。〉

（春玉畧抄と号するは是なり。一説折りなり。）

一つは春次第頗るこれを略す。中書し了りぬ。（同じく清書し了ぬ。）一つは春次第に載せざる作法・進退の儀一巻。一つは尻付・請文等の書様を注し加ふる、二巻なり。其の中、此の春次第は、早く清書すべきものなり。得心せざるの比ひ、更に次第の首尾を弁ずべからずものなり。此の書、繁多に依り、尻付などを注し加へざるものなり。（叙玉抄と号す。）叙位抄一巻、また別に在り。惣じて七巻なり。

正本の裏奥に云く。此の書を以て、一様に別に抄出し畢りぬ。〈保安六（ママ）年に抄するなり。〉書写本に云く。仁平三年十二月廿三日、正本を以て、重ねて読み合はせ了ぬ。（且は相違の字々を直し付し了ぬ。大外記師業筆。）

此の抄の由来は、故花薗左大臣、除目の執筆を作らんと欲する時、白川法皇の仰せに依り、久我太政大臣を師匠と為し、執筆の作法を授けらる。其の上、堀川入道左府また厳訓を加へらる。（堀川左次第を以て部立と為す。）両人の説を以て、此の書を作らる。（左府次第と称するなり。若しくは此れ御筆か。）本書と謂へるは、是れ白河法皇の御抄なり。綿文（書）と謂へるは、堀川左府、彼の師時卿に授くるの説なり。彼と云ひ是と謂ひ、麗水の金・荊岫の珠に比すべし。加之、相府世に在るの間、視聴きの秘事・口伝、惣じて此の一巻に載す。彼の存日、鳥羽法皇に進覧せらる。申されて云はく、「此の抄は白河院の仰せを以てこれを作る。我に子孫無し。御物と為すべし。」といへり。これに依り、相府、薨去の後、公納され了ぬ。しかるに厳祖禅閤、丞相に任ずるの時、仙院に申し請ふ。叡旨に云く。「此の抄は他人に於ひては敢て下し給ふべからず。禅閤に至りては、彼の相府の弟子為り。朕また隔心なし。」といへり。禅閤泣きてこれを随喜し、書写され了んぬ。

所謂、

春大抄一巻。此の抄なり。同略抄一巻。春に載せざる作法一巻。秋抄一巻。尻付・請文二巻。叙位一巻。惣七巻なり。

相府世に在るの間、深く以って秘蔵し、其の傍を放ず。若し出で行くの時有らば、女房、督局と号す。其の箱を懐きて祗候し、一宿の逗留に及ぶの時は、必ず身に随へ深く秘する旨、蓋し此くの如し。禅閤、秘蔵の次第もまた先の如し。彼の督局、左府薨去の後、相い次ぎて祗候し、また此の箱を懐くこと、已に多年の勤と為し、常に懐旧の思ひを動かす。先公の御時に至りてもまた前事を忘れず、弥他見を誡む。而るに此の大文に至りては、部立を調へず、雑乱と謂ふべし。境に入らざるの人は、首尾を弁じ難く、逾迷惑を増すか。仍って下官、去年の孟夏の比より、手自らこれを書写し、裏書・勘物、一文も漏らさず、一字も違わず、これを書き、これを継ぎ、部立を調へ成し、延べて八巻と為すこと已に了ぬ。今に於いては自抄と為す。弥秘して書写するの間、暑往寒来、漸く衰老に及び、已に疲れ携提し、眼暗く心苦し。ただ報国を思ふに依るなり。時に治承二年閏六月廿二日、これを記す。

左将軍 御判

此の書を伝えるの人は相府為り。必ず善を修むべし。是れ道の冥加為るなり。

語句説明

1奥書等 『本朝書籍目録』公事部に「春玉秘抄 八巻。花園左府抄。有奥書。」とあるが、注記にみえる「奥書」がこの部分に相当する。**2前年** 後掲の徳大寺実定の奥書（34行目の「此抄由來者…」以降）によれば、「欲㆑作㆓除目執筆㆒之時」に対応するか。**3除目** 平安時代以降、京官・外官の諸官を任命する儀式。「除」は旧官を除去して新官に就く意、「目」は目録に記すことをいう。春の除目は県召除目といい、外官（国司など地方官）を任命し、秋の除目は司召除目といい、大臣以下の京官を任命する。**4堀河相府次第** 「堀河相府」は源俊房（一〇三五〜一一二一）。平安後期の公卿。村上源氏。具平親王の孫。父は右大臣源師房。母は藤原道長の女尊子。同母弟に顕房がいる。子には大納言師頼、権中納言師時・師俊らがいる。摂関家と密接な婚姻関係を結び、順調に官位を昇進させ、永保二年（一〇八二）には右大臣、翌三年（一〇八三）には左大臣にいたり、弟顕房も右大臣に就任し、寛治七年（一〇九三）には兄弟で左右近衛大将を兼ねるなど、一時、俊房を源氏の氏の長者とする村上源氏は廟堂（朝廷）で大きな勢力となったが、堀河天皇没後の皇位継承では、後三条天皇の第三皇子、白河院の異母弟輔仁親王を支持し、宗仁親王（のち鳥羽天皇）を推す源雅実・藤原公実らと対立して政権内で孤立し、永久元年（一一一三）に俊房の男で輔仁親王の護持僧をつとめた醍醐寺僧仁寛が鳥羽天皇の暗殺を企てたとして伊豆国に配流された事件で、俊房は事実上失脚した。しかし、父師房から故実を継承し、「堀川左府次第」などを撰び、朝廷における儀式に精通していたため、出家する直前まで左大臣の地位は保っていた。日記に『水左記』があり、自筆本が伝えられている。なお、「相府」は大臣の唐名(官制を唐制でいう時の言い方)。**5愚身** 自分自身をへりくだっていう語。**6渇病** 糖尿病のこと。飲水病とも。**7籠居** 家の中に閉じこもったきりでいる。**8他見** 他人にみせること。他人がみること。**9取捨** よいものを取って用いることと悪いものを捨てて用いないこと。**10進退** 進むことと動くこと。**11執着** ある物事に深く思いをかけてとらわれること。執心して思い切れないこと。**12罪報** 犯した罪のむくい。悪業の結果。**13思惟** 考えをめぐらすこと。思いをはからうこと。**14忘念** 忘れること。失念。**15抄出** 写した書物。**16自初列除目座** 源有仁が初めて除目の儀に参加して以来の意味。有仁が権中納言に任じられたのは元永二年(一一一九)十一月二十七日であるので、最初の除目は、九条家本『叙位除目執筆鈔』によれば、保安元年(一一二〇)正月二十六日から二十八日にかけての県召除目であり、初めて除目の執筆をしたのは、内大臣で担当した大治五年(一一三〇)正月二十六日から二十八日にかけての県召除目である。**17二毛** 頭髪に白髪がまじっていること。三十歳過ぎのこと。晋・潘岳の「秋興賦并序」の「晋十有四年、余春秋三十有二、始見二毛」による。**18自然** おのずから、そうであるさま。ひとりでに、そうなるさま。**19廃忘** 忘れ去ること。捨てて忘れること。**20覺悟**(覚) 記憶すること。覚えること。修得すること。**21文々勹々**(句) 一つ一つの文句。一字一句。すべての文句。**22是非** 是と非とを判断すること。物事のよしあしを判断すること。**23尻付** 任官者または叙位者の名簿で、人名の後に細字で書かれた前官位、任官・叙位の理由になった年給や功労、履歴などについての注。**24書様** 書き方。**25勘物** 本の内容に関して調べて加えた注。**26漸々** 順次に。段々と。徐々に。**27中書** 草稿本と最終的な清書本との中間段階の書写をいう。**28正本** 根拠となる原本。ここでは書写のもととなった源有仁の原撰本で、鳥羽天皇に進覧し、公納された本。**29保安六年** 保安年間は保安五年(一一二四)四月三日に天治と改元しているので、保安六年は存在しない。「六」の草書体は「二」と字型が似ており、誤写の可能性もあるが、保安二年(一一二一)に有仁は十九歳であるため、「二毛の齢」という表現と矛盾する。あるいは久安二年(一一四六)の誤りか。**30書写本云** 徳大寺実能が鳥羽法皇から借用して書写した写本の識語か。**31仁平三年十二月廿三日** 徳大寺実能の書写本は後述するように彼が内大臣に任じられ、除目の執筆を担当する可能性が出てきた久安六年(一一五〇)八月二十一日を程経ぬ頃と思われるが、その後、仁平三年(一一五三)十二月大外記中原師業が「正本」である有仁の原撰本と「書写本」である実能書写本とを、「重ねて読み合わせる」機会を得て、相違の文字を直した。これは来るべき仁平四年(一一五四)正月の除目に備えてのことか。**32師業** 中原師業。生没年不詳。平安後期の官人。本名師長。大外記師遠の孫。師安の男。明経道を学び、直講・助教となり、大炊頭・大外記・主税権助・周防権介などを歴任。**33花薗**(園)**左大臣** 源有仁。一一〇三〜四七。後三条天皇の皇子輔仁親王の子で、母は村上源氏流の大納言源師忠の女。一時、白河法皇の猶子(養子)となって皇嗣(皇位継承者)に擬えられることもあったが、元永二年、鳥羽天皇に皇子(のちの崇徳天皇)が誕生するにおよび、臣籍降下し、源朝臣の姓を賜り、従三位に直叙された。以後、諸人を超越して昇進を重ね、内大臣、右大臣を経て、保延二年(一一三六)に左大臣にいたった。花園(京都市右京区の妙心寺周辺)に邸宅(山荘)をもっていたことから、花園左大臣・花園左府と称した。さまざまな芸能に通じ、『今鏡』によれば、「光源氏」に例えられることもあった。政治を行なう上で重要な口伝・故実に詳しく、後三条天皇の「院御書」や白河天皇の「本書」など天皇の故実書を学ぶとともに、母方の村上源氏系公卿の説を集大成し、その儀式体系は花園説と呼ばれ、院政期後半から鎌倉時代以降、摂関家の説に対抗すべく、非摂関家、とくに、閑院流や勧修寺流に継承された。**34執筆**　叙位・除目の儀式を主宰し記録する者。原則として関白を除いた第一の大臣がつとめることとされたが、除目では天皇臨席の場合のみこの原則が守られ、大臣の直廬で行なわれる場合は参議の大弁がつとめるのが例であった。毎年の叙位除目の執筆は『叙位除目執筆抄』にその名が記されている。**35白川法皇**　白河天皇。一〇五三〜一一二九。在位一〇七二〜八六。譲位後、院政をしく。**36久我大〔太〕政大臣**　源雅実(一〇五九〜一一二七)。右大臣源顕房の長男。母は権中納言源隆俊の女隆子。治暦四年(一〇六八)、従五位下に叙され、侍従・右近衛権少将・右近衛権中将を経て、承保二年(一〇七五)に蔵人頭に任じられ、承暦元年(一〇七七)、従三位・参議となる。その後、権中納言・権大納言を経て、康和二年(一一〇〇)に内大臣、永久三年(一一一五)に右大臣、保安三年(一一二二)に太政大臣に昇進した。日記は『雅実公記』『久我相国記』と称される。**37本書**　白河天皇の自撰の儀式書。源有仁の儀式書に多く引用され逸文が残る。**38綿文**　綿書とも。除目に関する儀式書。田中本『春玉秘抄』奥書や『玉葉』から知られるように源俊房の説を源師時がまとめたもの。現在、散逸しており、有仁の儀式書や『魚魯愚鈔』に逸文が多数引用される。**39師時卿**　源師時(一〇七七〜一一三六)。左大臣源俊房の二男。母は源基平の女。寛治二年(一〇八七)、叙爵。嘉承二年(一一〇七)、皇后宮権亮を兼任。保安四年(一一二三)、蔵人頭を経て参議となり、皇后宮権大夫を兼ねる。大治元年(一一二六)に従三位、長承三年(一一三四)に太皇太后宮権大夫。翌保延元年(一一三五)、正三位に叙される。日記に『長秋記』(「長秋」は皇后宮の唐名)があり、儀式書に『綿文』がある。父俊房より継承した村上源氏系公卿の口伝を源有仁に伝授した。**40麗水之金・荊岫之珠**　ともに貴重なもののたとえ。**41存日**　生存していた時、存命の時、生前。**42相府薨去**　「相府」は大臣の唐名。ここでは源有仁のこと。有仁は久安三年(一一四七)二月十三日に亡くなった。**43嚴〔厳〕祖禅閤〔閣〕**　藤原実能(一〇九六〜一一五七)。権大納言藤原公実の四男。母は但馬守藤原隆方の女光子。徳大寺左大臣と号し、徳大寺家の祖。**44任丞相之時**　「丞相」は大臣の唐名。実能が内大臣に任命された久安六年八月二十一日以降か。**45仙院**　仙洞。太上天皇。ここでは鳥羽上皇。**46叡旨**　天子の意志。天子のおぼしめし。ここでは鳥羽法皇の言葉。**47彼相府之弟子**　相府は左大臣源有仁をさす。実能は有仁の口伝を学んでいることが知られる。**48隔心**　打ち解けない心。親しまない心。**49督局**　源有仁に仕える女房の一人。『十訓抄』七「花園左大臣家北方事」に有仁の正妻で藤原公実の女が実家から連れて行ったと思われる女房の一人に「花園督殿」がみえるが、同一人物か。**50先公**　藤原(徳大寺)公能(一一一五〜六一)。左大臣藤原実能の長男。母は権中納言藤原顕隆の女。通称大炊御門右大臣。平治二年(一一六〇)に正二位、右大臣にのぼる。**51携提**　携えること。**52左将軍**　左近衛大将の唐名。治承二年(一一七八)時点では藤原(徳大寺)実定(一一三九〜九一)。実定は平安末から鎌倉初期の公卿。父は右大臣公能。母は権中納言藤原俊忠の女。徳大寺家は藤原氏北家閑院流の三条家より分立。実定は『玉葉』承安二年(一一七二)十二月八日条に「花薗左大臣記八十余巻」を秘蔵していたことが知られるが、この奥書によって、祖父徳大寺実能が鳥羽天皇のもとに進上し鳥羽の宝蔵におさめられていたと思われる源有仁撰の『春次第』ほかの儀式書を書写したものを所持するとともに、それらを新たに改編して『春玉秘抄』『秋玉秘抄』『叙玉秘抄』などにつくりかえるなど、源有仁の儀式体系である「花園説」を継承した。

現代語訳

奥書など

前年に、除目の作法を伝授され学んだ頃、「堀河相府次第」(源俊房が撰した儀式次第書)によって、ひたすら自分のために、形をそのままなぞるように書き写し終った。しばらくして、これをあれこれ考えをめぐらすと、その写しに間違えははなはだ多い。したがって、きっとこれを書き改めるべきではあるといっても、「渇病」(糖尿病)のせいで、私邸に引きこもっており、このような(除目といった)朝廷の儀式(に関する次第書を撰ぶこと)は、とっくにそのまま放置しておいたため、さらに執筆に取りかかることができなかった。もしも他人がみることがあれば、それぞれこれを取捨選択すべきである。必ずこれを破り捨てるべきであるといっても、躊躇しているうちに、思い切れないところがあり、みな犯した罪の報いを招くであろう。したがってしばらくこのことを考えているうちに、善いといわないところも、悪いといわないところも、みなすべて忘れてしまった。もしもこの儀式書を他人が誉めるといっても、むやみにこれを喜ぶべきではない。もしも他人がこの儀式書をそしったとしても、むやみにこれに心を痛めてはならない。もろもろの法は、幻のようであり、夢のようである。心に従って移り変わるのである。

　この「抄出」(儀式書)は、私(源有仁)が初めて除目の座に列するようになってから、髪の毛に白髪が混じるような年齢になるまで、みずから見聞きしたことなどを、ただ自分自身が万一忘れた時に備えるため、記録し終えたものである。他人にとってはほとんど役に立たないものであろうか。自身自身が忘れ去りそうなことは、まずこれを記録し、自分が覚えていそうなことは、まずこれを記録せず、あることは覚え、あることは忘れ、その性格は、それぞれ同じではない。必ずしもこのことをバカにして悪くいったり笑ったりしてはならない。その文章や語句は、文章を戻ってみて、ただ記録・付記し、よしとしたまでである。もしも他人がみることになれば、それぞれ互いに取捨選択し、そのよしあしを論じてはならない。そもそもその儀式書を「抄出」した意図は、ただひたすら自分のためである。この「抄出」は、記されている物事がきわめて多いために、「尻付の書様」や「内外官の申文の書様」は記さなかった。この二つのことは別巻にあるので、必ず揃えてもっているべきである。

「勘物」や「裏書」などに関しては、徐々にみて知ってみるにしたがって、よしあしを論じることなく、注し集めるだけで、後でみてはっきりと決断して一つに決めるべきである。これを取捨選択すべきである。

この「抄出」として備わっている書は、すべて六巻である。今新たに写して春玉秘抄と号するのはこの書である。私に今考えると、八巻。一つは「春次第」。これである。この書である。秋玉秘抄と号するのはこれである。一つは「秋次第」一巻。〈中書きしおえました。〉春玉略抄と号するものはこれである。一説に折本という。一つは「春次第」をすこぶる略したもの。中書きし終る。同じく清書し終った。一つは「春次第」に載せなかった「作法・進退の儀」一巻。一つは「尻付・請文等の書様」を注し加えたもの。二巻である。

その中で、この春次第は、早く清書すべきものである。よくわかっていなかった頃は、さらに(儀式)次第の始めと終りを識別できないものである。この書に書かれていることは非常に多いので、「尻付」などを注し加えなかった。「叙位抄」叙玉抄と号す。一巻がまた別にある。(これもあわせると具書は)すべてで七巻である。

「正本」の裏の奥にいうことには、「この書を以て、一様に別に抄出し終った。〈保安六年に抄した。〉」書写本にいう。「仁平三年十二月廿三日、正本と見比べて読み合わせを終った。また相違する字を直し付し終った。」

(以上、源有仁の識語。以下、徳大寺実定の識語)

この「抄」の来歴は、故花園左大臣源有仁公が除目の執筆の次第をつくろうとした時に、白河法皇のご命令によって、久我太政大臣源雅実公を先生として、執筆の作法を授けられた。その上に、堀川入道左府源俊房公がまた厳しい訓戒を加えられた。有仁公はこの二人の説を以て（左府次第と称するものである。もしくはこれは俊房公の直筆か。）、この書をつくられた。本書というものは（俊房公の「堀川左次第」を以て部立とした。）、この白河法皇のみずから撰した抄である。「綿文」というもの、堀川左府源俊房公が源師時卿に授けた説である。「本書」といい、「綿文(綿書)」といい、(中国浙江省を流れる)麗水から産出する金や(中国湖北省の荊山の頂)荊岫からとれる珠にたとえるべきほど貴重なものである。それのみならず、相府(源有仁公)の生前に、見聞きした秘事・口伝がすべてこの一巻に掲載されている。有仁公の生前に、鳥羽法皇のもとに(この儀式書が)進められた。有仁公が天皇に申し上げたことには、「この抄は白河院のご命令によりこれをつくりました。私には子孫がありませんので、御物になさってください。」と申し上げた。このことによって、有仁公が薨去された後、(鳥羽天皇のもとに)公納され終った。そのため、厳祖禅閤の徳大寺実能公が内大臣に任じられた時、鳥羽法皇に(この儀式書を拝見し書写させていただくことを)申請した。鳥羽法皇が仰ったことには、「この「抄」は他人に対してあえて貸し下すことはできない。しかし禅閤(実能)にいたっては、かの有仁の弟子であるので。朕はまた打ち解けない心ではない。」と仰った。禅閤(徳大寺実能)は泣いてこれ借用したことを大喜びして書写し終った。

所謂、

「春大抄」一巻。（この抄である。）「春略抄」一巻。「春に載せない作法」一巻。「秋抄」一巻。「尻付・請文」二巻。「叙位」一巻。すべてで七巻である。

源有仁公の生前は、深く秘蔵し、有仁公のそばを離れることがなかった。もしも有仁公が外出する時があれば、督の局という女房がその儀式書七巻が入った箱を懐いてお側に仕え、有仁公が一泊の滞在になる時は、必ず督の局が持参した。深く秘する旨はおおよそこのようであった。禅閤(徳大寺実能)が(書写し)秘蔵していた「次第」もまた同様であった。例の督局は左大臣源有仁が薨去された後、あいついで実能公のもとに仕え、またこの箱を懐くことはすでに多年の勤めとし、いつも昔のことを思い出しなつかしんでいた。先公である公能公の時にいたってもまた前の事を忘れず、さらに他人がみることを禁じた。しかしこの大文(春次第)にいたっては、分類も整っておらず、秩序なくいりまじっている状態だというべきである。除目の作法に習熟していない人は事のなりゆきがわからず、かえってどうしてよいか途方に暮れてしまうことであろうか。したがって、私(徳大寺実定)は、去年安元三年四月の頃から、みずからの手でこれを書写し、「裏書」「勘物」は一文もらすことなく、一字も違うことなく、これを書き、これを継いで、部立をととのえなして、延べて八巻となし終った。今ではみずからの「抄」とした。ますます秘かに書写している間に、夏がすぎ冬が来て、しだいに年老いて気力・体力が衰えるにいたり、すっかり疲れがたまって、眼も暗く心も苦しいが、ただ国のためを思って書写を行なった。

時に治承二年閏六月廿二日。これを記す。

左将軍(左近衛大将)(徳大寺実定)御判

この儀式書を伝える人は大臣である。必ず正しい行ないを積むべきである。これは除目の作法に精通することにとってはご利益(仏の恵み)である。

▼解説

十一世紀後半から、院政期には藤原為房の『撰集秘記』や源有仁の一連の儀式書(『春次第』『秋次第』『叙位抄』)など部門別の儀式書が盛んにつくられた。

田中本『春玉秘抄』の六十七行におよぶ奥書によって、源有仁の儀式書の形成や有仁の儀式体系である「花園説」の成立・継承の過程が判明する。まず、奥書の構成は以下の通りである。2行目〜30行目までが源有仁の奥書部分。次に31行目～33行目までが「抄出」「書写」「校合」の際の識語部分。ついで34行目～67行目までが徳大寺実定の奥書部分。儀式書の形成と改編の過程が克明に判明する希有な例であり、現存する有仁の儀式書との比較検討が可能となり、さまざまな事実が解明された。

源有仁が撰した当時の儀式書（有仁原撰本）の構成（それをそのまま書写したと思われる徳大寺実能書の写本は括弧内に示す）とそれを改編した徳大寺実定の諸写本の構成および相互の関係、および現存の伝本や逸文との関係（…以下は現存する写本）を示すと以下の通り。

A『春次第』（『春大抄』）一巻

a『春玉秘抄』八巻…田中本『春玉秘抄』八巻

B『秋次第』（『秋抄』）一巻…柳原家本『除目秘抄』一冊・東山御文庫本『除目略抄』一冊ほか。

b『秋玉秘抄』五巻（？）…伏見宮家本『秋玉秘抄』

C『春次第頗略之』（『春略抄』）一巻（？）

c『春玉略抄』（折本）

D『春次第不載作法・進退儀』（『春不載作法』）一巻

E『注加尻付・請文等書様』（『尻付・請文』）二巻…東山御文庫本『除目抄物首欠』一冊

F『叙位抄』（『叙位』）一巻…東山御文庫本『叙位記中外記』一冊

f『叙玉抄』四巻…三条西家本『叙玉秘抄』他。

参考史料

❶藤原頼長の日記『台記』久安三年（一一四七）正月三十日条（源有仁病）

三十日甲午、（中略）傳聞、左大臣、依レ疾、上表辭レ官。

❷『台記』久安三年二月三日条（源有仁出家）

＊傍線部は、頼長の日記から後人が主要記事を抄出した『宇槐記抄』久安三年二月一日条（ママ）にて校訂し改め補った文字を示し、もとの『台記』久安三年二月三日条の文字は〔 〕で示した。なお、参考のため、その他の部分に関して、『宇槐記抄』との異同を〔 ウ〕で示した。

三日丁酉、人傳。朝、左大臣源公（有仁）、出家入道。年四十五。疾〔不〕危急。即使二忠兼朝臣言一曰、（藤原頼長）「聞二出家入道一、驚歎而有レ餘」。（源有仁）對曰、「遂二年來本意一。喜悦無レ疆焉」。今日、釋奠。停二詩宴一云々。依二左大臣（源有仁）事一也。上卿伊通卿。左大臣源有仁公者、延久聖主（後三条天皇）之孫、輔仁親王之子、中宮大夫師忠（源）卿之外孫。白川（白河）法皇、迎以爲レ子。今法皇（鳥羽法皇）、未レ有二繼嗣一、有レ意三于〔ウナシ〕欲二立以爲一レ嗣。然間、今法皇（鳥羽法皇）生二上皇（崇徳）一。然後、賜〔給ウ〕二姓源一、即日敍二從三位一、任二右近衛權中將一。諸臣不レ敍二四位・五位一、直敍二三位一之例、未二嘗有一者也。法皇（白河）傷三時無〔无ウ〕二英雄[1]之臣一、爲二此異政[2]（直敍三位）一耳。大臣（源有仁）爲レ人[3]、容貌壯麗[4]、而進退[5]有レ度[6]。長二絲竹之道[7]一。琵琶及笙。習二入木[8]之技〔様〕一、亦巧二于和歌一。詳二習我朝禮儀一、少〔小ウ〕レ失レ禮。訪二之上古之大臣一、何恥之有矣。當世之臣、无二比レ肩者一。但暗二經史[9]・百家[10]一。纔二辨二一四不同[11]一。人唯怨[12]レ少レ文[13]而已[14]。〔三十ウ〕十年以來、患レ疾、不レ能二夙夜事[15]レ君。識者以爲[16]、「大臣之疾、朝廷〔庭〕之所レ可レ患」。今遂〔適ウ〕捨レ身、朝廷〔庭〕既如レ無レ人、國家〔官〕之失[17]二良臣一、豈不レ悲乎。迺者[18]、彗星荐見[19]。若〔ウナシ〕見二此凶祥一歟。天之不レ幸[20]二于日域一、嗚呼悲哉。

語句説明

1英雄 「英」は聡明で秀で、「雄」は肝力の人に優れる意味。才能・知恵や武略・肝力が人より優れた人。**2異政** 奇妙な、特異な政治。ここでは極端な人事。**3爲人**（為） ひととなり。人柄。人としての振る舞い。**4壮麗**（容貌が）美しく立派なさま。**5進退** 立ち居振舞い。挙措動作。**6度** 手本とする。基準として従う。**7絲竹** 「絲」は絃楽器、「竹」は管楽器の意味で、管絃。音楽。**8入木** 王羲之の墨書した木を削ったところ、墨の痕が三分も木にしみていたという故実から、書道の筆力が強いことのたとえ。

書跡。墨跡。**9經（経）史** 経書（儒教の最も基本的な書籍である四書〈『論語』『大学』『中庸』『孟子』〉・五経〈『易経』『詩経』『書経』『礼記』『春秋』〉）と歴史書。**10百家** 儒教（儒家）以外のいろいろな学派（思想家集団）の書物。法家・道家・墨家などの書物。**11二四不同** 律詩の平仄（漢字の四声のうち平声の字と仄字〈漢字の四声のうち上声・去声・入声〉）の規則。2字目と4字目の平仄が異ならなければならないという規則。**12怨** 不満の思いを抱く。**13文** 文章（漢文・漢詩）。作文（漢詩をつくること）。**14而已** 叙述文の文末におき、確定や肯定の気持ちを強くあらわす。「…のみ」と訓読し、「…なのである」「…だけである」などと訳す。**15夙夜** 日夜。「夙」は、早朝。あした。**16識者** 見識・判断力のある人。**17以爲** 「おもヘラク」と訓読し、結びに「…ト」と送り仮名をつけて、「…と思う」と訳す。**18酒者** この頃。「酒」は、近い。せまる。間近になる。**19荐** 「荐」は、しきリニ。**20日域** 日が出るところ。極東の地。日が照らす場所。天下。ここでは日本。

❸『台記』**久安三年二月十三日条**（源有仁薨去）

十三日、丁未、（中略）今日、入道左大臣（源有仁）薨。年四十五。明日、源有忠来赴之。命之矣。此人而不二長壽一焉。此人而不二長壽一焉。（源有仁）大臣平生語曰、（計イ）「吾求二長壽一。故常念二延命一、誦二壽命經一」（金剛壽命陀羅尼經）。然猶不レ至二五十一而薨。命有レ定。今不レ得二増減一之旨、見二尚書・禮記正義一。古人之言、實矣。

参考文献

田島公「明治大学図書館所蔵三条西家旧蔵本『除秘鈔』の基礎的研究」（同編『禁裏・公家文庫研究』第八輯、思文閣出版、二〇二二年）。同「尊経閣文庫所蔵『春玉秘抄』解説」（財団法人前田育徳会尊経閣文庫編『無題号記録　春玉秘抄』尊経閣善本影印集成、第四九輯、八木書店、二〇一一年）。同「「花園説」の源流と相承の系譜―『春玉秘抄』の成立と伝来の過程を手懸かりとして―」（上横手雅敬監修、井上満郎・杉橋隆夫編『古代・中世の政治と文化』思文閣出版、一九九四年）。同「田中教忠旧蔵本『春玉秘抄』について―「奥書」の紹介と検討を中心に―」（『日本歴史』五四六号、一九九三年）。同「源有仁編の儀式書の伝来とその意義―「花園説」の系譜―」（『史林』七三巻三号、一九九〇年）。同「『叙玉秘抄』について―写本とその編者を中心に―」（『書陵部紀要』四一号、一九九〇年）。

※本章の 語句説明 現代語訳 には、主として、久松潜一監修、山田俊雄・築島裕・小林芳規編修『新装改訂 新潮国語辞典 現代語古語』（新潮社、一九八二年）、藤堂明保・加納喜光編『学研 新漢和大字典』（学習研究社、二〇〇五年）、戸川芳郎監修、佐藤進・濱口富士雄編『漢辞海【第三版】』（三省堂、二〇一一年）を参照した。

Ⅳ　記録と貴族社会

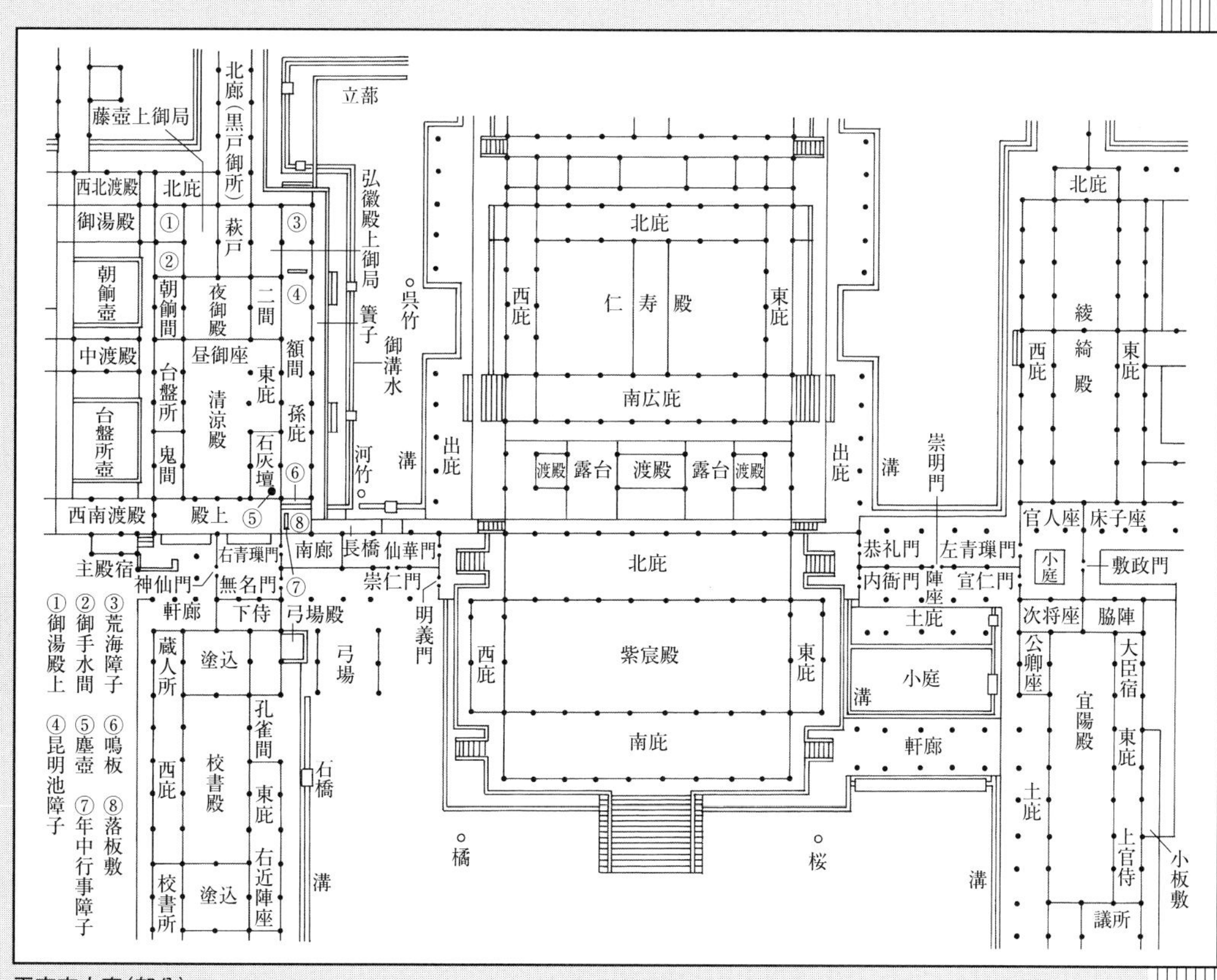

平安京内裏（部分）

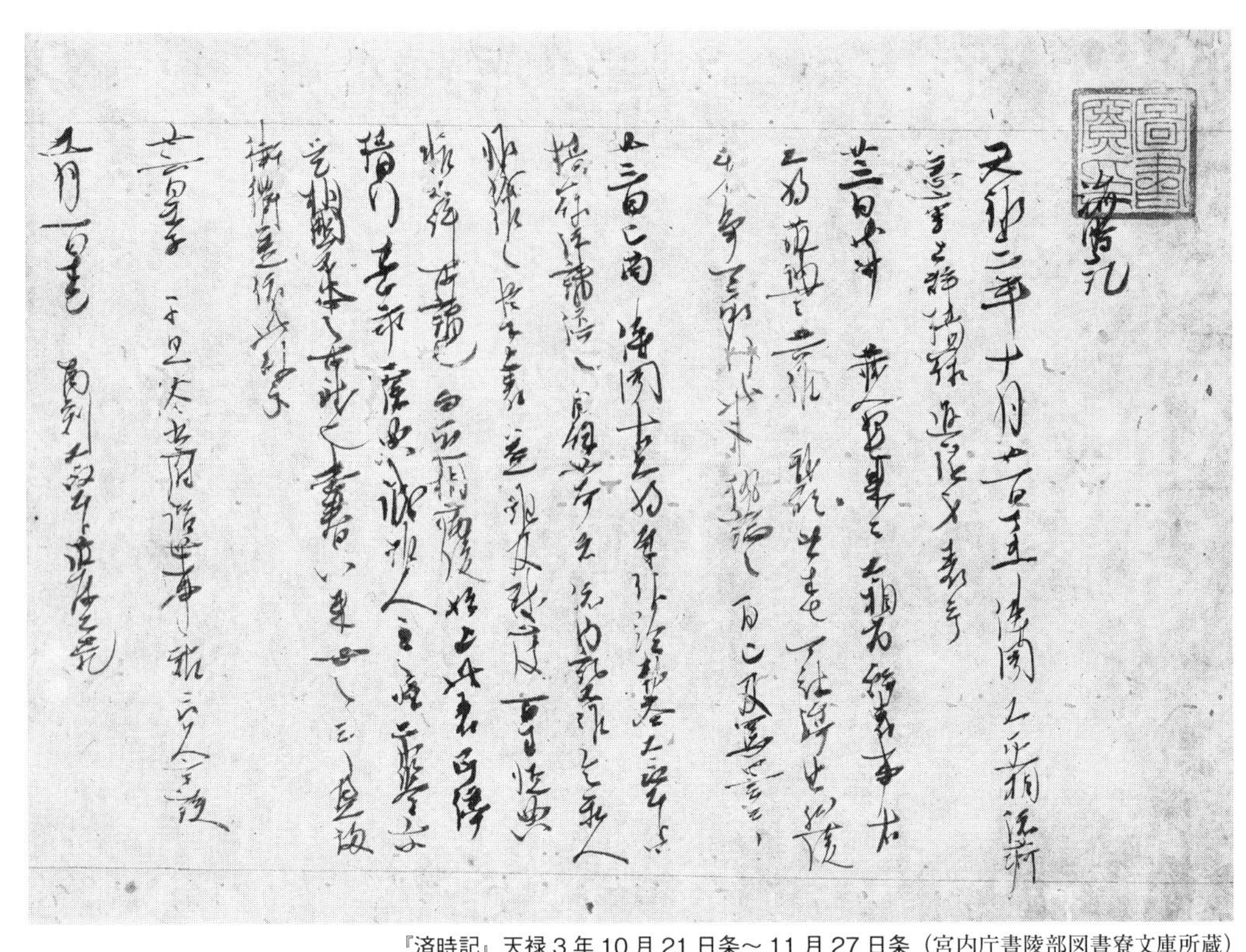

『済時記』天禄３年10月21日条〜11月27日条（宮内庁書陵部図書寮文庫所蔵）

1 記録と仮名物語

事件の起こった日時に近接して記録された貴族の日記（ここは兄弟による摂政の後継者争い）は、のちに編纂された史料や物語文学の素材ともなっていた。

釈文

（端裏書）「濟時記」

濟時記

天祿三年十月二十一日、丁未、傳聞、大丞相[1]依痾
恙重、上辭攝籙[2]、返隨身表[3]畢、
廿二日、戊申、藏人爲長來云、太相府辭表事、右[4]
大將・藤納言[5]共候 龍顏、皆奏可被停由、然後
互爭可承行此事、執論之間、已及罵詈云々、
廿三日、己酉、傳聞、右大將奉仰、給勅答太政大臣曰、
攝籙依請停之、自餘如本者、依内記不候、令藏人
惟成[6]作之、臣下上表蓋雖及數度、百王恒典
輒不許所請也、而丞相病後始上此表、即停
攝行、甚乖舊典、誡雖人主之暗前鑒、亦
是相國不忠之所致也、去春以来世之云々盈滿
街衢、蓋依此故乎、
廿六日、壬子、早旦□（參カ）[7]右府諳世事之報、良久言談、
十一月一日、丁巳、酉刻太政大臣藤原公薨、
廿七日、癸未、傳聞、今日以權中納言兼通朝臣任内大臣、
以播磨守々義朝臣爲參議、冊命之儀、一同任大臣儀、
云（ママ）檢見天應以來公卿任例、未有不經大納言及内

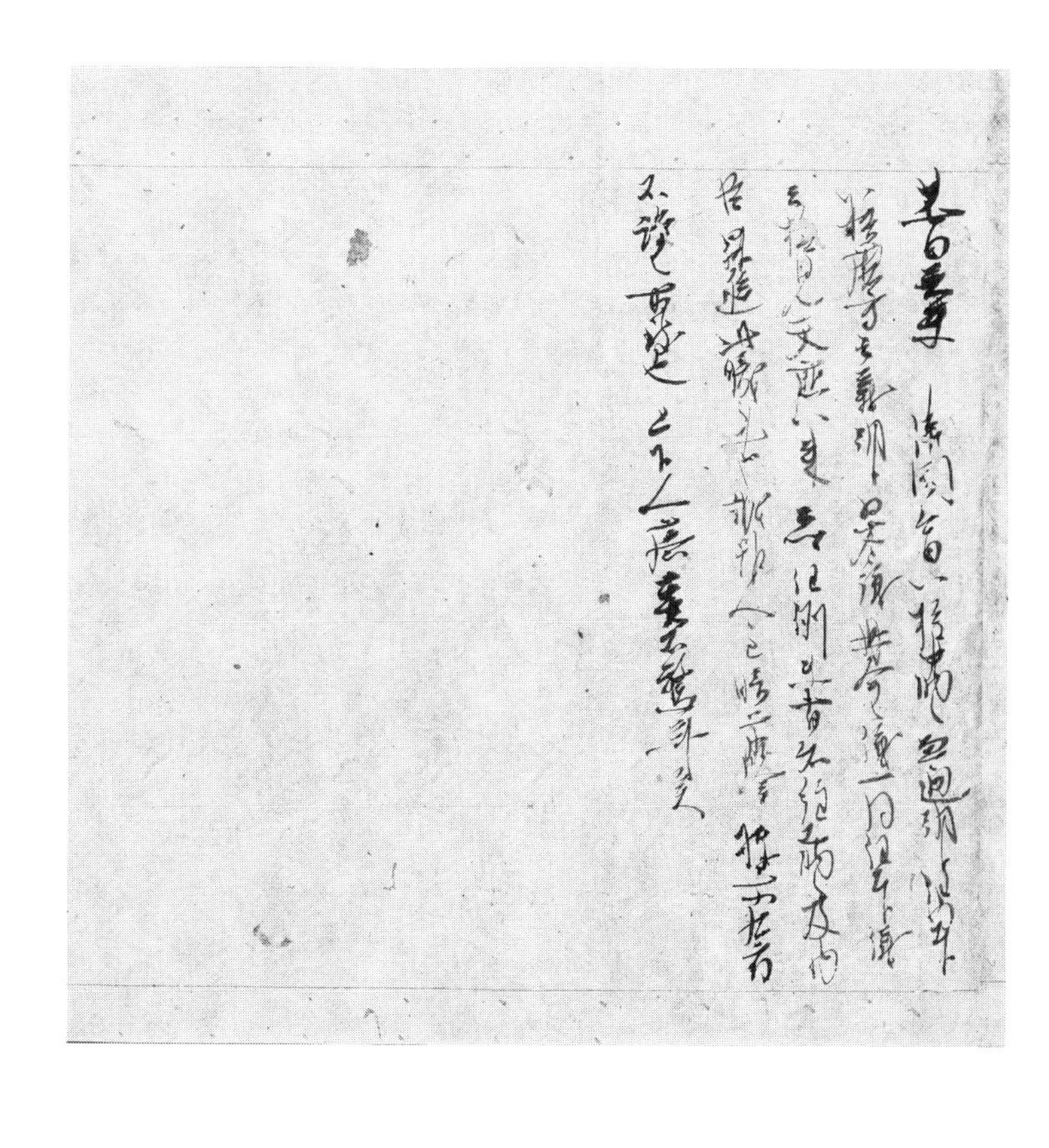

臣昇進此職之者、誠雖人主暗前鑒、殊亦右府不諍之所致也、上下人庶莫不驚奇矣、

読み下し

済時記

天禄三年十月二十一日、丁未、伝へ聞く、大丞(藤原伊尹)相痾恙の重きに依り、摂籙を辞し、随身を返すの表を上り畢ぬ。

廿二日、戊申、蔵人為長来りて云く、「太相府の辞表の事、右大将(藤原兼家)・藤納(藤原兼通)言共に龍顔に候し、皆停めらるべき由を奏す。然る後、互に此事を承行すべきを争い、執論の間、已に罵詈に及ぶ」と云々。

廿三日、己酉、伝へ聞く、右大将仰を奉りて、勅答を太政大臣に給ひて曰く、「摂籙は請に依り之を停め、自余は本の如し」てへり。内記候せざるに依り、蔵人(藤原)惟成をして之を作らしむ。臣下の上表は蓋し数度に及ぶといへども、百王の恒典は、輒く請う所を許さざるなり。而るに丞相病後始めて此表を上るに、即ち摂行を停むるは、甚だ旧典に乖く。誠に人主の前鑑に暗きといへども、亦是れ相国の不忠の致す所也。去春以来、世の云々は街衢に盈満するは、蓋し此の故に依るか。

廿六日、壬子、早旦、右府(藤原頼忠)に参り、世事の報に諳る。良久しく言談す。

十一月一日、丁巳、酉刻、太政大臣藤原公薨ず。

廿七日、癸未、伝へ聞く、今日権中納言兼通朝臣を以て、内大臣に任ず。播磨守(藤原)々(守)義朝臣を以て参議と為す。冊命の儀、一に任大臣の儀に同じ。天応以来公卿を任ずる例を検見するに、未だ大納言及び内臣を経ず、此の職に昇進する者有らず。誠に人主の前鑑に暗きといへども、殊に亦右府の諍はざるの致す所也。上下人庶、驚奇せざるなし。

語句説明

1大丞相　太政大臣のこと、太相府も同じ。ここは藤原伊尹をさす。伊尹は、父は藤原師輔、母は贈正一位藤原盛子(武蔵守藤原経邦の女)。天慶四年(九四一)叙爵。侍従、左近衛少将、美濃介、紀伊権介、左近衛中将などを歴任し、天徳四年(九六〇)参議となる。安和二年(九六九)に起こった安和の変により大納言となり、右大将を兼ねる。天禄元年(九七〇)正月右大臣、五月に藤原実頼が薨じたのち摂政となる。天禄二年(九七一)太政大臣に任じられるが、翌天禄三年(九七二)十月病のため上表し、摂政を辞する。十一月一日に四十九歳で薨去。正一位が追贈され、参河公の称号を賜り、諡を謙徳公といった。藤原師尹・兼家らとともに安和の変の首謀者の一人に擬す説も出されている。**2摂籙**　摂政のこと。**3随身**　太上天皇・摂政・関白や近衛の大将・中将・少将などに配される身辺警護の武官。『北山抄』などによれば、摂関には府生以下十名と内舎人二名となっている。**4右大将**　ここは藤原兼家をさす。父は藤原師輔、母は藤原経邦の女盛子。同母兄に伊尹・兼通、妹に安子(村上天皇中宮)がいる。天暦二年(九四八)叙爵。康保四年(九六七)兼通にかわり蔵人頭に補任。安和二年には参議を経ず兄兼通を超えて従三位中納言、天禄三年正三位大納言に昇進。同年十月摂政太政大臣伊尹が病のため上表し摂政を辞し、十一月に薨じると兄兼通が権中納言から内大臣・関白となり政務の実権を掌握し、貞元二年(九七七)四月藤原頼忠を左大臣とし、十月には関白を譲り、兼家は右大将から治部卿に左遷。しかし翌月の兼通の死を契機に翌天元元年(九七八)六月には再び参内し、十月には右大臣となった。永観二年(九八四)師貞親王(花山天皇)が即位すると、兼家は女詮子が生んだ懐仁親王を皇太子とし、寛和二年(九八六)六月には子の道兼らの策謀で花山天皇を譲位出家させ、懐仁親王を一条天皇として即位させると、みずから摂政となり政権を握った。七月には、兼家は太政大臣頼忠・左大臣源雅信の上に立つことを意図して本官である右大臣を辞し、摂政を独立の職とした。永祚元年(九八九)に摂政太政大臣となったが、正暦元年(九九〇)五月摂政太政大臣を辞し、七月二日に六十二歳で薨去。**5藤納言**　ここは藤原兼通をさす。父は藤原師輔、母は藤原経邦の女盛子。天慶六年(九四三)叙爵。侍従、左兵衛佐、左近衛少将、中宮(藤原安子)権大夫、春宮(憲平親王)亮、内蔵頭などを歴任し、安和二年参議。天禄三年閏二月権中納言となり、摂政太政大臣藤原伊尹の薨去後、十一月内大臣に任じられた。天延二年(九七四)二月、藤原頼忠の後を受け氏長者となり、太政大臣に任じられた。貞元二年十月、病のため上表、関白職を頼忠に譲り、さらに兼家所帯の右近衛大将の職を藤原済時に与えた。翌月三宮に准じられるが、同月中に薨去。正一位が追贈され、忠義公と諡された。**6惟成**　藤原惟成。父は右少弁藤原雅材、母は摂津守藤原忠正の女。円融朝に東宮学士・六位蔵人となるが、花山朝で抜擢され蔵人権左中弁・左衛門権佐・民部権大輔にいたる。中納言藤原義懐とともに、花山天皇の側近で天皇即位の日に意に任せて叙位を行ない、五位の摂政と呼ばれるなど敏腕をふるう。藤原兼家らの陰謀により、寛和二年六月二十三日の花山天皇出家の翌日、惟成も義懐とともに出家。法名を悟妙、受戒後の名を寂空。永祚元年十一月に三十七歳で寂。**7右府**　ここは藤原頼忠をさす。父は藤原実頼、母は藤原時平の女。敦敏・斉敏・慶子・述子らの兄弟姉妹がいる。天慶四年叙爵。右近衛権中将、右大弁などを経て、応和三年(九六三)九月参議となる。安和元年(九六八)二月中納言、天禄元年八月権大納言、同二年十一月右大臣、貞元二年四月左大臣に進み、十月十一日兼通が病により関白を辞すると関白に就任。翌天元元年四月女の遵子が入内、同五(九八二)年三月立后したが、ついに皇子出産のことはなく、素腹の后といわれた。天元元年十月太政大臣。花山天皇の関白にもなり、女の諟子を永観二年十二月入内させたが、皇子の誕生はなかった。永祚元年六月に六十六歳で薨去。正一位を追贈、廉義公と諡された。

現代語訳

天禄三年十月二十一日、丁未、伝え聞くところによると、大丞相の病が重いことにより、摂籙を辞して、随身を返上するという上表を提出したということである。

廿二日、戊申、蔵人為長が来て云うことには、「太相府の辞表提出のことがあって、右大将と藤納言はともに天皇の面前で、摂政の職を停めらるべきであると奏上した。その後、たがいにみずからが摂政を承り、まつりごとをとり行うことを主張して争い、論争となり、すでに罵詈におよんだ」ということである。

廿三日、己酉、伝え聞くところによると、右大将は天皇の仰を奉り、勅答を太政大臣に給わって曰うには、「摂籙は申請によって停め、その他は元の通りにせよ」ということである。内記がいないので、蔵人惟成に勅答を作らせた。臣下の上表は数度におよぶといっても、王としてのやり方は、たやすく申請を許可しないものである。しかるに丞相が病ののちに初めて上表したことによって、すぐに摂政の職を停めたのは、はなはだしくこれまでのやり方に背くものである。誠に天皇として先例に暗いとはいっても、これはまた相国が不忠であった結果でもある。去春以来、世の評判が街衢に盈満しているのは、おそらくこの故によるのであろうか。

廿六日、壬子、早旦、右府に参り、世事の報にたわむれた。良久しく言談した。

十一月一日、丁巳、酉刻、太政大臣藤原公が薨じた。

廿七日、癸未、伝え聞くところによると、今日権中納言兼通朝臣が内大臣に任じられた。播磨守守義朝臣が参議となった。冊命の儀は、ひとえに任大臣の儀に同じである。天応以来公卿を任じる例を検じてみるに、いまだ大納言や内臣を経ないで、内大臣に昇進する者の例はない。誠に天皇として先例に暗いといっても、ことに右府が地位の争奪をめぐって諍わないことによったものである。多くの人々のなかでこの結果に驚き奇異としない者はいない。

解説

済時記は、藤原済時の日記。「小一条大将済時卿自筆記」(『玉葉』治承四年〈一一八〇〉十二月二十三日条)、「済時大将が日記」(『愚管抄』巻三)と記される。『玉葉』には天禄二年一巻、同三年下一巻があるとみえるが所在は不明で、現存するものは九条家に伝来し、宮内庁書陵部に架蔵される天禄三年十月二十一日〜二十三日・二十六日、十一月一日・二十七日の鎌倉時代書写にかかる逸文のみである。その内容は摂政太政大臣藤原伊尹の上表後、その弟兼通・兼家兄弟の後継争いを記したもので、『愚管抄』でも本記を引き叙述する。

安和の変(九六九年)の発生から五か月後、冷泉天皇は退位し、守平親王(円融)が十一歳で即位、師貞親王(花山)が二歳で立太子した。藤原師尹は安和の変から七か月後、五十歳で死去。翌天禄元年五月には、摂政藤原実頼も死去する。伊尹は師尹の死去による大臣の欠をうめるべく同年正月には右大臣に就任していたが、実頼死去後、氏長者、摂政となり、翌天禄二年十一月には、太政大臣に就任した。しかし、摂政太政大臣伊尹も二年間しか権力の座に着くことができず、天禄三年十一月に死去した。この時、円融天皇十四歳、師貞は五歳。ここに天皇の後ろ盾をもたない(外戚関係にない)「藤原氏」が出現したのである。この年の十月、伊尹が病気のため辞表を提出すると、権中納言兼通・権大納言兼家は、円融天皇の前で次の摂政となることを両者で言い争ったという(『済時記』)。十一月に伊尹が没したあと、兼通は大納言を経ずに内大臣に任じられ、左大臣源兼明・右大臣藤原頼忠・権大納言兼家らを超越して政務の実権を握った。

兼通が内覧（ないらん）となったのは、伊尹の病状悪化に対する措置であり、通説となっているような伊尹の死後すぐに摂関になった事実はないとする説が出されている。実際には、「外戚之重、前宮（安子のこと）遺命による」（『親信記（ちかのぶき）』天禄三年十一月二十六日条参考史料❷）とされる安

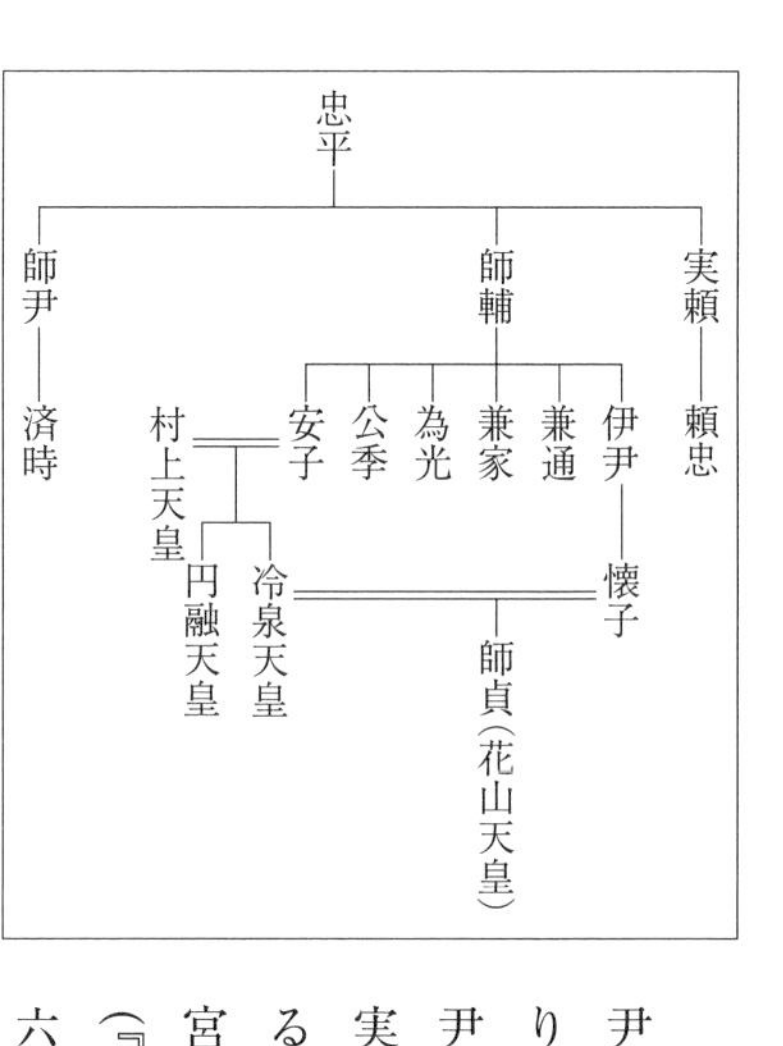

子の遺命、外戚としての権威によって大納言を飛び越えて内大臣に任じられただけであろう。安子の遺命についての言説は『大鏡』（参考史料❶）にもみえる。そして内大臣として太政官を統轄したのち、翌々年天延二年二月二十八日に太政大臣に就任し、三月二十六日に関白の詔を受けたのである。この時期、摂関が「常置」されていたとする通説は再考の余地があろう。また摂関への就任は、あくまで大臣と太政官＝公卿内での活動が前提にあり、まだ摂関と太政大臣が密接不可分である状況を示していよう。両者の関係が転換するのは、兼家の時代を迎えた時となるのである。

参考史料

❶『大鏡』五　兼通（流布本系による）

これ九條殿（藤原師輔）の二郎きみ、ほりかはの摂政と聞こえさせき。（中略）天禄〔三〕二年閏二月廿九日中納言にならせ給ひて、大納言をはへて、十一月廿七日内大臣にならせ給ふ。いとめてたかりしことなり。をとうとの東三條（藤原兼家）の中納言殿におはしましゝに、またこの殿は宰相にて、いとからきことにおほしたりしに、かくならせ給ひし、めてたかりし事なりかし。（中略）円融院の御母后（藤原安子）、このおとゝのいもうとにおはしますそ。（中略）この后のいまたおはしましゝ時に、このおとゝ、いかゝおほしけむ、関白はしたいのまゝにせさせ給へとかゝせたてまつりて、とり給ひたりける御ふみを、まもりのやうにくひにかけてとしころもちたりけり。御おとゝの東三條殿は、冷泉院の御時の蔵人頭にて、此殿よりもさきに三位して、中納言にも成たまひしに、この殿はつかに宰相はかりにておはせしかは、世中すさましかりてうちにもつねにまいり給はねは、みかともうとくおほしめしたり。其ときにあにの一條摂政（藤原伊尹）、天禄三年十（一脱）月にうせ給ひぬるに、この御ふみをうちにもてまいり給ひて、御らんせさせんとおほすほとに、うへ、おにのまにおはしますほとなりけり。おりよしとおほしめすに、御おちたちの中にうとくおはします人なれは、うち御らんしていらせ給ひき。さしよりてそうすへき事と申給へは、たちかへらせ給へるに、此ふみをひきいて、まいらせ給へれは、とりて御らんすれは、むらさきのうすやう一かさねに、故宮（安子）の御手にて関白をはしたいのまゝにせさせたまへ。ゆめ〳〵たかへさせ給ふなとかゝせ給へる。御覧するまゝにいとあはれにおほしめしたる御けしきにて、こみやの御てよなとおほせられ、御文をはとりていらせ給ひにけりとこそは、さてかくいて給へるとこそはきこえ侍りしか。いと心かしこくおほしける事にて、さるへき御すくせとは申しなから、円融院けうやうのこゝろふかくおはしまして、はゝ宮の御ゆいこんたるへしとてなしたてまつらせ給へりける。いとあはれなる事なり。その時よりたゝ（藤原頼忠）のおと（衍）ゝ、左右にておはしましゝかは、たうりのまゝならはこのおとゝのし給ふへきにありしに、このふみにてかくありけるとこそは聞え侍りしか。東三條殿もこのほり川とのよりは上らうにておはしましゝかは、いみしうおほしめしよりたる事そかし。

❷『親信記』天禄三年十一月二十六日条（この時、親信は六位蔵人）

廿六日、初聞㆓食官奏㆒。(中略)其次被㆑仰㆓内大臣(藤原兼通)事㆒。依㆓外戚之重㆒、前宮(藤原安子、円融天皇母)遺命也。奉㆑仰退下、有㆓召仰事㆒云々。右大臣(藤原頼忠)召㆑陣、被㆑仰云、内侍候哉、明日可㆑有㆓内大臣召事㆒、可㆓警仰㆒者。即帰参、申㆓警仰由㆒、為㆑申㆓此事㆒、欲㆑参㆑陣、於㆓腋陣㆒被㆑問、仍跪申㆓此由㆒了。闈司事加催。

『大鏡』と『親信記』

『大鏡』では、円融天皇の母后藤原安子(藤原兼通の妹)の「関白は次第のままに」とする安子存命中の「書付け」を大事に保管しており、これを円融天皇に差し出した。これをみた天皇は母の遺言であると感じて、兼通の弟で官職が先んじていた藤原兼家を差しおいて関白に任じたとする言説を記している。

この安子の「書付け」については、『親信記』の記事(参考史料❷)が関連する。しかしこの記事でも、『済時記』天禄三年十一月二十七日条と同様に、関白任命や内覧就任については記されておらず、翌日の二十七日条からも内大臣に任じたことが判明するのみである。『大鏡』の言説は、のち天延二年に兼通が関白に就任したことをもって、付会した物語ともいえる。

また、「前宮遺命」とある部分については、「前宮遺命」として前官(この時点で死去した藤原伊尹)とする説もある。ただ、現在陽明文庫に伝えられる『親信記』古写本四巻は、外題にそれぞれ「天禄三年自四月」(第一巻)〔実際は、三月から十二月までの記〕・「天延元年(九七三)」(第二巻)〔正月から六月までの記〕・「天延二年春夏」(第三巻)〔正月から六月までの記〕・「天延二年秋冬」(第四巻)〔七月から十二月までの記〕とあり、第一巻・第四巻は平信範(のぶのり)の書写、第二巻・第三巻は別人を雇筆して書写したものとされている(山本一九八八)。もっとも古い院政期の古写本である第一巻の書写によることが妥当であろう。

「前宮遺命」の内容は今日知り得ないが、兼通が天禄三年段階で就任した地位は、内大臣であることは確かである。さらに、『小右記(しょうゆうき)』長徳元年(九九五)五月十一日条の「大納言道長(藤原)卿蒙㆓関白詔㆒之由云々。仍取㆓案内㆒、頭弁(源俊賢)示送云、非㆓関白詔㆒、官中雑事准㆓堀川大臣(藤原兼通)例㆒可㆑行也者。」とする記事から、兼通は天延二年に関白に就任するまでは内覧の地位にあったとされてきたが、兼通が内覧をつとめたのは伊尹が亡くなるまでで、内大臣就任後は内大臣としての立場で政治にあたったのであり、天延二年の太政大臣就任後に関白に任命されたとする説も出されている。

参考文献

佐藤宗諄先生退官記念論文集刊行会編『『親信卿記』の研究』(思文閣出版、二〇〇五年)。山中裕「藤原兼家」『平安人物志』(東京大学出版会、一九七四年)。山本信吉「解説」『陽明叢書 一七 記録文書篇第六輯 平記・大府記・永昌記・愚昧記』(思文閣出版、一九八八年)。

『御堂関白記』長和元年4月13日条～15日条（陽明文庫所蔵）

2 自筆本の世界

貴族の日記は、具注暦（ぐちゅうれき）と呼ばれる暦の行間に記されることがある。自筆本が伝来することで、写本とは違って、その筆記のようすがわかり、記主の性格もうかがえる。

釈文

十三日、庚戌、（暦注省略、以下同じ）
午[1]時奏官奏、初[2]候也、次[3]定諸國申請條々事、後レ午
雨時々下、入夜深雨也、

十四日、辛亥、
着左[4]丈〔杖〕座、令申所[5]充文、後[6]定申位祿事、退
出、東[7]宮奉御馬、參[8]中宮・皇[9]太后宮等、入夜還
来、女[10]方昨日參入皇太后宮、同退出、

十五日、壬子、
十三日諸卿定、下[11]為時階加レ申〔文脱カ〕、諸卿定申云、為時
申加階似有理、大[12]夫判官前々三四年給官、為時
及六年内、八[13]省・豊[14]樂院造作、其[15]功甚大、不給加階、可無
彼功者、給一階、

読み下し

十三日、庚戌、午の時、官奏を奏す。初めて候するなり。次いで諸国申請の条々の事を定む。午後、雨時々下る。夜に入りて、深雨なり。

十四日、辛亥、左仗座に着す。所充文を申さしむ。後に位禄の事を定め申し、退出す。東宮(敦成親王)に御馬を奉る。中宮(藤原妍子)・皇太后宮(藤原彰子)等に参る。夜に入りて、還り来る。女方(源倫子)、昨日皇太后宮に参入す。同じく退出す。

十五日、壬子、十三日諸卿定に、為時(藤原)加階を申す文を下す。諸卿定め申して云く、「為時加階を申すこと理有るに似たり。大夫の判官は前々、三、四年にして官を給ふ。為時は六年に及ぶの内、八省・豊楽院の造作、その功、甚だ大なり。加階を給はざらば、かの功なかるべし」てへり。一階を給ふ。

語句説明

1官奏　太政官から天皇へ奏上し勅裁を請うこと。『養老令』公式令では、論奏式・奏事式・便奏式の三種類の手続きと書式が定められている。平安中期以後、官奏の儀は、結政から南所・陣座で弁官から申上される諸国・諸司の上申文書を大臣が奏上し、天皇の裁可を得る儀式をさすようになり、国政上の重要な政務となる。この官奏については、諸司の解状を奏上する奏事式の手続きが簡略化されたとする説と、元来から『養老令』公式令が定める太政官奏の手続きによらない簡便な上奏裁可の方法があり、それによったとの説がある。**2初候也**　藤原道長が三条天皇践祚後、初めて官奏の上卿となったこと。**3定諸國(国)申請(請)條(条)々事**　諸国司から中央政府に申請された国内行政に関する上申文書(国解)について、陣定を開いてその申請を審議すること。**4左丈(仗)座**　左近陣とも。元来は紫宸殿南庭の東側にある日華門の別称で、詰所は日華門北側に位置する宜陽殿の西庇にあったが、のちに紫宸殿東北廊の南面に移された。公卿の座(陣座)が設けられ、平安中期以降は、ここで公卿による議定(陣定)が行なわれ、議定の場として定着した。**5所充文**　所充は、公卿・殿上人を諸司・所々・諸寺の別当に補任して、本官のほかに行事を分担させたもの。太政官所充(官所充)・殿上所充・院所充・中宮所充・東宮所充などがある。ここは太政官所充。所充文は、別当に補す候補者を弁官から上卿に申上した際に読みあげる文書。**6定申位祿(禄)事**　諸国の別納租穀から位禄支給を決定する位禄定の政務。陣定で位禄の支給人員とそれを支出する国を定めた。**7東宮**　ここは敦成親王をさす。のちの後一条天皇。一条天皇の第二皇子。母は藤原道長の女中宮彰子。寛弘五年(一〇〇八)九月十一日誕生、同年十月十六日親王宣下、同八年(一〇一一)六月十三日皇太子、長和五年(一〇一六)正月二十九日践祚、二月七日即位。寛仁二年(一〇一八)正月三日、十一歳で元服。同年三月七日道長の三女威子を妃とした。威子との間に章子・馨子内親王がある。在位二十一年、長元九年(一〇三六)四月十七日に二十九歳で死去。**8中宮**　ここは藤原妍子をさす。父は藤原道長、母は源倫子。「后がね」として育てられ、寛弘元年(一〇〇四)十一月尚侍となる。同七年(一〇一〇)二月、東宮居貞親王(のちの三条天皇)に入内。長和元年(一〇一二)二月、中宮となる。翌二年(一〇一三)禎子内親王を生む。寛仁二年十月、妹威子が後一条天皇の中宮となったことで皇太后となった。道長は太皇太后彰子をあわせて一家三后の栄華を築いた。道長より枇杷第を伝領し枇杷皇太后と称した。万寿四年(一〇二七)九月十四日、病のため出家、三十四歳で即日死去。**9皇太后宮**　ここは藤原彰子をさす。父は藤原道長、母は源倫子。長保元年(九九九)十一月一日入内、同七日女御となり、翌二年(一〇〇〇)二月に十三歳で一条天皇の中宮となる。寛弘五年九月に敦成親王(後一条天皇)

を生み、つづいて翌年十一月、敦良親王(後朱雀天皇)を生んだ。長和元年二月、皇太后、寛仁二年正月、太皇太后となる。万寿三年(一〇二六)正月、三十九歳で出家し、上東門院の称号をうけ女院となる。承保元年(一〇七四)十月三日、八十七歳で死去。**10女方** 源倫子。父は源雅信、母は藤原穆子。永延元年(九八七)十二月、藤原道長と結婚、鷹司殿と称される。長徳四年(九九八)正月従五位上に叙位。同年十月に従三位、長保二年四月に従二位、寛弘三年(一〇〇六)三月に正二位、同五年十月に従一位に進んだ。長和五年六月には、夫の道長とともに准三宮となる。治安三年(一〇二三)十月、六十賀、長元六年(一〇三三)十一月、七十賀を行ない、長暦三年(一〇三九)三月に、法成寺七法塔の供養を行ない、出家、法名を清浄法と称した。天喜元年(一〇五三)六月、九十歳で死去。所生の子に、頼通・教通・彰子・妍子・威子・嬉子がある。**11為時** 豊原為時。父は豊原兼時。左衛門少志、検非違使、右衛門少尉、左衛門権少尉、兵部録、武蔵守、因幡守などを歴任。この時、検非違使・右衛門少尉。**12大夫判官** 五位である検非違使の三等官。**13八省** 朝堂院。政務・儀式などが行なわれた大内裏の中心施設。弘仁年間(八一〇～八二四)頃から八省院とも称した。朱雀門の正面にあり内裏南西に位置する。即位・朝賀などの国家的儀礼や庶政を行なう場であったが、平安宮では宮廷儀礼の場となった。回廊をめぐらし、内部を大極殿院・朝堂院・朝集院に区分し、大極殿院には中央に朝堂の正殿である大極殿、その後方に小安殿があり、大極殿院と朝堂院を画する回廊はなく竜尾壇をつくる。朝堂院は、中央を朝庭として、東西にそれぞれ南北棟四堂、東西棟二堂の計十二堂を対称に配している。朝集院は、東西に相対して南北棟の東・西朝集堂を配し、外郭の中央に応天門がある。貞観八年(八六六)閏三月、応天門が炎上(応天門の変)、同十八年(八七六)四月には大極殿・小安殿・蒼竜楼・白虎楼など北部一帯の堂宇が焼失、三年半を要して再興したが、康平元年(一〇五八)二月、応天門周辺の堂宇を残して再び焼失。十四年後の延久四年(一〇七二)大極殿は再興されたが、南域の回廊部分は造営されなかった。安元三年(一一七七)京都の大火で、朱雀門とともに朝堂院は全焼、以後再興されなかった。**14豊樂院** 平安宮朝堂院の西隣にあり、天皇が宴会を催した殿舎。大嘗会・節会・射礼・競馬・相撲などが行なわれた。豊楽院の完成は平安遷都後のことである。周囲は築垣で囲まれ、南面には中央に豊楽門があり、東西南北に計十門がある。築垣内には、正殿の豊楽殿があり、その左右に栖霞・霽景の二楼、これらの後方には中央に清暑堂、左右に二堂があった。前方には、東西には南北棟各三堂が並び、中軸線上には中隔の中門である儀鸞門があった。これらの殿舎・門は回廊で連絡している。豊楽院は延喜の頃までは盛んに用いられたが、天慶八年(九四五)北門(不老門)の転倒などがあり、康平六年(一〇六三)焼亡ののちは再興しなかった。**15其功甚大** 為時の八省院造作の功績については、『御堂関白記』寛弘三年二月十二日条にみえる。

現代語訳

十三日、庚戌、午時、官奏を奏した。初めての祇候である。ついで諸国申請の条々の事を定めた。午後、雨が時々ふってきた。夜になって、大雨となった。

十四日、辛亥、左仗の座に着した。所充文を申上させた。その後に位禄の事を定め申して、退出した。東宮に御馬を献じた。中宮・皇太后宮等に参上した。夜になって、還って来た。女方は昨日皇太后宮に参入していた。同じく退出した。

十五日、壬子、十三日の諸卿定には為時が加階を申請した文を下してある。今日、諸卿が定め申して云うには、「為時が加階を申すことは道理のあることである。大夫の判官は、以前から三、四年で次の官に任じている。為時は在任六年に及んでおり、八省・豊楽院も造作して、その功は甚だ大きい。加階しないことがあれば、かの功は無いに等しいであろう」ということであった。為時に位一階を昇叙させた。

▼解説

藤原道長の日記である『御堂関白記』は、『入道殿御暦』『入道殿御日記』『御堂御日記』『御堂御暦』『御堂御暦記』『御暦日記』『法成寺入道左大臣記』『入道大臣記』『御堂御記』『道長公記』『御堂摂政記』『法成寺摂政記』とも呼ばれた。江戸時代の諸写本において『御堂関白記』の名称がみられ、以後広くこの名称が流布することとなった。長徳四年から寛仁五年(治安元年、一〇二一)にいたる道長三十三歳より五十六歳までの記事をおさめる。自筆本は、当初具注暦に記した半年分一巻のものが三十六巻あったと推定されている。その後、道長の孫師実(師実の猶子忠実とする説もある)の時に、一年分一巻(内二巻は記事が少ないため数年分で一巻)からなる古写本十六巻が写され、その後、自筆本二十一巻が失われ、また自筆本一巻・古写本四巻が転写の過程で失われ、現在では、自筆本十四巻・古写本十二巻(ともに国宝)が陽明文庫に所蔵されている。

長和元年正月から六月までの半年分の具注暦(参考史料❶)に、四月十三日条~十五日条の日記が道長の自筆で記されている。具注暦は、季節や日の吉凶などの注を記した暦で、中務省被管の陰陽寮で暦博士が造暦し、十一月一日までに作り終わり奏進することになっている。この日の儀式を御暦奏という。十一月一日には、天皇に奏上する具注暦のほかに、内外諸司に頒布する頒暦(人給暦)も奏上する。このほか、正月に天皇に奏上する七曜暦もあった。日にちと日にちの間には空白の行(間明き)がおかれ、ここに日記の記事を書き込んでいくが、分量が多い時には挿入符を記して別の日にちの間明きに記したり、紙背に記すこともあった。『御堂関白記』の場合には、間明き二行のところに書かれているほか、紙背に記されている箇所もある。また、『御堂関白記』には、文字を墨線で抹消している箇所や文字全体を墨で塗りつぶして抹消している箇所などもあるが、この自筆部分では「レ点」で語順を訂正している箇所があり、道長の筆録の際の様相もよくうかがえる。

参考史料

❶『御堂関白記』長和元年上巻巻末

巻末に寛弘八年十一月一日の日付と造暦者として、「従五位下行暦博士兼備後権介賀茂朝臣守道(自署)と「正六位上行権暦博士大中臣朝臣義昌(自署)」の名がみえる。

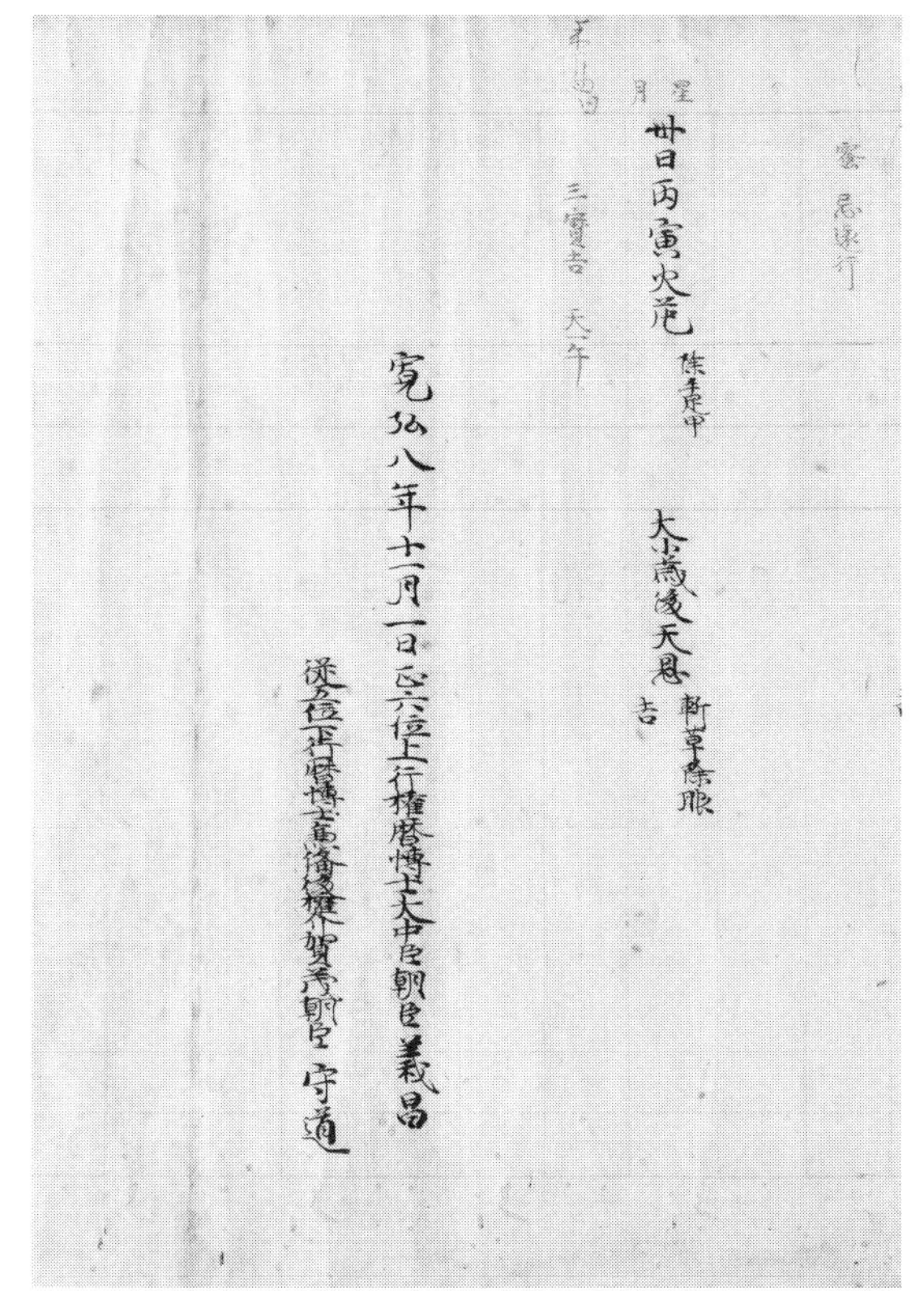
廿日丙寅火危
寛弘八年十一月一日正六位上行権暦博士大中臣朝臣義昌
従五位下行暦博士兼備後権介賀茂朝臣守道

❶『御堂関白記』(陽明文庫所蔵)

❷『顕広王記』仁安二年(一一六七)三月十三日条～十七日条

顕広王(一〇九五～一一八〇)の日記の一節である。ここには十五日と十七日の二度にわたる記事の抹消の跡がみられる。十三日条から十七日条にかけて、関連する部分は次のような内容である(尾上二〇〇三)。

十三日条の右、行間の中程に「今日民部卿顕時卿依病出家云々。」(今日民部卿顕時卿病により出家すと云々。)と記される。

十四日条の右、行間の上から、「民部卿顕時卿薨。昨日出家。年五十九云々。」(民部卿顕時卿薨ず。昨日出家す。年五十九と云々。)と記される。

十五日条の右、行間の上から、「権中納言成親卿薨云々。御共参熊乃之間、自去一日病悩、遂薨云々。民部卿顕時入道薨云々。」(権中納言成親卿薨ずと云々。御共し熊乃(熊野)に参る間、去る一日より病悩し、遂に薨ずと云々。民部卿顕時入道し、薨ずと云々。)と記され、文字を抹消している。「御共参熊乃之間」の部分は抹消もれか。

十七日条の右、行間の上から、「権中納言成親卿薨。年卅一。於熊乃去一日付給。院御共也。今日遂薨送云々。」(権中納言成親卿薨ず。年三十一。熊乃に於いて去る一日病付し給ふ。院の御供なり。今日、遂に薨し送ると云々。)と記され、文字を抹消している。

抹消された記事は、藤原成親(一一三八～七七、生年は『公卿補任』による)が死亡したという情報を、十五日あるいは十七日に聞きつけて日記に記した。日が違うと聞いてはじめの記事を消して書き直し、さらに成親が回復したことを聞いてまた書き直したのであろうとされる。十五日の民部卿藤原顕時(一一一〇～六七、生年は『公卿補任』による)の死亡記事も消されている。十四日の記事が事実としては正しく、誤った情報を聞いて書きつけた日記の記事を訂正している。

このように日記の記事は、情報を整理した上で書かれるのではなく、リアルタイムで記録する書き方であったことが自筆本から判明する。

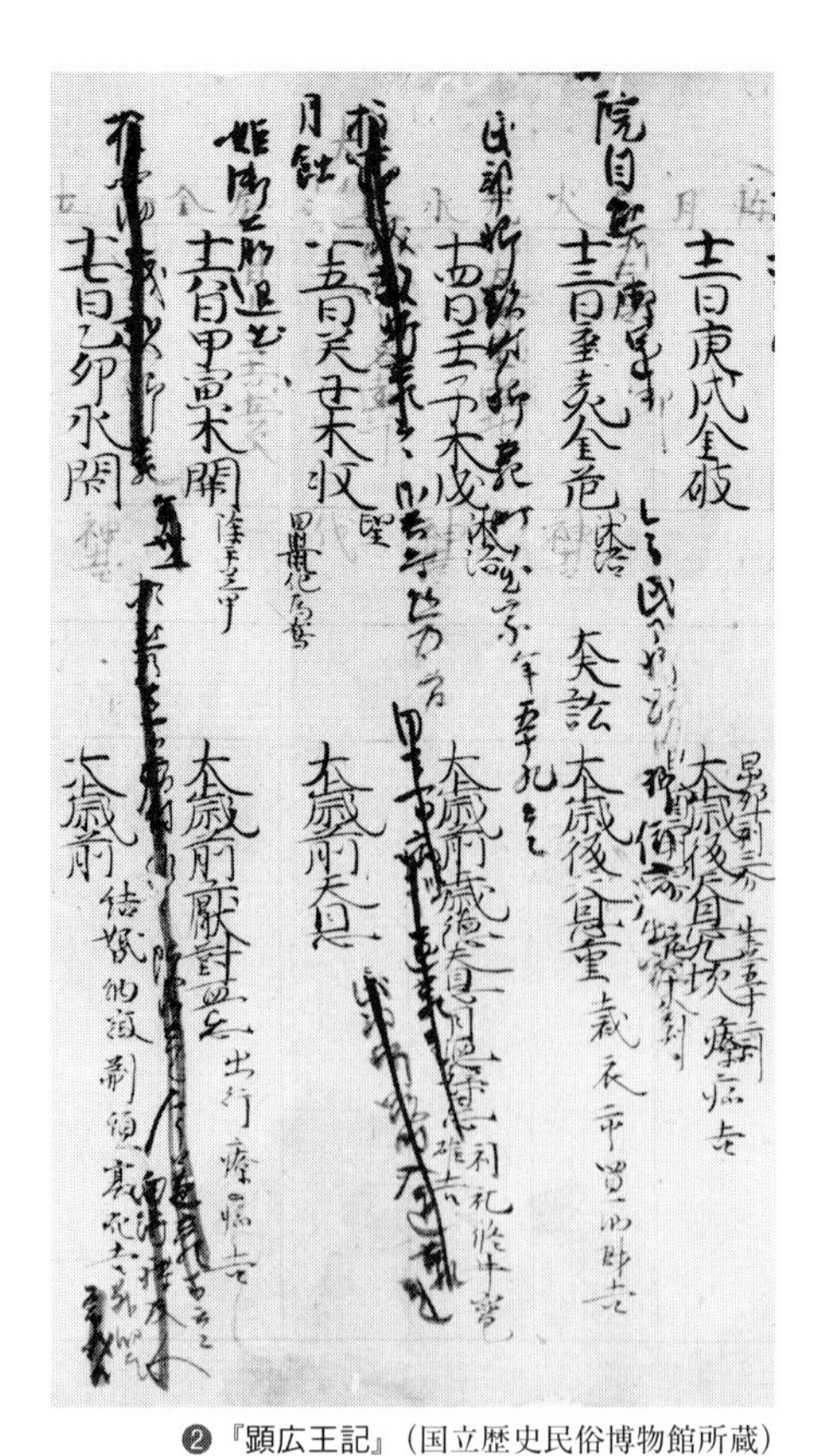

❷『顕広王記』(国立歴史民俗博物館所蔵)

参考文献

尾上陽介『(日本史リブレット30)中世の日記の世界』(山川出版社、二〇〇三年)。

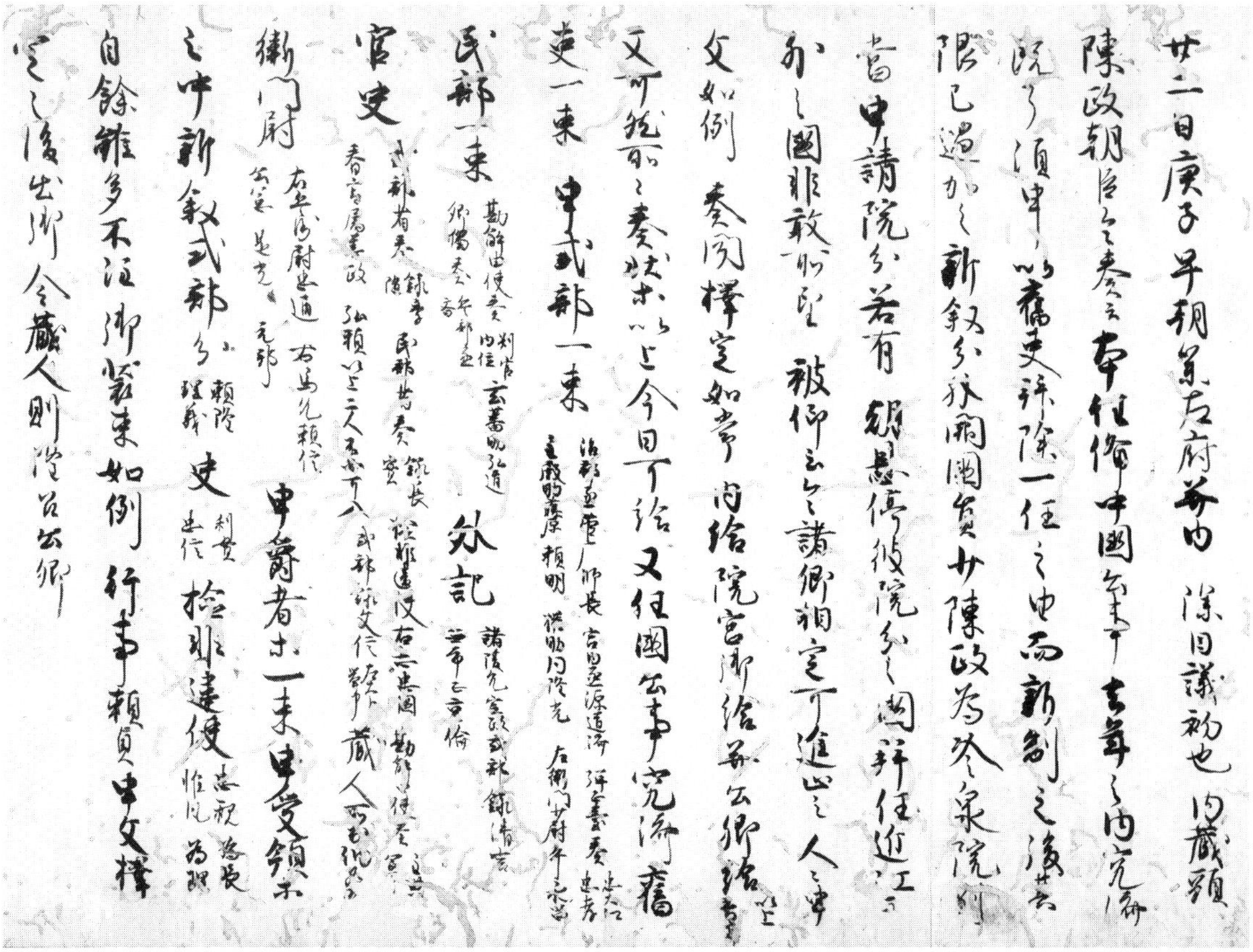

『権記』長保2年正月22日条（宮内庁書陵部図書寮文庫所蔵）

3 記録と申文

国司を任命する陣定（じんのさだめ）の会議のようすを、参加した貴族は事細かに記録し、のちのちの参考とした。ここには、会議に提出される各種の文書、任命にあたっての先例などがうかがえる。

釈文

廿二日、庚子、早朝參左府幷内、除目議初也、[1] 内蔵頭
陳政朝臣令奏云、本任備中國公事、[2] 去年之内究濟
既了、須申以舊吏拜除一任之由、而新制之後、其
限已過、加之新叙分外闕[3]國員少、陳政為冷泉院別
當、申請院分、若有　朝恩、停彼院分之國、拜任近江、其
外之國、非敢所望、被仰云、令諸卿相定可進止之、人々申
文如例、奏聞擇定如常、内給[4]・院宮[5]御給幷公卿給、[6] 以上當年、
又可然所々奏狀等、以上今日〔原〕可給、又任國公事究濟舊[7]
吏一束、中式部一束、治部丞菅厂師長・宮内丞源道濟、彈正臺奏、〈忠大江／忠孝〉主殿助藤原頼明・權助同隆光、左衛門少尉平永昌、
民部一束、勘解由使奏、〈判官／内位〉玄蕃助弘道、卿独奏、〈兵部丞／斉、〉外記、諸陵允宣政・式部録清言・西市正重倫、
官史、式部省奏、〈録季／随、〉民部省奏、〈録長／実、〉検非違使右志忠國、勘解由使奏、〈主典憲／□、〉春宮属善政・弘頼、以上二人不必可入、式部録文信、〈左大臣／挙申、〉蔵人所出納□□、
衛門尉、右兵衛尉忠通・右馬允頼信・公憲・是光・元邦、申爵者等一束、申受領等
之中、新叙式部分、[8] 頼隆・理義、史、利貫・忠信、檢非違使、忠親・為長・惟風・為理、
自餘雖多不注、御装束如例、行事頼貞申文擇
定之後、出御、令蔵人則隆召公卿、

読み下し

廿二日、庚子、早朝左府(藤原道長)幷に内に参る。除目議初めなり。内蔵頭陳政(藤原)朝臣奏せしめて云く、「本任の備中国の公事は、去年の内に究済すること既に了ぬ。旧吏を以て一任を拝除するの由を申すべし。しかるに新制の後、その限り已に過ぐ。しかのみならず新叙分の外は闕国の員少なし。陳政、冷泉院別当として、院分を申請す。若し朝恩有らば、彼の院分の国を停め、近江に拝任せられん。その外の国は、敢へて所望するに非ず」てへり。仰せられて云く、「諸卿をして相定めしめ、進止すべし」てへり。人々の申文は例のごとし。奏聞し択び定むること常のごとし。内給・院宮御給幷に公卿給なり。〈以上当年。〉又然るべき所々の奏状等、以上今日給ふべし。又任国公事究済旧吏一束、式部に申す一束、〈治部丞菅原師長・宮内丞源道済、弾正台奏す、《忠大江忠孝》、主殿助藤原頼明・権助同隆光、左衛門少尉平永昌、〉民部一束、〈勘解由使奏す、《判官内位(橘)、》玄蕃助弘道(藤原)、卿独り奏す、《兵部丞斉(源)、》》外記、〈諸陵允宣政(賀陽)・式部録清言(弓削)・西市正重倫、〉官史、〈式部省奏す、《録季随(伴)、》民部省奏す、《録長実(藤原)、》検非違使右志忠国(坂本)、勘解由使奏す、《主典憲□(石城)、》春宮属善政(藤原)・弘頼(藤原)、以上二人は必ずしも入るべからず、式部録文信、《左大臣挙げ申す、》》蔵人所出納□□、〉衛門尉、〈右兵衛尉忠通・右馬允頼信(藤原)・公憲(橘)・是光(藤原)・元邦、〉爵を申す者等一束、受領等を申すの中、新叙式部分、〈頼隆(藤原)・理義(平)、〉史、〈利貫・忠信(宇治)、〉検非違使、〈忠親(藤原)・為長(藤原)・惟風(藤原)・為理(菅原)、〉なり。自余は多しといへども注さず。御装束は例のごとし。行事頼貞(源)。申文を択び定むる後、出御す。蔵人則隆(橘)をして公卿を召さしむ。

語句説明

1除目 官職を任命するための政務・儀式のうち、ここは諸国の国司を中心とした任官のための政務・儀式。県召除目ともいう。式日は『北山抄』巻一には正月九日より始めると記しているが、「或いは節会の後、日を択びて行ふ」と注しており、実際には一定しておらず、正月から二、三月にかけて行なわれた。春の除目とも呼ばれ、三夜にわたる除目。**2公事** 受領のつとめとして任国で収納して納入すべき官物・調庸。**3闕國**(国) 国司の欠員がある国。**4内給** 天皇の雑用にあてるための年官。年官とは、毎年除目の際に、所定の官職に所定数の人員を申任する権利を与える制度で、年官を給せられる者を給主という。給主は自己に申任権を与えられた官を希望する者を募集し、応募者をそれぞれの官に申任して、そのみかえりに収入を得る制度。寛平二年(八九〇)に寺院に施入された記事(『慈覚大師伝』正月二十五日条)があり、この年以前に成立。内容は①天皇の雑用にあてるための掾(三分)二名・目(二分)三名と、②乳母・女房に給して任料を得させるための一分、蔵人所・御書所・作物所などの小舎人、穀倉院雑色・内蔵寮舎人・交野長などの労をねぎらう便法として彼ら自身をそれに任じるための一分、計二十名とからなる。除目の際に給されるものは①で、任官一覧表の官位・姓名の下に、「内給」と注記される。**5院宮御給** 院・女院・三宮・東宮の年給のうちの年官。院宮は、京官一名、掾一名、目一名、一分三名。**6公卿給**(卿) 公卿の年官。太政大臣は目一名、一分三名。左右大臣は目一名、一分二名。大・中納言は目一名、一分一名。参議は目一名、一分一名。尚侍は目一名、一分一名。典侍・掌侍は一分一名。**7任國公事究濟舊吏**(国)(済)(旧) 任国で公事を完済した受領で任期が終了した者。**8新叙式部分** この年に初めて叙爵(従五位下に叙位されること)にあずかった者で、式部省からの推薦者。

現代語訳

廿二日、庚子、早朝左府と内裏に参上した。除目の初日である。内蔵頭陳政朝臣が奏上させて云うには、「備中国の受領としての公事は、去年の内に完済してあります。旧吏として新たに受領を拝任したいと存じます。しかし新制によれば、その申請期限はすでに過ぎています。それだけではなく、新たに叙爵された者の分としてあてられる分以外には欠員がある国は少ないのです。陳政は冷泉院別当として、院の分を申請しましたが、朝恩があれば院の分としての申請を停止して、近江国に拝任していただきたいと存じます。近江国以外の国に任じられることは望むところではありません」ということである。天皇が仰せられて云うには、「諸卿は定を行なって処置するように」とのことである。人々の申請の申文はいつもの通りである。また奏聞(そうもん)して選定することもいつも通りである。内給・院宮御給・公卿給である。〈以上は当年のものである。〉また、しかるべき所々の奏状などについても、今日給う予定である。また、任国で公事を完済した受領で任期が終了した者からの申請の申文が一束、式部を申請した申文が一束、〈治部丞菅原師長・宮内丞源道済、弾正台が奏上した分、《忠大江忠孝、》主殿助藤原頼明・権助同隆光、左衛門少尉平永昌、〉民部一束、〈勘解由使が奏上した分、《判官内位、》玄蕃助弘道、卿が単独で奏上した分、《兵部丞斉、》》外記、〈諸陵允宣政・式部録清言・西市正重倫、〉官史、〈式部省が奏上した分、《録季随、》民部省が奏上した分、《録長実、》検非違使の分、右志忠国、勘解由使が奏上した分、《主典憲□、》春宮属善政・弘頼、以上二名は必ずしも申請者の中に入れる必要はない。式部録文信、《左大臣が推挙した分、》蔵人所出納□□、〉衛門尉、〈右兵衛尉忠通・右馬允頼信・公憲・是光・元邦、〉叙爵を申請した者の申文が一束、受領に任じられることを申請した者の中、新たに叙爵した者で式部省の分、〈頼隆・理義、〉史の分、〈利貫・忠信、〉検非違使の分、〈忠親・為長・惟風・為理、〉である。その他は数が多いといっても注すことはしない。御装束はいつもの通りである。行事は頼貞である。申文を選び定めた後、天皇が出御した。蔵人則隆を命じて公卿を召させた。

▼解説

藤原行成(ゆきなり)の日記『権記(ごんき)』の記事は、県召除目のあり方をよく示している。ここには、受領任官を申請した者が列挙されているが、任期を終えて任国の公事を完済した受領である「任国公事究済旧吏」、新たに叙爵した者が初めて受領となることを申請した「新叙」の者で、式部(式部省)分と太政官の史・検非違使をつとめた者というグループに分けて列挙されており、これらのグループごとに推挙された任官の候補者が審議対象となっていることを示している。中には、藤原陳政のように備中守をつとめあげた「旧吏」にもかかわらず、院司分を本命として申請していたが、やはり「旧吏」によるものとして近江守任官を希望するなど、推挙ルートを複数確保していた者もみえるが、推挙グループは最終的には一つとされたと思われる。

推挙されるグループと順序があらかじめ決まっていることは、鎌倉期(一二〇〇年頃)に成立した律令官職制度の解説書である『官職秘抄』にも、「旧吏・新叙〈蔵人・式部・民部・外記・史・検非違使〉・院宮・坊官・別進成功之輩」とみえており、慣行となっていたことがわかる。平安時代でも『北山抄』には、「外官除目受領之挙」(巻十・吏途指南・給官事)としてすでにみえており、ここでは「令レ興二復任国一之者」「合レ期勘二公文一成二別功一之者」「式部・民部等巡給」という順番で記されている。『官職秘抄』のようにまだ体系化されていないが、式部省もしくは民部省から推挙され、それぞれのグループの中で第一順位の人は必ず受領になるという式部・民部の「巡給」というシステムが機能していたことを示している。

この慣行の成立時期について、天延二年(九七四)十二月十七日の藤原倫(とも)寧(やす)の申文(『本朝文粋(ほんちょうもんずい)』巻六、参考史料❶)には、『官職秘抄』と同じ配列順で、「蔵人・式部・民部丞・外記・官史」と記されており、少なくとも十世紀後半には受領任官を申請する者にとって共通の認識となっていたことが知られる。

　申文を提出し、除目儀を経て任官することができた者は、任国に赴任することになり、おおむね四年間の任期で活動することになる。受領の活動は、除目による任官から次の任官までを一つの周期とする次のようなサイクルであった。

除目→罷申→出立→道中→境(坂)迎え→国府着任・任符提示→
→申文提出　　前任者との交替事務(受領)→
→帰京　　国内政治〈国司神拝〉→
→本任放還←公文勘済←後任者との交替事務(分付)←後任者着任

　その出発点が、受領として任国に赴任するにあたって天皇への赴任の旨の奏上と天皇による「仰」と賜禄がある「罷申」と呼ばれる儀式であった。天皇から直接勅語を受ける方式は、「任㆓諸国守・介㆒、其新叙守・介、則特賜㆓引見㆒、勧㆓喩治方㆒、因加㆓賞物㆒」(『類聚三代格』巻七　天長元年〈八二四〉八月二十日太政官符)とあることから、天長年間には成立していたことは確かであろう。天皇の「仰」の内容は具体的に『侍中群要』(参考史料❷)、『北山抄』(参考史料❸)にみることができる。これらによれば、「部内粛清」「豊稔」「興復」を指示し、その功績による「勧賞(治国加階)」を仰せている。これをもとに任国の政務を委ねられた受領が国内政治にあたることになる。

　天皇への罷申にとどまらず、任国に赴任する受領が有力な中央貴族(除目に参加する公卿)のもとに「罷申」に訪れていることが、のちの時代の貴族の日記に記されている。万寿二年(一〇二五)における右大臣藤原実資のもとに「罷申」に訪れた受領が記されている(『小右記』による)。

三月四日・六日　河内守慶滋為政(馬を与える)
　「数年家人、所㆑触難㆑背」(『小右記』の記述、以下同じ)
三月六日　若狭守中原師光(馬を与える)
三月二十四日　越中守橘輔政(柳色の綾褂を与える)
　「又為㆓家人㆒之故」
三月二十四日　越後守藤原隆佐(大褂を与える)
三月二十四日　阿波守藤原義忠(大褂を与える)
三月二十五日　下野守藤原善政(大褂を与える)
七月十三日　筑前守高階成順(廐馬一匹を与える)
九月二十六日　伊予守藤原済家(大褂を与える)
十月十三日　美濃守藤原頼明(大褂を与える)
十月十四日　大和守藤原保昌(綾褂を与える)

有力貴族からの受領への餞とそれに対応した受領からの貢物(本章4節参照)が媒介となって両者のつながり(人的ネットワーク)が形成されていく。

参考史料

❶『本朝文粋』巻六　天延二年十二月十七日　藤原倫寧申文

散位従四位上藤原朝臣倫寧等誠惶誠恐謹言

請㆘特蒙㆓天恩㆒諸国受領吏秩満、幷臨時闕旧吏新叙相半被㆗拝任㆖状

右倫寧等、謹検㆓旧史㆒、比㆓聖明於日月㆒、以㆑無㆑所㆑不㆑照也、喩㆓皇恩於雨露㆒、以㆑無㆑所㆑不㆑潤也。上能施㆓均一之徳㆒、下必尽㆓無弐之節㆒。而七八年来、正月叙位之外、頻有㆓践祚大嘗会等臨時之叙位㆒。新叙已積、旧吏自

滞。其旧吏之中、昇沈不一。或殊功不聞、早有蒙抽賞者、或愚忠徒疲、久有被棄置者。車前画熊而悦者少、釜中生魚而愁者多。若明恩之無偏、何以遺此愁乎。謹検故実、叙位之年、即任分憂者、蔵人・式部・民部丞・外記・官史等也。此五人者、非唯劇務要職、其本或諸道成業、或諸司積労。雖叙位停止之年、而殊被叙用、其来尚矣。至于大蔵丞・織部正・検非違使者、其賜爵各有年限。又新叙之後、未必早拝国、而年来暫居其職、一二年間、或依他労、或依氏挙、或均一職、累拝両国、比肩継踵、荷恩戴徳。爰新叙之輩、望此職者八人、去任之吏、弥被抑遏。若毎年先尽新叙、其余纔及旧吏、則雖叶格済事、有功無過之輩、而逐年可入積薪之底、何春再期散木之栄。当于斯時、朝野皆以為、受領者、一生一度之官栄也。興国安民之治迹不用、尽葵鞭蒲之政声何益。豈如不慮編戸之苦、長廻潤屋之謀矣。如此則恐朝少廉恥之臣、国多貪婪之吏、国弊民散、興復難期。非敢塞賢路争吏途、只令天下之耳目、知聖徳之平均也。望請、天恩殊垂矜照、諸国受領之吏、秩満臨時之闕、若可補十人者、旧吏・新叙相半、各補五人、将均労逸。抑国有大小、亦有興亡、功有優劣、亦有先後。随国論功、依次加賞、則苟成其功者、待次第而不愁不歎、適趣其任者、慕循良以尽節尽忠。外弥扇襲黄之風、内何憂閑素之日乎。伏録事状、倫寧等誠惶誠恐謹言。

天延二年十二月十七日

散位源朝臣順
藤原朝臣為雅
橘朝臣伊輔
藤原朝臣倫寧

❷『侍中群要』巻九　受領罷申事

受領罷申事

（中略）

延喜十四年、鎮守府将軍利平（藤原利仁カ）令奏罷府之由、召階下、給禄云々。先例給掛衣。諸国牧宰有給衾。而将軍給掛衣、依有物類。蔵人左近少将兼輔（藤原）奏此由。依仰事今亦給支子染掛一領、一方之鎮其寄事重歟云々。真材（平）記応和元年御記云、上総介国幹（藤原）申赴任之由。令仰云、粛静部内兼致豊稔、随其勤状将賞進。即給禄如例。同年阿波守嘉生（源）申赴任之由。令仰云、彼国久衰弊、若致興複〔復〕、兼済貢調事、又造宮事無其怠、随状可賞進。給禄如例。

❸『北山抄』巻十　吏途指南

罷申事

付蔵人令奏赴任国之由、即召御前。近候殿上之者、不垂御簾召之。給禄之次、令仰随勤可賞之由。或被仰任国案内幷可令興復之状。或人云、其仰詞云、増之爵給年。仍初任之国加階之者、下向第二国之時、不仰云々。竊見天暦御記、不依加階之有無、皆被仰可勧賞由。若非唯加階、兼以給官、可謂勧賞歟。然則件詞非也。総唯随仰可伝仰也。

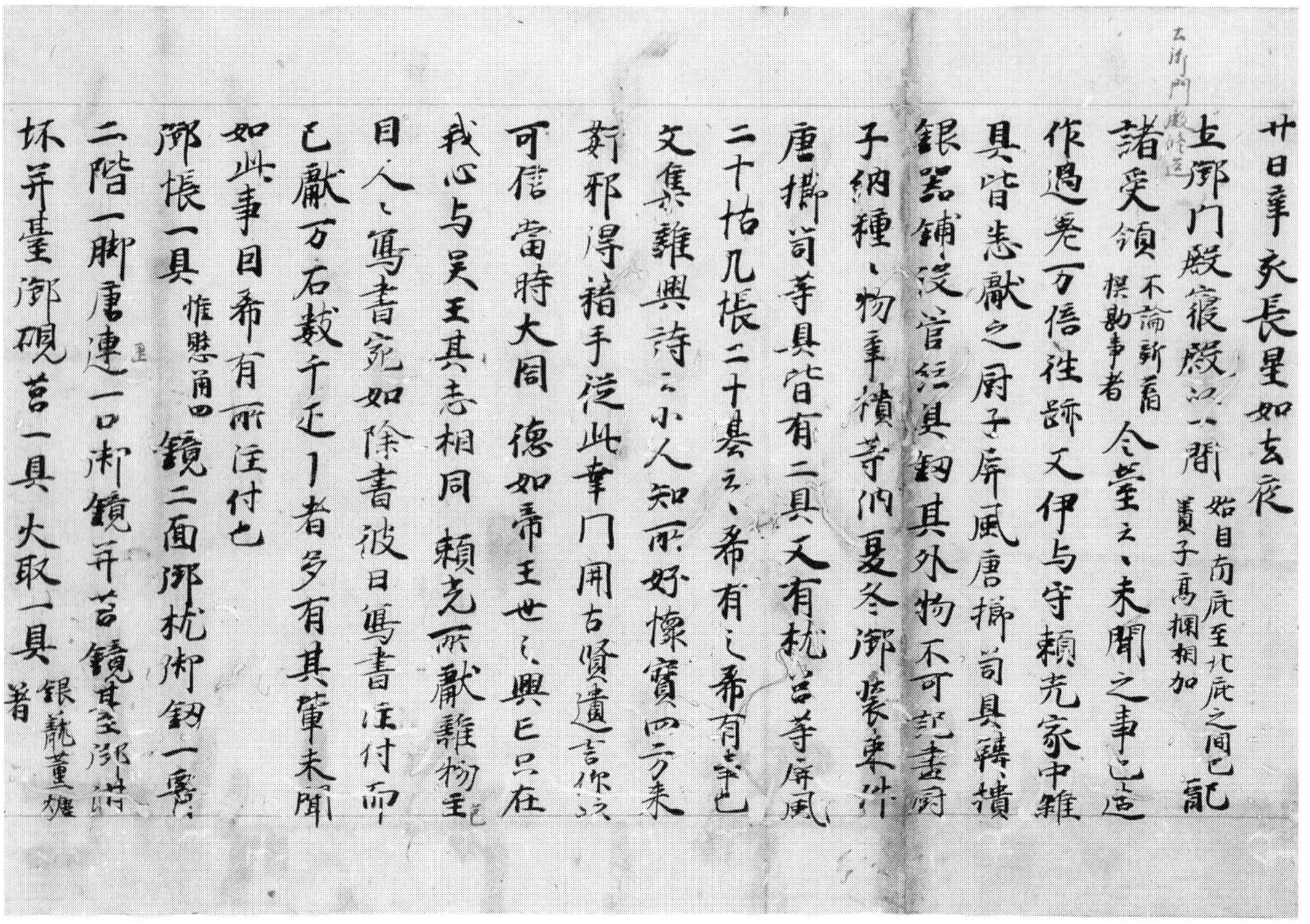

『小右記』寛仁２年６月20日条（前田育徳会尊経閣文庫所蔵）

4 受領の世界と中央貴族

受領（ずりょう）は任国で多くの富を蓄え、これを摂政・関白や有力貴族に贈り、次のポストを獲得する運動を展開していた。道長の新造邸宅への引っ越しに際して、都の人々が驚くような家財一切を贈った受領もいた。

釈文

廿日、辛亥、長星如去夜、
[1]土御門殿寝殿以一間（始自南庇至北庇之間也、簀子・髙欄相加、）配[2]
『土御門殿修造』
諸受領（不論新舊 撰勤事者、）令營〔営カ〕云々、未聞之事也、造
[3]作過差万倍往〔壊〕跡、又伊与守[4]頼光家中雑
具皆悉献之、厨子・屏風・唐櫛笥具・韓櫃・
銀器・舗設・管絃具・釼、其外物不可記盡、厨
子納種々物、辛櫃等納夏冬御装束、件
唐櫛笥等具皆有二具、又有枕〔枕カ〕筥等、屏風
二十帖、几帳二十基云々、希有之希有事也、
文集雑興詩云、小人知所好、懐寶四方来、
奸邪得籍〔藉〕手、従此幸門開、古賢遺言仰以
可信、當時大閤徳如帝王、世之興亡只在
我心、与呉王其志相同、頼光所献雑物主『色』
目人々寫書宛如除書、彼日寫書注付而
已、献万石數千疋了者多有其輩、未聞
如此事、囘希有所注付也、
御帳一具、（帷懸角四、）鏡二面、御枕〔枕カ〕、御釼一腰、
二階一脚、唐連『匣』一口、御鏡并筥、鏡臺、御泔
坏并臺、御硯筥一具、火取一具、（銀籠薫爐・箸、）

（後略）

唾壺并莒、御脇息一本、御厨子五雙、四尺、二雙
野水、納上帋、連子、納檀帋等、一雙 二階厨子一雙、番〔蕃〕繪、納簿様、小
厨子一雙、蒔繪、紙、納色置 是物棚厨子一雙、中持
御辛櫃二合、納、
御衣櫃二懸、納、 御冠莒四合、二合番〔蕃〕繪置口、二合蒔繪張莒、
御莒二合、納、 搔擧莒一合、香辛櫃一雙、番〔蕃〕
繪、納琴結『絃』・足 律『津絃』〔緒〕結等、 御衣莒一合、巾莒一合并臺、御
衣柯一本、塗竿一具、御琴二張、笙〔箏カ〕・和、御鞍一具、
御屏風廿帖、四尺十二帖、五尺八帖、 御几帳廿本、三尺二、四尺十八、御
器一具、加錍『銚』子、 御臺十四本、大十、小四、御盤十枚、大・中・小、
朱高坏六十、懸盤三十、御手洗十四、大・少〔小〕、御
椋廿口、大・少〔小〕、打敷・貫簀〔簀〕等、山灰『炭』取一合、燈爐
五、『ミ』 加綱、御大壺一雙、御桶『樋』一具、尾箒二枚、
或云、中持辛櫃・衣櫃等夏冬朝衣并宿
衣・倉『冬』直垂『衣』等相分納、或有唐綾等装、直
垂『衣』用唐綾云々、件物當日以數多夫運進
5 上東門第云々、連日京中人到彼第〔後カ〕見風
流、不能比肩、還可謂恠欤、彼々可驗、

読み下し

廿日、辛亥、長星去夜のごとし。

土御門殿寝殿一間を以て、〈南庇より始めて、北庇に至るの間なり。簀子・高欄を相加ふ。〉諸の受領〈新旧を論ぜず、事に堪ふる者を撰ぶ。〉に配し、営ましむと云々。未だ聞かざる事なり。造作の過差、往跡に万倍す。又、伊与守(源)頼光は家中の雑具皆悉く献ず。厨子・屏風・唐櫛笥具・韓櫃・銀器・舗設・管絃具・剣なり。その外の物は記し尽くすべからず。厨子に種々の物を納む。辛櫃等に夏冬御装束を納む。件の唐櫛笥等の具皆二具有り。又、枕筥等有り。屏風二十帖・几帳二十基と云々。希有の希有の事なり。文集雑興詩に云く、「小人好む所を知り、宝を懐いて四方より来たり、奸邪手を藉るを得、此によりて幸門を開く」と。古賢の遺言、仰ぎて以て信ずべし。当時大閤(藤原道長)の徳は、帝王のごとし。世の興亡はただ我心に在り。呉王とその志相同じ。頼光献ずるところの雑物の色目、人々写し書くこと、宛も除書のごとし。彼日写し書き注し付すのみ。万石・数千疋を献じ了る者、多くその輩有るも、未だかくの如き事を聞かず。希有に因りて、注し付すところなり。

(中略、表参照)件の物は、当日数多くの夫を以て、上東門第に運び進ると云々。連日京中の人、彼第に到り、風流を見る。比肩すること能はず。還りて怪と謂ふべきか。後々験ずべし。

語句説明

1土御門殿　藤原道長の邸宅。土御門大路の南、東京極大路の西に所在した。長和五年(一〇一六)七月に火災で焼失し、八月から再建の工事を開始し、寛仁二年(一〇一八)六月に完成し、道長は移徙した。**2配諸受領**　寝殿の造営の負担を受領に割りあてた。**3過差**　贅沢なこと。**4頼光**　源頼光。源満仲の子、母は源俊の女。父同様、摂関家に接近し、莫大な財力で奉仕した。備前・但馬・美濃などの国司を歴任した。こののち、治安元年(一〇二一)摂津守に任じられ、同国で勢力を固め、摂津源氏の祖とされる。**5上東門弟(第)**　土御門殿のこと。

現代語訳

廿日、辛亥、彗星は昨夜のようにあらわれた。

土御門殿の寝殿は一間ごとに、〈南庇から、北庇に至る間のことである。簀子と高欄を加えてある。〉諸国の受領〈新旧を問わず、負担に堪える者を選んだ。〉に割りあて準備させたが、このようなことは未だ聞いたことがない。造作の贅沢なことは、往昔の万倍にもなる。また、伊予守源頼光は、邸宅中のさまざまな調度を悉く献じた。厨子・屏風・唐櫛笥具・韓櫃・銀器・舗設・管絃具・剣などである。そのほかの物も記しつくすことができないほどである。厨子には種々の物をおさめ、辛櫃などには夏冬の御装束をおさめている。件の唐櫛笥などの調度は皆二組ある。また、枕筥などもある。屏風二十帖・几帳二十基もあるということである。希有の希有の事である。文集(白氏文集)雑興詩に云うことには、「小人は君主の好むところを察知して、宝物を懐いて四方からやって来たり、心のよこしまな人は君主に力添えすることができると、これによって立身出世の門戸を開く」とある。古賢(白居易)の遺言は、あおいで信ずるべきである。現在の大閤(藤原道長)の徳は、帝王のようである。世の興亡はただ自分の心に在る。呉王とその志は同じようなものである。頼光が献上した雑物の種類は、人々が写し書いているが、あたかも除目の書類のようである。その日に写し書き注し付しておく。これまで万石・数千疋を献じた者は数多くいるが、未だこのようなことは聞いたことがない。希有なことなので、日記に注し付しておくところである。

(中略、一四七頁表参照)件の物は、当日は数多くの人夫によって、上東門第に運び進上されたということである。連日、京中の人は、上東門第に出かけてその風流なようすを見物している。他のものに比肩することができないほどである。かえって怪と謂うべきではないであろうか。後々、調べるべきことがらである。

▼解説

藤原道長の土御門殿(上東門第)造営にあたって、諸々の受領に修理費用を割りあてた時の記事である。道長の邸宅造営を、諸国の受領に割りあてたことは、『小右記』の記主藤原実資に「未だ聞かざる事なり」と批判の辞を記させたが、道長の権勢を物語っている。さらに世人を驚かせたのが、伊予守源頼光が道長の邸宅のさまざまな家中の家具・調度一切を献上したことである。厨子・屏風から始まり韓櫃や銀器など、頼光が献じた物に人々が目を驚かされたという。藤原実資は、「万石・数千疋を献じ了る者、多くその輩有るも、未だかくの如き事を聞かず。希有に因りて、注し付すところなり。」と記し、これまで万石の米、数千疋の絹を献上した受領たちは多いけれども、このような例はいまだ聞いていないのでのちのちの記録として残すと表に掲げた品目を書き記している。

受領の富の大きさを示す記事であるが、摂政や関白に物を贈る基盤には、受領が赴任先で蓄えた巨大な富があった。そのことを示しているのが、『小右記』長元二年(一〇二九)七月十一日条の記事である。道長・頼通の家司をつとめ、のちには参議にのぼった藤原惟憲が、大宰大弐帰任時に都に持ち帰った財物は、その一例である。実資は、「九国二島の物、底を払ひて奪い取る。唐物また同じ。すでに恥を忘るるに似たり。近代は富人をもって賢者と為す。」と皮肉を込めて日記に記している。受領が任地で大量の富を集積し、それをもとに次のポストを獲得するという構造が成り立っていた。

御帳一具(帷懸角四)　鏡二面　御枕　御剣一腰　二階一脚　唐匣一口　御鏡・筥　鏡台　御泔坏・台　御硯筥一具　火取一具(銀籠薫炉・箸)　唾壺・筥　御脇息一本　御厨子五双(四尺、二双野水、納上紙、一双連子、納檀紙等)　二階厨子一双(蒔絵(蛮絵、以下同じ)、納薄様)　小厨子一双(蒔絵、納色紙)　置物棚厨子一双　中持御辛櫃二合(納)　御衣櫃二懸(納)　御冠筥四合(二合蒔絵置口・二合蒔絵張筥)　御筥二合(納)　掻挙筥一合　香辛櫃一双(蒔絵、納琴絃・足津緒等)　御衣筥一合　巾筥一合・台　御衣桁一本(塗竿一具)　御琴二張(箏・和)　御鞍一具　御屏風廿帖(四尺十二帖、五尺八帖)　御几帳廿本(三尺二、四尺十八)　御器一具(加銚子)　御台十四本(大十、小四)　御盤十枚(大・中・小)　朱高坏六十　懸盤三十　御手洗十四(大・小)　御楾廿口(大・小)　打敷・貫簀等　炭取一合　燈炉五(加綱)　御大壺一双　御樋一具　尾箒二枚

表　上東門第造営時の源頼光の献上物一覧

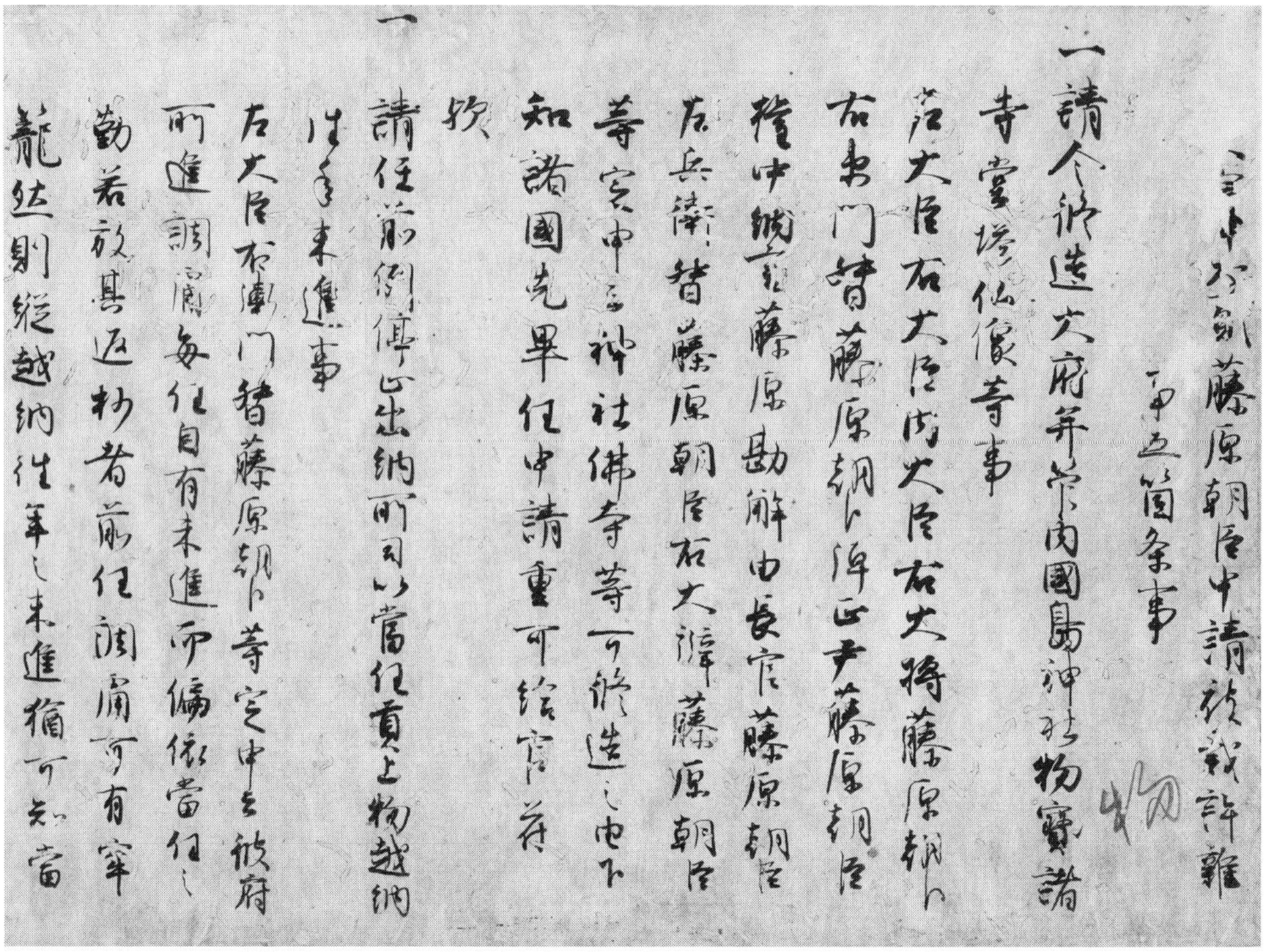

寛弘２年４月14日「陣定定文案」（個人蔵，画像提供：東京国立博物館 Image:TNM Image Archives）

5 記録と「まつりごと」

陣定（じんのさだめ）と呼ばれる公卿の会議では、諸国の受領（ずりょう）からのさまざまな申請を審議して可否を検討していた。貴族の日記には、その審議の経過と結果が記録されたり、会議の結果を記した定文も残されている。

釈文

□□□□（大宰大弐カ）藤原朝臣申請、被裁許雜

事五箇条事

一、[1]請令修造大府幷管内國島神社物寶（「物」（習書カ））・諸
寺堂塔・仏像等事
[2]左大臣・[3]右大臣・[4]内大臣・[5]右大將藤原朝臣・
[6]右衛門督藤原朝臣・[7]弾正尹藤原朝臣・
[8]權中納言藤原（朝臣脱）・[9]勘解由長官藤原朝臣・
[10]左兵衛督藤原朝臣・[11]右大辨藤原朝臣
等定申云、神社佛寺等可修造之由、下
知諸國先畢、任申請、重可給官苻
歟、

一、[12]請任前例、停止出納所司以當[13]任貢上物、越[14]納[15]
往年未進事
左大臣・右衛門督藤原朝臣等定申云、彼府
所進調庸毎任自有未進、而偏依當任之
勤、若放其返抄者、[16]前任調庸可有牢[17]
籠、然則縦越納往年之未進、[18]猶可知當

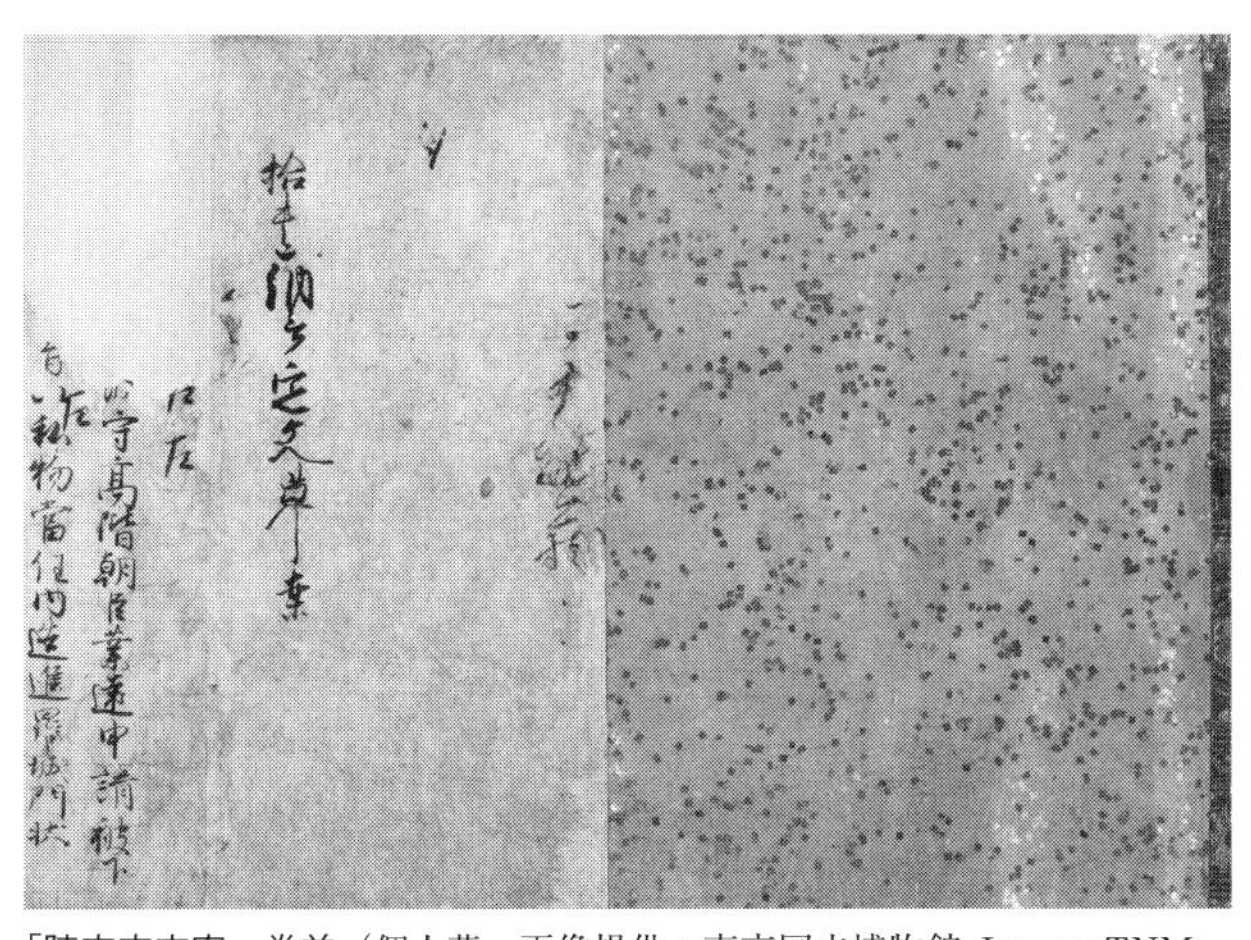

「陣定定文案」巻首（個人蔵，画像提供：東京国立博物館 Image:TNM Image Archives）

任之勤済、公事辨済事理有限、猶[19]不超越、
可請返抄欤、
右大臣・内大臣・右大将藤原朝臣・弾正尹藤原・〔朝臣脱〕
権中納言藤原朝臣・勘解由長官藤原朝臣・
左兵衛督藤原朝臣・右大弁藤原朝臣等定
申云、彼府調庸以當任之勤済、補前任之未
進、諸司所執理雖可然、不可越納之由有裁
許之例、然則依申請、可被裁許欤、

読み下し

一、□□□□（大宰大弐カ）藤原朝臣（高藤）申し請ふ、雑事五箇条を裁許せられん事

一、修造せしめんことを請ふ、大府幷びに管内の国・島の神社宝物・諸寺の堂塔・仏像等の事

左大臣（藤原道長）・右大臣（藤原顕光）・内大臣（藤原公季）・右大将藤原朝臣（実資）・右衛門督藤原朝臣（斉信）・弾正尹藤原朝臣（時光）・権中納言藤原（隆家）・勘解由長官藤原朝臣（有国）・左兵衛督藤原朝臣（懐平）・右大弁藤原朝臣（行成）等定め申して云く、「神社仏寺等修造すべきの由、諸国に下知すること先に畢ぬ。申請に任せて、重ねて官符を給ふべきか。」

一、前例に任せんことを請ふ、出納所司、当任の貢上物を以て、往年の未進を越納するを停止する事

左大臣・右衛門督藤原朝臣等定め申して云く、「彼の府進る所の調庸は任毎に自ずから未進有り。而るに偏へに当任の勤に依りて、若しその返抄を放たば、前任の調庸牢籠有るべし。たとひ往年の未進を越納するも、なお当任の勤済と知るべし。然らば則ち、公事の弁済の事、まことに限り有り、なお超越せず、返抄を請うべきか。」

右大臣・内大臣・右大将藤原朝臣・弾正尹藤原・権中納言藤原朝臣・

勘解由長官藤原朝臣・左兵衛督藤原朝臣・右大弁藤原朝臣等定め申して云く、「彼の府の調庸は当任の勤済を以て、前任の未進を補ふ。諸司執る所まことに然るべしといへども、越納すべからざるの由、裁許の例有り。然らば則ち、申請に依りて、裁許せらるべきか。」

語句説明

1一、請令修造大府幷管内國(国)島神社物寶(宝)・諸寺堂塔・仏像䒭(等)事　大宰府とその管轄下の国・島の神社宝物・諸寺の堂塔・仏像などを修理することについての申請。「寶」の右傍に「レ点」を付し、「寶物」と読むべきことを示している。**2左大臣**　ここは藤原道長をさす。父は藤原兼家、母は藤原時姫。天元三年(九八〇)従五位下に叙位。侍従、右兵衛権佐、少納言、左近衛少将、左京大夫などを歴任し、永延元年(九八七)非参議従三位となる。その後、権中納言、権大納言に進み、長徳元年(九九五)には内覧の宣旨を受け、右大臣、翌年には左大臣に進んだ。その女彰子・妍子・威子を中宮に立て、「一家立三后、未曽有」(『小右記』)とされる栄華を築いた。長和五年(一〇一六)摂政となったが、同年左大臣を辞し、寛仁元年(一〇一七)には摂政を辞し太政大臣となったが、翌年これも辞し、同三年(一〇一九)には出家し准三宮とされた。万寿四年(一〇二七)、六十二歳で死去。**3右大臣**　ここは藤原顕光をさす。父は藤原兼通、母は元平親王の女昭子女王。応和元年(九六一)従五位下に叙位。蔵人頭、右近衛中将などを経て、天延三年(九七五)参議となる。その後、権中納言、権大納言、大納言、右大臣を歴任し、寛仁元年三月左大臣となる。治安元年(一〇二一)、七十八歳で死去。**4内大臣**　ここは藤原公季をさす。父は藤原師輔、母は醍醐天皇の女康子内親王。康保四年(九六七)正五位下に叙位。侍従、左近衛中将、備前守などを経て、永観元年(九八三)参議となる。権中納言、中納言、大納言、内大臣、右大臣を歴任し、治安元年太政大臣となる。長元二年(一〇二九)、七十三歳で死去。諡号は仁義公、閑院とも号する。**5右大將(将)**　ここは藤原実資をさす。父は藤原斉敏、母は藤原尹文の女。安和二年(九六九)従五位下に叙位。侍従、右近衛少将などを経て、天元四年(九八一)蔵人頭となり、円融天皇以後も花山・一条両天皇の蔵人頭をつとめ、永祚元年(九八九)参議、その後、権中納言、中納言、権大納言、大納言を経て、治安元年右大臣となる。永承元年(一〇四六)、九十歳で死去。**6右衛門督**　ここは藤原斉信をさす。父は藤原為光、母は藤原敦敏の女。天元四年従五位下に叙位。侍従、右兵衛佐、左近衛少将、蔵人頭などを経て、長徳二年(九九六)参議、その後、権中納言から権大納言を経て大納言となった。一条朝の四納言の一人。長元八年(一〇三五)、六十九歳で死去。**7弾正尹**　ここは藤原時光をさす。父は藤原兼通、母は大江維時の女皎子。天禄元年(九七〇)従五位下に叙位。少納言、春宮亮、右近衛権中将、蔵人頭などを経て、貞元元年(九七六)参議となり、長徳三年(九九七)中納言に任じた。長和四年(一〇一五)、六十八歳で死去。**8権中納言**　ここは藤原隆家をさす。父は藤原道隆、母は高階成忠の女貴子。永祚元年従五位下に叙位。侍従、右兵衛権佐、左近衛少将などを経て、正暦五年(九九四)非参議従三位となる。その後、権中納言、中納言となる。長徳二年、兄の伊周とともに従者に花山法皇を射させたことが判明し、出雲権守に左遷され、但馬国にとどめおかれる。翌年には召還され、長保四年(一〇〇二)権中納言に復し、その後、大宰権帥となり、任中の寛仁三年刀伊の来襲に際してこれを撃退した。寛徳元年(一〇四四)、六十六歳で死去。**9勘解由長官**　ここは藤原有国をさす。もとの名は在国。父は藤原輔道、母は源俊の女。貞元二年(九七七)従五位下に叙位。越後守、左少弁、右中弁、右大弁、蔵人頭などを歴任し、正暦元年(九九〇)非参議従三位となる。翌二年(九九一)秦有時殺害事件に連座して、官位をとどめられたが、同三年(九九二)本位に復した。長保三年(一〇〇一)参議となった。寛弘八年(一〇一一)、六十九歳で死去。**10左兵衛督**　ここは藤原懐平(かねひら)をさす。父は藤原斉敏、母は藤原尹文の女。安和二年従五位下に叙位。侍従、少納言、右中弁、修理大夫などを歴任し、長徳四年(九九八)参議、長和二年(一〇一三)権中納言となった。寛仁元年、六十五歳で死去。**11右大辨**(弁)　ここは藤原行成(ゆきなり)をさす。父は藤原義孝(よしたか)、母は源保光(やすみつ)の女。永観二年(九八四)従五位下に叙位。侍従、左兵衛権佐、蔵人頭、右大弁などを経て、長保三年参議となる。その後、権中納言、大宰権帥、権大納言を歴任した。書にすぐれ、三蹟(さんせき)の一人で、その書風は後世、世尊寺(せそんじ)流として引き継がれた。万寿四年、五十六歳で死去。**12一、請任前例、停止出納所司以當**(当)**任貢上物、越納往年未進事**　前例の通りに、現在その任にあたっている任期中の分として納めた貢進物を、出納所司が以前の未納分として収納することを停止してほしいとする申請。**13出納所司**　調庸の収納監査事務にかかわる中央の官庁である主計寮(しゅけいりょう)および田租(でんそ)・出挙(すいこ)の収納監査事務にかかわる主税寮(しゅぜいりょう)。**14當**(当)**任貢上物**　現在その任にあたっている任期中の分として納めた調庸物などの租税。**15越納往年未進**　前任者以前の未納分にあたるものと算定して収納すること。**16返抄**　物品の送納に際して受領者側が発行した受取書。**17窂**(牢)**籠**　正当でないこと。**18猶可知當**(当)**任之勤済**　任期に該当する年の分を納めたものと理解すべきである、の意。**19猶不超越、可請返抄**　以前の未納分として納めることをせずに、返抄を請求すべきである、の意。

現代語訳

〔大宰大弐カ〕□□□□藤原朝臣は、五箇条の事柄について裁許していただきたいので申請します。

一、大宰府と大宰府が管轄する諸国と島の神社の宝物や諸寺の堂塔・仏像等を修造したいので申請します。

左大臣・右大臣・内大臣・右大将藤原朝臣・右衛門督藤原朝臣・弾正尹藤原朝臣・権中納言藤原・勘解由長官藤原朝臣・左兵衛督藤原朝臣・右大弁藤原朝臣らは、定めて申し上げます。「神社仏寺等修造をすべきであることは、すでに諸国に命令を下しています。申請に基づいて、重ねて太政官符を発給すべきです。」

一、前例に基づいて、出納所司が、現任者の任期中の分として納めた調庸物などの租税を前任者以前の未納分にあたるものと算定して収納することを停止していただきたいので申請します。

左大臣・右衛門督藤原朝臣らは、定めて申し上げます。「大宰府が中央に送る調庸は任期ごとに自然と未進が出てくるものです。そのため現任者が未納を納めるのにつとめたことによって、その未納分の受領書を出していれば、前任者分の調庸については正当でない方式で処理したことになります。それゆえ、以前の未進分を前任者の未納分にあたるものと算定して収納する場合でも、任期に該当する年の分を納めたものと理解すべきです。国家へ納めるべきことは限度があるので、前任者分の未納分としないで、本人分の受領書として請求すべきです。」

右大臣・内大臣・右大将藤原朝臣・弾正尹藤原・権中納言藤原朝臣・勘解由長官藤原朝臣・左兵衛督藤原朝臣・右大弁藤原朝臣らは、定めて申し上げます。「大宰府の府の調庸は現任者がつとめて納めることで、前任者の未進分を補塡するものです。主計寮や主税寮などの諸司が処理することはまことにその通りであるといえます。しかしながら、現任者が納めた分を前任者の未納分にあたるものと算定して収納するべきではないと裁許された前例があります。それゆえ、申請どおりに、裁許されるべきです。」

▼解説

公卿が陣座で行なった政務審議の会議の結果をまとめた定文の史料である。参加した公卿たちの名前を列挙したのち「定申云…」として、会議の結論を天皇に奏上した。平安時代の天皇や公卿が参加する会議は、政と定に大きく分けられる。政は、天皇出御のもと行なわれる朝政・旬政などの系統と、太政官を中心とする政務である官政・外記政に分かれる。定には、御前定・殿上定・陣定などがある。朝政は、天皇が大極殿、のちには紫宸殿に出御して、庶政を聴くものであったが、文徳天皇の時期に中断し、清和天皇の時期に一時復活したが、やがて途絶え、毎月一日・十一日・十六日・二十一日に行なわれる旬政に移行し、四月一日と十月一日の二孟の旬に限定され年中行事化していく。これに対し官政は、大臣もしくは大・中納言が、太政官庁において諸司・諸国の庶政を聴き、あるいは奏上し、あるいは太政官で処分する政務である。朝政・官政が形骸化していくのに対し、公卿議定制としての定に比重が移行していく。院政期以前においてはその中心となったのは、主として左近衛陣で行なわれた議定である陣定であった。公卿の議定とは別に政務を処理する奏事も、院政期に入ると院による議事決裁の掌握によって、庶政処理の上で比重が増してくる。平安期に形成された政務処理の方式である公卿議定と奏事は、中世公家政権にも継承されて、評定と奏事、評定衆と伝奏の制となっていったとされる。

陣定の開催手順については、『西宮記』(参考史料❶)にみることができる。天皇の仰を受けた上卿は、事前に外記を通じて開催を諸卿に通知する。当日諸卿が陣座に着すと、上卿が天皇の命を伝え、また陣座に蔵人から議題の文書が下されたときには上卿がその文書を諸卿に下し、参議で大弁を兼ねる公卿に文書を読み上げさせる。参加した公卿の最末の者から順に意見を述べ、審議結果を意見ごとに参議大弁が記す(定文)。審議の結果は上卿から蔵人頭を通じて天皇に奏上される。このような手順は、以後『参議要抄』下(平安時代末期の成立と推定されるが、著者は不明。参考史料❷)などで定式化されている。

陣定の議定の構成員は、『小右記』の記載からうかがうことができる。

○『小右記』寛和元年(九八五)十月十四日条

「十四日、乙酉、早朝参レ殿、(藤原頼忠)□参内。有二小除目事一。秉燭。左大臣(源雅信)参二上御前一。及二丑剋一罷出。所レ任官在レ別。但三位(藤原)義懐任二参議一、中将如レ故。雖レ無二其闕一臨時所レ任歟。可レ奇々々。公卿定員十六人、而十九人、如何々々。」

この時、藤原義懐が欠員がないのに参議となったことに対して、藤原実資(『小右記』の記主)の疑問が記されており、参加するのは公卿と呼ばれる参議以上の者十六名が定員と思われていたことが判明する。

また議定の定足数については、次の史料が参考になる。

○『御堂関白記』寛弘元年(一〇〇四)十二月七日条

「七日、丙戌、依二右府(藤原顕光)催一参レ陣。依二参入諸卿小(少)一、不レ定レ事。是推問使(藤原)孝忠等申文云々。」

○『御堂関白記』寛弘六年(一〇〇九)七月十九日条

「十九日、壬申、(中略)参二太(大)内一。宿。有レ可二申定一、催二諸(卿脱カ)一、有二多障一不レ参。仍不二着陣一。」

この二つの史料は、議定の出席者が少なく取りやめた事例である。しかしながら一方で、

○『御堂関白記』寛弘元年六月八日条

「八日、辛酉、右府(藤原顕光)参レ陣、申請推門(問)使孝忠(藤原)定二申文并元命中文等一。雨下。深雨。右府・右大将(藤原実資)・勘解由長官(藤原有国)・春宮権大夫(藤原懐平)・右大弁(藤原行成)候。雖二人少一、

可レ参人々雖二後日一又々如レ此。事了退出。」

とあるように、出席者が少なくとも行なった事例もみえることから、定足数はとくに定まっていなかったとみられる。

議定の場での先例として、参加者のうち新任公卿の慣習、議題に関連する参加者の慣習も存在していた。前者の慣習については、次の史料が参考となる。

○『小右記』寛仁元年九月二十八日条

「廿八日、癸亥、(中略)参内。〈午三、宰相同車。〉大納言道綱(藤原)・余(藤原実資)・斉信(藤原)・公任(藤原)定申云、(中略)中納言能信(藤原)・参議資ー(平)依二新任一不二定申一。右大弁朝経(藤原)執筆。」

この時中納言藤原能信(よしのぶ)と参議藤原資平(すけひら)はともに新任であったことから、定申の発言を辞退していることが記されており、新任者がとるべき作法の慣習の存在を知ることができる。

後者の慣習については、次の史料にみられる。

○『小右記』万寿四年九月八日条

「八日、乙巳、(中略)余(藤原実資)云、実成卿(藤原)可レ着二南座一。即着。左大弁定頼(藤原)忽称二胸病発動由一退出。依レ可レ定二雅頼(三善)覚挙状事一、称二陽病一退出歟(実資)云々。雅頼者左大弁家司也。未レ有二事定一以前大弁問二下官一、大略示レ之。頗有二思慮気一。」

この史料は、藤原定頼の家司(けいし)である三善雅頼(みよしまさより)の覚挙状(かっきょ)(官人みずから公務上の過失に気づき申し出ること(自首の一種)。通常はこれによって罪を許される)の審査の際の事例である。定頼は事前に実資に相談し、「仮病」で退出したことを、実資は思慮あることとしており、議題関係者の陣定への参加を辞退する慣行もあったことを示している。

参考史料

❶『西宮記』臨時一(甲) 陣定事

一、陣定事

上卿奉レ勅仰二外記一、廻二告諸卿一。諸卿参会、上卿伝二勅旨一。若有二文書一、以二其文一見下。諸卿一々陳二所レ懐之理一、自レ下申上。〈旧例自レ上定下。〉上卿或令三参議書二定申旨一、付二頭蔵人一奏聞。軽事以レ詞奏。

❷『参議要抄』下 陣役事 定文事

上卿以下見二下書一。定文之後、参議読レ之。多用二大弁一。次参議発言。〈新任両三度被レ免不レ申。但至二大弁若練レ事人一者、寂初定申無レ妨。〉定了後書レ之。久摩レ硯、次書レ之。定時雖レ申レ自二下臈一、書時自二上臈一書レ之。

参考文献

恵美千鶴子「藤原行成筆「陣定定文案」の書誌・伝来」田島公編『禁裏・公家文庫研究』第五輯(思文閣出版、二〇一五年)。

『摂関家旧記目録』（陽明文庫所蔵）

6 日記の伝領と部類

政務・儀式の内容が記された貴族の日記は、先例を調べる際に重要な役割を果たした。就任する官職が貴族の家ごとに固定化するにともなって、父祖代々の家の記録として伝領されるようになる。

釈文

一合殿
1 御堂御記卅六巻在目録
2 葉子二結
3 九條殿口傳二巻
4 天暦御記四巻
5 故殿御記二巻「一」（後筆）
6 荷前記二巻「一」（異筆、下、同じ）
7 御堂御筆所充「被入家之朱銘筥了」
8 叙位一巻
永久五年二月十日

読み下し

一合殿
御堂御記卅六巻目録に在り。
葉子二結
九条殿口伝二巻
天暦御記四巻
故殿御記二巻
荷前記二巻
御堂御筆所充家の朱の銘の筥に入れられ了ぬ。

叙位一巻
　永久五年二月十日

語句説明

1御堂御記　御堂は藤原道長のこと。『御堂御記』は『御堂関白記』のことで、この史料から『御堂関白記』の自筆本が永久五年(一一一七)の時点で三十六巻あったことが判明する。**2葉子**　一枚ずつ綴り合わせた書物、冊子本。本目録前半部分が道長に関するものであることから、道長自筆の和歌集か冊子体の自著の可能性が想定されている。**3九條(条)殿口傳(伝)**　九条右大臣藤原師輔の口伝。この口伝を『九条年中行事』に比定する説がある。**4天暦御記**　村上天皇の日記。**5故殿御記**　故殿は亡父をさす言葉。筆者の藤原忠実の場合は、祖父師実をさして故殿と称することもあるので、師実・師通いずれかの日記とする説と、全体の記載を道長に関するものとみて、道長にとっての故殿である兼家の自筆日記とする説がある。**6荷前記**　毎年諸国から貢上される絹・綿などのうち、その年の初物を諸陵墓や伊勢神宮に奉る荷前の儀礼に関する記録か。二巻とあるのは「公家荷前」と「家荷前」に関する二巻構成によるものか。**7御堂御筆所充**　道長自筆の所充の定文か。**8叙位**　叙位の儀式に関して記したものか。

現代語訳

一合(の箱に納めてある書)殿
　御堂御記は三十六巻目録にある
　葉子は二結
　九条殿口伝は二巻
　天暦御記は四巻
　故殿御記は二巻
　荷前記は二巻
御堂御筆の所充家の朱の銘がある筥に入れられている
叙位は一巻
　永久五年二月十日

解説

この史料は、江戸時代中期に仕立てられた巻子装で、「旧記目録　知足院殿御筆」の墨書外題がある。知足院殿とは、藤原忠実のことで、忠実の自筆とされている。忠実は、幼名は牛丸、父は藤原師通、母は藤原俊家の女全子。祖父師実の養子となった。寛治二年(一〇八八)正五位下に叙位、侍従、右近衛権中将、権中納言を経て、承徳元年(一〇九七)権大納言となる。康和元年(一〇九九)、父関白師通の急死を受けて内覧となり、同二年(一一〇〇)に右大臣、長治二年(一一〇五)関白となった。嘉承二年(一一〇七)鳥羽天皇の践祚で摂政となり、天永三年(一一一二)太政大臣に任じられ、永久元年(一一一三)再び関白となったが、白河上皇の怒りをかい、内覧を停止され関白を辞任せざるを得なくなり宇治に籠居した。鳥羽院政が開始されると政界に復帰し、以後二十数年間、摂関家の実権を掌握し、保延六年(一一四〇)宇治平等院で出家(法名円理)した。その後、子の忠通に不満をもち、弟の頼長を寵愛し、忠通・頼長の争いを機に忠通を義絶し頼長を氏長者とした。しかし、近衛天皇の死去が忠実・頼長の呪詛によるとの風聞により鳥羽法皇の後ろ盾を失い、権力を喪失していく。保元の乱に際して知足院に幽閉され、応保二年(一一六二)六月、八十五歳で死去した。

貴族の日記に記載された内容は、主として公事である宮廷の政務・儀式の記録であって、彼らがのちの参考のために記録したという性格が強いものであった。当時の政務と儀式は分かちがたく結びついており、それに関与する貴族たちの役割分担に基づき、先例に則って一定の作法に従って進められるものとされた。このため先例を重視するという規範意識が形成され、六国史以後、国史の編纂が行なわれなくなったこともあり、日記が宮廷儀式におけるその前例調査に重要な役割を果たすことになった。父祖代々の日記を通じて家ごとの作法を伝える家は「日記の家」と称され、日記は相伝の家宝として伝えられ、子孫によって先例調査のために利用され、他家の者にはみせずに秘蔵する傾向を生んだ。しかし、時代がくだり宮廷儀式の作法が学問的な対象となるにつれて、他家の日記を借用して書写して研究の材料とすることも行なわれるようになり、中世・近世を通じて日記の写本が膨大に作成され、院・天皇の文庫や貴族の家ごとの文庫などで所蔵されるようになっていった。日記には、一日ごとに日次に順次書き続ける日次記のほか、特別の行事を記すために日次記とは別に記された「別記」と呼ばれる形態のものもあった。また本人みずからあるいはその後継者が日記の文章を抄録した目録も作成された(『小記目録』など、参考史料❶)。藤原宗忠が、保安元年(一一二〇)に、寛治元年(一〇八七)からこの年の五月まで三十四年間書き続けた日記『中右記』百六十巻を、みずから侍臣を指揮して事項別に部類したこと(『中右記』保安元年六月十七日条、参考史料❷)がその一例である。この時作成された「私暦記部類」の記事を基礎にして記事を精選し、保安元年以降の日記や他の史料を材料として作成されたとされる『中右記部類』(参考史料❸)は写本が今日伝えられている。また、単独の日記、あるいは複数の日記から特定の事柄に関する記事を抜き出して編集した日記の一種である部類記も編集されたが、多数の日記を抄出類聚した「改元部類記」「朝覲行幸部類記」「御産部類記」などの部類記がこれにあたる。これらは公事に関する多くの事例を集成し儀式を進めるにあたって遺漏ないように備える目的があった。

日記は家の流儀を伝えるものとして家嫡となる者に伝領されたから、譲状に記載された例も少なくない。忠実は、久安元年(一一四五)と同三年(一一四七)に彼の所持する記録典籍類を頼長に譲与し、同六年(一一五〇)の忠通義絶後、その翌年には祖父師実・父師通の日記を忠通から取り返して、頼長に与えている。この目録には道長の『御堂関白記』以下、道長の述作を中心とする記録類で摂関家にとっての重書を記載している。末尾の年紀「永久五年二月十日」について、彼の日記『殿暦』にはこの目録作成の意図を示す記事はみられない。しかし、永久元年には文蔵の新設を行ない(『殿暦』永久元年六月七日条)、摂関家の当主として家の日記の整理を行なったことと関連させて、文蔵の整備の進行の過程で、摂関家相伝の日記類の目録としてこの文書を作成したと考える説もある。

参考史料

❶『小記目録』第一　年中行事一

『小記目録』は、『小右記』の記事を「○○○事」という表記の項目を、部立した構成に部類したものである。本来二十巻で、巻一～七は年中行事、巻八は神事、巻九・十は仏事、巻十一～二十は臨時という構成であったと推定され、十八巻が破損欠脱の少ない状態で現存している。項目の属する年時は、項目のみられない月が、天元元年(九七八)六月・長和五年(一〇一六)七月～寛仁元年(一〇一七)六

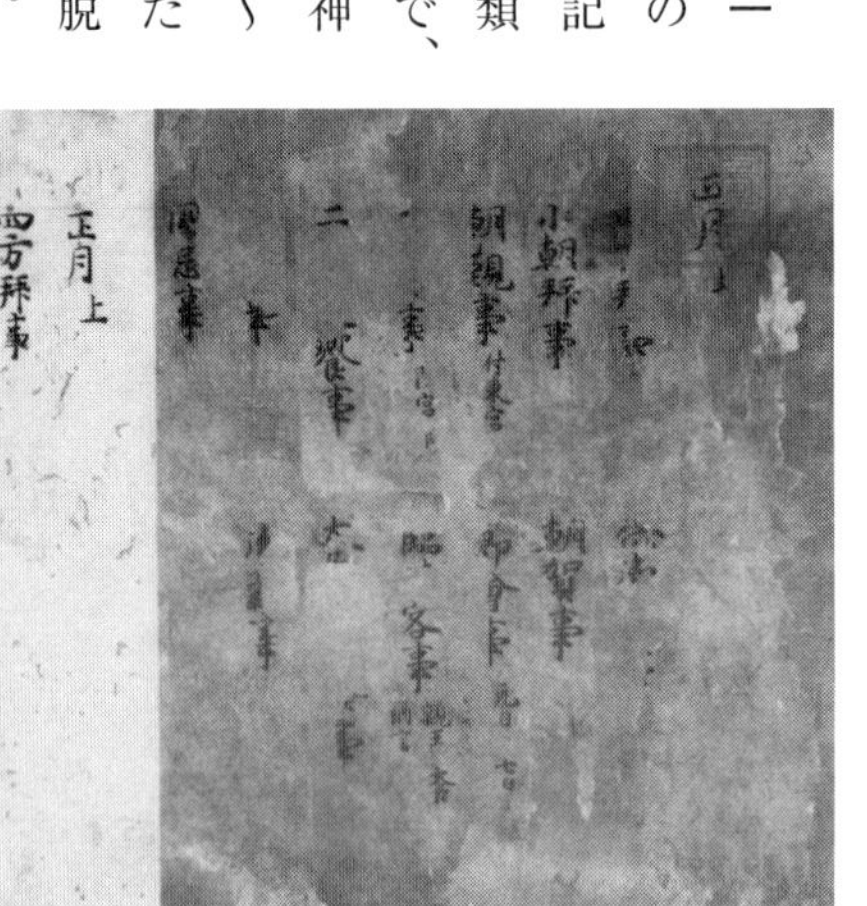

❶『小記目録』(宮内庁書陵部図書寮文庫所蔵)

月・長元元年(一〇二八)正月～同三月・同十月～同十二月・長元三年(一〇三〇)十月～同十二月のあわせて二十二か月にすぎず、天元元年正月から長元五年(一〇三二)十二月までのすべての年にわたっている。

『小右記』の記主藤原実資(さねすけ)の養子資平(すけひら)の子孫(資平の子資房(すけふさ)・資仲(すけなか)、あるいは資仲の子顕実(あきざね)らの中の一人かと想定される)によって書写された現在は伝わらない資平書写本の忠実な写しである写本群(A系統と呼ばれる)の朱書の首書(見出し)の字句と、『小記目録』の「〇〇〇事」の字句がほぼ一致している。このことから、長元六年(一〇三三)以後あまりくだらない時期に、現在は失われた自筆本に忠実な良質の写本に基づいて作成されたと考えられ、『小右記』本文の失われた部分を補う有効な史料となっている。宮内庁書陵部に九条家旧蔵の平安期の写本十四巻が所蔵され、京都御所東山御文庫・内閣文庫などに近世の写本がある。東京大学史料編纂所編『大日本古記録　小右記』九・十に翻刻されており、『小記目録』の現存する全項目を年月日順に配列し直した「編年小記目録」も附載されている。

❷『中右記』保安元年六月十七日条

十七日、(中略)

今日私暦記部類了。従二寛治元年一至二此五月卅日一(冊脱カ)四年間暦記也。合十五帙百六十巻也。従二去々年一至二今日一、分二侍男共一、且令二書写一、且令二切続一、終二其功一也。是只四位少将宗(藤原宗能)、若遂二奉公之志一者、為レ令レ勤二公事一所二抄出一也。為二他人一定表二嗚呼一歟。為二我家一何不レ備二忽忘一哉。仍強尽二老骨一所二部類一也。全不レ可二披露一。凡不レ可二外見一。努力々々。若諸子之中居二朝官一時可レ借二見少将一也。

❸『中右記部類』第十　毎年例事上

『中右記部類』は、保安元年の藤原宗忠による「私暦記部類」の作成からおよそ十年後の大治五年(一一三〇)から天承元年(一一三一)頃の成立と推定されている。現在知られているものは、第五「年中行事五」・第七「年中行事七」・第九「年中行事九」・第十「毎年例事上」・第十六「年中仏事一」・第十七「年中仏事二」・第十八「年中仏事三」・第十九「臨時神事一」・第二十「臨時神事二」・第二十七「臨時神事九」・第二十八「臨時神事十」・第二十九「臨時仏事一」の古写本十二巻と、江戸時代の書写にかかる第一「年中行事一」とあわせて十三巻である。

十二巻はいずれも九条家旧蔵の古写本であり、宮内庁書陵部(第十・十六・十七・十八・二十七・二十九)、天理図書館(第五・九・二十・二十八)、国立歴史民俗博物館(第七・十九)に所蔵されている。このほか九条家旧蔵本から抄出、あるいは派生したと考えられる部類記も京都御所東山御文庫・宮内庁書陵部に収蔵されている。また、東京大学史料編纂所編『大日本古記録　中右記　別巻　九条家本中右記部類』に翻刻されている。

参考文献

湯山賢一「『摂関家旧記目録』について」(『古文書研究』六六、二〇〇八年)。同「『摂関家旧記目録』の筆者は藤原忠実か―摂関家再興の象徴」田島公編『近衛家名宝からたどる宮廷文化史　陽明文庫が伝える千年のみやび』(笠間書院、二〇一六年)。

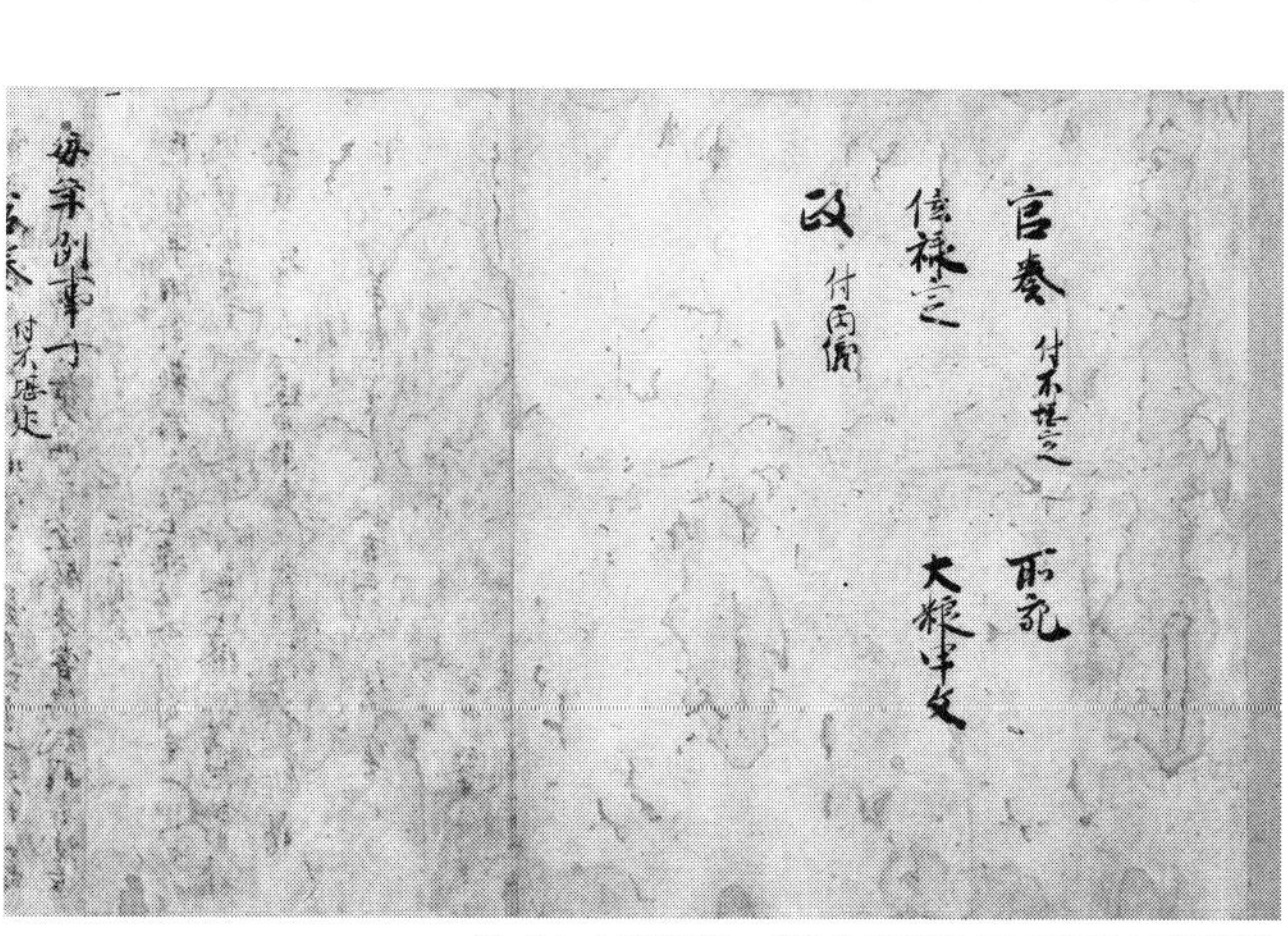

❸『中右記部類』(宮内庁書陵部図書寮文庫所蔵)

『春記』長久元年６月３日条（宮内庁書陵部図書寮文庫所蔵）

7 記録と文書

荘園からの租税徴収は、平安中期の国政で重要な課題であった。この時期の貴族の日記には、荘園整理令の発令をめぐる天皇と関白とのやりとりや、二人の意見の相違が記録されており、政策決定の詳細な過程をうかがうことができる。

釈文

＊上段写真の枠内を翻刻した。

三日、丙戌、天晴、早旦參[1]關白殿、而八卦御物忌也、但外
宿人參入、仍所參候也、小時拜謁、即傳申綸言等、兼
令覧定文、被奏云、（中略）諸國庄園事子細先日奏達
了、當任以往一両代以来新立庄園等、長可随停癈〔廢〕、若
有阿容之心者、課以違勅之罪トヤ可被仰幾、格後庄
園可停止之由、度々有官符宣旨、然而一切無停止、高
家權門責陵國司、或又公文勘了之咎歟、太非常也、
只一両代以後庄園誠全可禁止之由被仰了、（中略）予[2]即参内同持諸國定文等、一々奏此
旨、仰云、（中略）庄園事
指一両代、為後代可在其難、只近代以来庄園長可停
止、若有容隠者、可解却見任、又百姓之中有募立之輩、
國司慥可召進其身之由可宣下歟、（中略）、
　此由又可仰關白也者、又參彼殿、一々申此旨、被
奏云、被仰旨尤道理也、（中略）
　庄園事仰尤宜、以此由可被仰下、

読み下し

三日、丙戌、天晴、早旦、関白殿(藤原頼通)に参る。而るに八卦御物忌なり。但し外宿の人は参入す。仍りて参候する所なり。小時拝謁す。即ち綸言等を伝へ申し、兼ねて定文を覧ぜしむ。奏せられて云く、「(中略)諸国庄園の事、子細先日奏達し了んぬ。当任以往一両代以来新立の庄園等、長く停廃に随ふべし。若し阿容の心有らば、違勅の罪を以て課すとや仰せらるべき。格後の庄園停止すべき由、度々官符宣旨有り。然れども一切停止なし。高家権門は国司を責陵す。或いは又公文勘了の咎か。はなはだ非常なり。ただ一両代以後の庄園は誠に全く禁止すべきの由仰せられ了んぬ。(中略)」てへり。予(藤原資房)即ち参内す。〈同じく諸国の定文等を持つ。〉一々此の旨を奏す。仰せて云く、「(中略)庄園の事、一両代を指すは、後代のために、その難在るべし。ただ近代以来の庄園、長く停止すべし。若し容隠有らば、見任を解却すべし。又百姓の中に募り立つるの輩有らば、国司慥かにその身を召進すべきの由宣下すべきか。(中略)此の由、又関白に仰すべきなり」てへり。又彼の殿に参り、一々此の旨を申す。奏せられて云く、「仰せらるるの旨尤も道理なり。(中略)庄園の事、仰せ尤も宜し。此の由を以て仰せ下さるべし」てへり。

語句説明

1関白殿 ここは藤原頼通をさす。父は、藤原道長、母は、源雅信の女倫子。長保五年(一〇〇三)二月正五位下に叙位。侍従・右近衛少将などを経て、寛弘三年(一〇〇六)三月非参議従三位となる。同四年(一〇〇七)正月春宮権大夫、同六年(一〇〇九)三月には権中納言兼左衛門督となった。長和二年(一〇一三)六月権大納言、寛仁元年(一〇一七)三月内大臣に進み、同月摂政となり、同三年(一〇一九)十二月には関白、治安元年(一〇二一)七月には左大臣となった。康平三年(一〇六〇)七月左大臣を辞し、同四年(一〇六一)十二月太政大臣となったが、翌年九月にはこれも辞した。治暦三年(一〇六七)十二月には関白をも辞し、延久四年(一〇七二)四月(正月とする史料もある)出家し、法名を蓮花覚、後に寂覚と称した。天喜元年(一〇五三)には宇治平等院鳳凰堂を建立し宇治殿と呼ばれた。承保元年(一〇七四)二月二日、八十三歳で死去。後一条・後朱雀・後冷泉と三代の天皇の摂関としての地位にあったが、その女寛子を後冷泉の中宮に立てたものの、皇子が生まれず摂関家衰退の遠因となった。歌人としては、長元八年(一〇三五)五月の『高陽院水閣歌合』を主催したのをはじめ、永承四年(一〇四九)十一月の『永承四年内裏歌合』、同五年(一〇五〇)六月の『祐子内親王家歌合』など当時の代表的な歌合に関与し、歌壇の後援者的な立場にあった。『後拾遺和歌集』以下の勅撰集に入集している。**2予** ここは藤原資房をさす。父は藤原資平、母は藤原知章の女。長和四年(一〇一五)正月従五位下に叙位。右近衛少将・左近衛少将・左近衛権中将・蔵人頭などを経て、長久三年(一〇四二)正月参議、寛徳二年(一〇四五)正月、春宮権大夫となった。天喜五年(一〇五七)正月二十四日、五十一歳で死去。小野宮家の嫡流として、摂関家と対立的であったとされる。

現代語訳

三日、丙戌、天晴、早旦、関白殿に参上した。ところが関白は八卦御物忌であった。ただし外宿の人は参入している。よって私も参候した。しばらくして関白に拝謁した。すなわち綸言などを伝え申し上げ、かねてよりの定文をご覧に入れた。関白は天皇に奏上することを次のように云われた。「(中略)諸国庄園の事は、子細について先日奏達しております。(国司の)当任より以前一、二代以来の新立の庄園については、長く停廃すべきでしょう。もし許してしまう心のある者がいれば、違勅の罪を課すと天皇は仰せられるべきでしょう。格後の庄園を停止すべき由は、たびたび官符や宣旨が出されています。しかし一切停止となったことはありません。高い地位の権門は国司を責めさいなんでいます。あるいはまた公文勘了の時にとがめ立てをしています。はなはだ非常のことです。ただ一、二代以後の庄園は誠にまったく禁止すべきであるとの由を、関白は仰せられた。（中略）」予は即ち参内した。〈同じく諸国の定文等をもつ。〉一々この旨を奏上した。天皇が仰せられるには、「（中略）庄園の事は、一、二代をさすのでは、後代のために問題があるであろう。ただ近代以来の庄園を長く停止すべきである。もし容隠する者がいれば、見任を解却すべきである。また百姓の中にいいつのって妨害する輩がいれば、国司はたしかにその身を召進すべきであるとの由を宣下すべきではなかろうか。（中略）この由を、また関白に仰すべきである」とおっしゃった。また関白の所に参上して、一々この旨を申し上げた。関白は天皇に奏上することを次のように云われた。「仰せられる旨はもっとも道理があります。（中略）庄園の事は、仰せについて、もっとも適切です。この由を天皇は仰せ下すべきでしょう。」

▼解説

『春記』は、春宮権大夫藤原資房の日記。『資房卿記』『野房記』『次戸記』とも称される。書名『春記』は春宮権大夫の官名から、『野房記』は資房の家号小野宮と諱の資房の一字をとって、『次戸記』は資房の文字の一部を取り呼ばれたもの。万寿三年（一〇二六）から天喜二年（一〇五四）までの二十九年間執筆されたが、現存するのはその一部。記主資房の批判的な評価の記載や感慨が多く記され、また他の史料が少ないこの時期の貴重な史料である。平安時代末期の書写本である東寺旧蔵本が宮内庁書陵部・京都国立博物館・大谷大学に分蔵され、鎌倉時代の書写にかかる宮内庁書陵部所蔵九条家本長久元年（一〇四〇）記・国立歴史民俗博物館所蔵田中本長暦二年（一〇三八）記・尊経閣文庫所蔵『花月百首撰歌』紙背の永承三年（一〇四八）記は、東寺旧蔵本におさめられていない年紀を含んでいる。刊本としては『史料大成』がある。

十世紀末頃から中央政府は、諸国から臨時用途の調達を命じる方式で経費の捻出をはかっていたが、国司はこれに対して中央からの調達命令を辞退したり負担軽減を申請することもあった（史料では「申返」と表現される）。天慶九年（九四六）村上天皇の大嘗会の用途を諸国に課した際にすでに問題となっており（『別聚符宣抄』天慶九年八月十三日太政官符）、十一世紀にかけてこの傾向は拡大する。その結果、新たに荘園・公領を問わず一律に用途を賦課する権限を国司が申請する事態が出現してくる。この国司申請は寛弘八年（一〇一一）の三条天皇大嘗会用途調達に際して、悠紀国（近江国）・主基国（丹波国）からなされたものが早い事例である。この時は却下され、長元四年（一〇三一）宮城大垣修造の課役について「神寺領を除く」という条件つきながら、尾張国に初めて許可された。その後、国内の荘園・公領を問わず臨時に加徴を行なう国司の申請は、長久元年に中央政府も全面的に認める政策転換を行なった。一国平均役と呼ばれるものがそれである。国司の一国平均役申請、中央政府の認可の宣旨発給、在地での国内平均賦課という手続きをもとに、「今年新たに宣旨ありと号して、已に先蹤に背き、造内裏雑事幷に防鴨河及び臨時雑役を充て課す所なり」（参考史料❶）など、たびたび宣旨を得たことを根拠として、国司が国内の荘園・公領を問わず臨時に加徴することが行なわれた。新たに賦課されることになった一国平均役を契機に、荘園領主から提起される荘公間の相論が頻発する。

長久元年の一国平均役の成立とともに発令された長久の荘園整理令は、対荘園政策の重大な転換であった。この年五月から六月にかけて後朱雀天皇と藤原頼通との間で協議が行なわれたこの荘園整理令は、史料にみえるように、「当任以往一両代以来」の新立荘園を停止すべきという頼通案と、「庄園の事、一両代を指すは、後代のために、その難在るべし。ただ近代以来の庄園、長く停止すべし」とする後朱雀天皇の案とが対立した。最終的には後朱雀天皇により「庄園の事、国司申請する所、その任以後の庄園停止すべきの由、申すところなり、請(こい)により停止すべし」(参考史料❷)との結論になった。この荘園整理令の整理基準を最初に打ち出してきたのは国司の側であった。この長久の荘園整理令発令の発端となったのは、後朱雀天皇に「庄園事申下可二停止一由上、慥可二停止一之事如何」と関白への諮詢をさせた但馬守の申文(『春記』長久元年五月二日条)であった。この申文を提出したのは、頼通の家司(けいし)もつとめた藤原章信(あきのぶ)であったことから、頼通と章信の間で計画されたとする見解もある。長久の荘園整理令の特徴は、これまで「格前・格後」という基準、すなわち延喜令発令の前後という整理基準を、長久当時の国司の申請にそって任期中までに大幅に引き下げようとした点にある。これは前任者までが認めてきた国(こく)免荘(めんのしょう)を認めることにほかならず、荘園・公領を問わず一国平均に賦課を行なうためには、国免荘を荘園として認定し荘園と公領とを区分し、荘園・公領を問わず造内裏役を賦課しようとしたものであったといえる。

参考史料

❶長久元年十二月二十八日官宣旨案(『平安遺文』五八六号)

左弁官　下美濃国　案文

　応三早免二除東大寺〔領脱カ〕大井・茜部庄充課造内裏料加徴幷防河夫役功一事

右得二彼寺去十月日奏状一偁、謹検二案内一、件庄依二本願聖皇勅一施二入寺家一之後、課役田租共免除、其季尚矣。而今季新号レ有二宣旨一、已背二先縦〔蹤カ〕一、所レ充二課造内裏雑事幷防鴨河及臨時雑役一也。因レ之恒例寺務堂舎修理、先方無レ勤、殆可二擁滞一。望請　天裁、任二先例一被レ免二除件等之責一、偏致二寺務之営一者。権中納言源朝臣道方宣、奉　勅、宜下仰二彼国一、令上レ免二除造内裏料加徴雑〔事脱〕幷防河夫役一者。国宜二承知、依レ宣行一レ之。

　長久元年十二月廿八日　　少吏〔史〕三善朝臣在判

中弁源朝臣〔経長〕

❷『春記』長久元年六月八日条

❷『春記』(宮内庁書陵部図書寮文庫所蔵)

八日、辛卯、天晴、(中略)

　庄園事國司所二申請一、其任以後庄園可二停止一之由所レ申也。依レ請可二停止一、但國司猶有下阿容不レ申二事由一幷不レ加二制止一之輩上、可レ解二却見任一、又百姓等中有二募立之輩一、國司慥長可レ追二却其國境一之由等、同可二仰下一也、件事等、予〔藤原資房〕先レ是為二御使一参二關白殿〔藤原頼通〕一申定也、者、

◆掲載史料一覧

節名	掲載頁 ＊写真掲載	史料名	原本画像・影印本・参照刊本など
Ⅰ　文書の作成と機能			
1 史書	＊2～3	『続日本紀』巻十五、天平十五年(七四三)十月辛巳(十五日)条(名古屋市蓬左文庫所蔵)	〔影印本〕『続日本紀　蓬左文庫本』二　巻十一～十九、八木書店、一九九一年 〔参照刊本〕『新日本古典文学大系』13・続日本紀二、岩波書店、一九九〇年
	7～8	『類聚三代格』巻三、天平十三年(七四一)二月十四日勅	〔影印本〕『天理図書館善本叢書和書之部』13・古代史籍続集、天理図書館善本叢書和書之部編集委員会編、八木書店、一九七五年(巻三、東寺観智院本) 〔参照刊本〕『新訂増補国史大系』第二十五巻、類聚三代格・弘仁格抄、黒板勝美・國史大系編集會編、吉川弘文館、一九六五年
	8	『続日本紀』巻十四、天平十三年(七四一)三月乙巳(二十四日)条	〔影印本〕『続日本紀　蓬左文庫本』二　巻十一～十九 〔参照刊本〕『新日本古典文学大系』13・続日本紀二
2 法令と史書	＊9	(天平宝字二年〈七五八〉八月一日)孝謙天皇宣命写(続修正倉院古文書第一巻②　正倉院宝物)	〔原本画像〕宮内庁正倉院事務所「正倉院宝物検索」 〔影印本〕『正倉院古文書影印集成』五・続修　巻一～二五、八木書店、一九九一年 〔参照刊本〕『大日本古文書』巻之四、東京帝国大学文科大学史料編纂掛編、東京帝国大学、一九〇三年、東京大学出版会再版、一九六八年、二八五頁
	12～13	『続日本紀』巻二十一、天平宝字二年(七五八)八月庚子朔(一日)条　淳仁天皇即位宣命	〔参照刊本〕『新日本古典文学大系』14・続日本紀三、一九九二年
	＊13～14	(天平勝宝九歳〈七五七〉)三月二十五日宣命写(正倉院古文書正集第四十四巻①　正倉院宝物)	〔原本画像〕宮内庁正倉院事務所「正倉院宝物検索」 〔影印本〕『正倉院古文書影印集成』二・正集　巻二一～四五、一九九〇年 〔参照刊本〕『大日本古文書』巻之四、二二五～二二六頁
3 伝記と史実	＊15～17	『東大寺要録』巻一・本願章一　仁政皇后菩薩伝(醍醐寺所蔵)	〔影印本〕『東大寺叢書』1　東大寺要録一　東大寺史研究所編、東大寺(法蔵館版行)、二〇一八年

テーマ	番号	史料	出典
	28	『続日本紀』巻二十二、天平宝字四年(七六〇)六月乙丑(七日)条	〔影印本〕『続日本紀　蓬左文庫本』三　巻二十～二十七、一九九二年 〔参照刊本〕『新日本古典文学大系』14・続日本紀三
4 文書の作成	＊29～31	天平二十年(七四八)八月二十九日写一切経所解・天平二十年(七四八)九月七日造東大寺司解(草案)(続々修正倉院古文書第十六帙第一巻①裏　正倉院宝物)	〔原本画像〕宮内庁正倉院事務所「正倉院宝物検索」 〔参照刊本〕『大日本古文書』巻之十(追加四)、一九一五年、再版、一九六九年、三七四～三七七頁
	＊37～39	天平二十年(七四八)九月七日造東大寺司解案(写)(続々修正倉院古文書第十六帙第一巻①表　正倉院宝物)	〔原本画像〕宮内庁正倉院事務所「正倉院宝物検索」 〔参照刊本〕『大日本古文書』巻之十(追加四)、三七七～三七九頁
	38～39	(年月日欠)間写経疏未請注文(続修正倉院古文書第八巻⑪裏　正倉院宝物)	〔原本画像〕宮内庁正倉院事務所「正倉院宝物検索」 〔影印本〕『正倉院古文書影印集成』七・続修　裏　巻一～二五、一九九二年 〔参照刊本〕『大日本古文書』巻之八(追加二)、一九一二年、再版、一九六八年、五八一～五八二頁
5 文書の機能1 物と共に移動する	＊40	天平勝宝五年(七五三)三月二十七日造東大寺司牒(案)(続修正倉院古文書別集第六巻⑥　正倉院宝物)	〔原本画像〕宮内庁正倉院事務所「正倉院宝物検索」 〔影印本〕『正倉院古文書影印集成』十二・続修別集　巻一～二二、一九九九年 〔参照刊本〕『大日本古文書』巻之三、一九〇二年、再版、一九六八年、六二一～六二二頁(大橋本による翻刻)
	43	天平勝宝五年三月二十七日造東寺司牒(案)(続修正倉院古文書別集第六巻⑤　正倉院宝物)	〔原本画像〕宮内庁正倉院事務所「正倉院宝物検索」 〔影印本〕『正倉院古文書影印集成』十二・続修別集　巻一～二二 〔参照刊本〕『大日本古文書』巻之三、六二二～六二三頁(大橋本による翻刻)
6 文書の機能2 物と人の動きを記録する	＊44	宝亀四年(七七三)七月十一日巧清成月借銭解、右継目裏書『養』・「養」(裏面左端)、左継目裏書『養』・「養」(裏面右端)(続修正倉院古文書後集第二十巻⑨　正倉院宝物)	〔原本画像〕宮内庁正倉院事務所「正倉院宝物検索」 〔影印本〕『正倉院古文書影印集成』九・続修後集　巻一～二二、一九九五年。『正倉院古文書影印集成』十一・続修後集　裏　巻一～四三、一九九七年 〔参照刊本〕『大日本古文書』巻之六、一九〇四年、再版、一九六八年、五三六～五三七頁

	頁	史料	典拠
	49～50	天平勝宝二年（七五〇）七月十九日写書所解案（続修正倉院古文書別集第二十二巻(3)　正倉院宝物）	〔原本画像〕宮内庁正倉院事務所「正倉院宝物検索」 〔影印本〕『正倉院古文書影印集成』十二・続修別集　巻一～二二 〔参照刊本〕『大日本古文書』巻之十一、一九一七年、再版、一九六九年、三七七～三八五頁
Ⅱ　制度と政務			
1 詔と勅	＊54	『続日本紀』天平勝宝元年（七四九）二月壬戌（二十七日）条（蓬左文庫本　巻十七、名古屋市蓬左文庫所蔵）	〔影印本〕『続日本紀　蓬左文庫本』二、巻十一～十九 〔参照刊本〕『新日本古典文学大系』14・続日本紀三
	＊54～55	『日本後紀』弘仁二年（八一一）二月己卯（十四日）条（三条西家本巻二十一、天理大学附属天理図書館所蔵）	〔影印本〕『天理図書館善本叢書』和書之部28・日本後紀、一九七八年 〔参照刊本〕『新訂増補国史大系』日本後紀（普及版）、吉川弘文館、一九七八年
	57～58	『公式令』（2勅旨式・16勅授位記式）	〔参照刊本〕『日本思想大系』3・律令、岩波書店、一九七六年
2 官符と格	＊59～60	『類聚三代格』延喜二年（九〇二）四月十一日太政官符（前田家本　巻十二下、前田育徳会尊経閣文庫所蔵）	〔影印本〕『尊経閣善本影印集成』39・類聚三代格三、八木書店、二〇〇六年 〔参照刊本〕『新訂増補国史大系』類聚三代格後篇・弘仁格抄（普及版）、一九七七年
	63	宝亀四年（七七三）二月二十五日太政官符写（九条家本『延喜式』巻三十六紙背文書、東京国立博物館所蔵）	〔原本画像〕東京国立博物館画像検索 〔影印本〕東京国立博物館古典籍叢刊編集委員会編『九条家本延喜式』四（東京国立博物館古典籍叢刊4）、思文閣出版、二〇一五年 〔参照刊本〕『大日本古文書』二十一（覆刻）、東京大学出版会、一九七七年
3 解	＊64	天平宝字五年（七六一）十二月二十三日甲斐国司解（正倉院文書正集第十八巻　正倉院宝物）	〔原本画像〕宮内庁正倉院事務所「正倉院宝物検索」 〔影印本〕『正倉院古文書影印集成』一・正集　巻一～二一、一九八八年 〔参照刊本〕『大日本古文書』四（覆刻）、一九二八年
	66～67	天平宝字六年（七六二）三月十日羽栗大山等解（続修正倉院古文書別集第三十四巻　正倉院宝物）	〔参照刊本〕『大日本古文書』十五（覆刻）、一九八二年

項目	頁	史料	参考
4 式	＊68	『延喜式』雑式 国司牒条・検調物使牒条(三条西家本・巻五十、国立歴史民俗博物館所蔵)	〔影印〕吉岡眞之「三条西家旧蔵『延喜式』巻第五十の書誌と影印・翻刻」(同『九条家本延喜式の総合的研究』国立歴史民俗博物館、二〇〇五年) 〔参照刊本〕『新訂増補国史大系』延喜式後篇(普及版)、一九七九年
	70〜71	『弘仁式』主税 国飼秣・馬皮直・諸国御馬入京秣条	〔参照刊本〕『新訂増補国史大系』交替式・弘仁式・延喜式前篇(普及版)、一九七九年
5 政務と儀式	＊72〜73	『西宮記』(原撰本)信濃諸牧駒牽(『政事要略』巻二十三所引、国立国会図書館所蔵小杉本)	〔原本画像〕国立国会図書館デジタルコレクション 〔参照刊本〕『新訂増補国史大系』政事要略前篇(普及版)、一九八一年
	76〜77	『儀式』巻七・正月七日儀	〔参照刊本〕『改訂増補故実叢書』三一 内裏儀式・内裏儀式疑義解・内裏式・儀式・北山抄、明治図書出版、一九五二年
6 儀式と書面	＊78〜79	『西宮記』四月郡司読奏(前田家巻子本・巻三、前田育徳会尊経閣文庫所蔵)	〔影印本〕『尊経閣善本影印集成』1・西宮記一 巻一〜巻三、一九九三年 〔参照刊本〕『神道大系』朝儀祭祀編二 西宮記、神道大系編纂会、一九九三年
	82	『小右記』長徳二年(九九六)十月十三日条	〔参照刊本〕『大日本古記録』小右記二、東京大学史料編纂所編、岩波書店、一九六一年
7 地方支配のための政務	＊83	『北山抄』吏途指南・古今定功過例(三条家本・巻十、京都国立博物館所蔵)	〔原本画像〕京都国立博物館館蔵品データベース 〔影印本〕『日本名跡叢刊』平安 藤原公任 稿本北山抄、二玄社、一九八三年 〔参照刊本〕『神道大系』朝儀祭祀編三 北山抄、一九九二年
	86〜87	『尾張国郡司百姓等解』(第六条)	〔参照刊本〕『日本思想大系』8・古代政治社会思想、一九七九年

Ⅲ 儀式書と故実

項目	頁	史料	参考
1 儀式書の始まり	＊90〜91	『内裏式』序(前田育徳会尊経閣文庫所蔵、三条西家旧蔵カ)	〔影印本〕『尊経閣善本影印集成』46・内裏式、二〇一〇年 〔参照刊本〕西本昌弘「尊経閣本『内裏式』解説」(『尊経閣善本影印集成』46・内裏式、所収)。同「『内裏式』の古写本について」『書陵部紀要』四四号、一九九三年
	94	現在伝えられている『内裏式』の構成(『内裏式』の目録)	

番号	項目	頁	資料	参照
2	蔵人の職掌	＊95〜96	『侍中群要』巻一所引、橘廣相撰「寛平二年蔵人式　序」(金沢文庫旧蔵、名古屋市蓬左文庫所蔵)	〔参照刊本〕『侍中群要』目崎徳衛校訂解説、吉川弘文館、一九八五年。『續神道大系』侍中群要、神道大系編纂会、一九九八年
		98	『侍中群要』(三冊本)寛政九年(一七九七)竹屋光棣書写奥書本(早稲田大学図書館所蔵)	〔原本画像〕早稲田大学図書館「古典籍総合データベース」
3	平安時代の儀式書の変遷	＊99〜100	一条兼良撰『江次第鈔』発題(前田育徳会尊経閣文庫所蔵)	〔影印本〕『尊経閣善本影印集成』12・江次第三　冊子本二、橋本義彦「解説」、一九九七年 〔参照刊本〕『続々群書類従』第六　法制部、続群書類従完成会、一九六九年(原版、一九〇六年)
4	口伝・故実の成立と相承の系譜	＊105〜107	「大嘗会叙位除目等雑注文　諸公事口伝故実相承事」(宮内庁書陵部図書寮文庫所蔵、九条家旧蔵〈函号九—236〉)	〔原本画像〕東京大学史料編纂所「Hi-CAT Plus」 〔参照刊本〕田島公「「公卿学系譜」の研究—平安・鎌倉期の公家社会における朝儀作法・秘事口伝・故実の成立と相承—」同編『禁裏・公家文庫研究』第三輯、思文閣出版、二〇〇九年
		112〜113	「大嘗会叙位除目等雑注文　諸公事口伝故実相承事」(第二紙、第三紙)	
5	「花園説」の成立と相承の系譜	＊116〜119	『春玉秘抄』奥書(国立歴史民俗博物館所蔵田中穣氏旧蔵典籍古文書)	〔参照刊本〕田島公「尊経閣文庫所蔵『春玉秘抄』解説」『尊経閣善本影印集成』49・無題号記録　春玉秘抄、二〇一一年
		125〜126	『台記』久安三年(一一四七)正月三十日条・二月三日条・二月十三日条	〔参照刊本〕田島公「尊経閣文庫所蔵『春玉秘抄』解説」『尊経閣善本影印集成』49・無題号記録　春玉秘抄
Ⅳ	記録と貴族社会			
1	記録と仮名物語	＊128〜129	『済時記』天禄三年(九七二)十月二十一日条〜十一月二十七日条(宮内庁書陵部図書寮文庫所蔵、九条家本)	〔原本画像〕東京大学史料編纂所「Hi-CAT Plus」 〔参照刊本〕飯倉晴武「【資料紹介】済時記」『書陵部紀要』二十三、一九七一年

章	頁	史料	備考
	132	『大鏡』五　兼通（流布本系）	〔参照刊本〕『大日本史料』第一編之十四、東京大学史料編纂所編、東京大学刊、一九六五年、天禄三年十一月二十七日条
	132～133	『親信記』天禄三年（九七二）十一月二十六日条	〔影印本〕『陽明叢書』記録文書篇　第六輯　平記・大府記・永昌記・愚昧記、思文閣出版、一九八八年 〔参照刊本〕『大日本古記録』平記上、二〇二二年
2 自筆本の世界	＊134	『御堂関白記』長和元年（一〇一二）四月十三日条～十五日条（陽明文庫所蔵）	〔影印本〕『陽明叢書』記録文書篇　第一輯　御堂関白記二、一九八三年 〔参照刊本〕『大日本古記録』御堂関白記　中、一九七七年（初版、一九五三年）
	＊137	『御堂関白記』長和元年（一〇一二）上巻巻末（陽明文庫所蔵）	〔影印本〕『陽明叢書』記録文書篇　第一輯　御堂関白記二 〔参照刊本〕『大日本古記録』御堂関白記　中
	＊138	『顕広王記』仁安二年（一一六七）三月十五日条～十七日条（国立歴史民俗博物館所蔵田中穣氏旧蔵典籍古文書）	
3 記録と申文	＊139	『権記』長保二年（一〇〇〇）正月二十二日条（宮内庁書陵部図書寮文庫所蔵、伏見宮本、書陵部書名「行成卿記」巻七）	〔原本画像〕東京大学史料編纂所「Hi-CAT Plus」 〔参照刊本〕『史料纂集』権記一、八木書店、一九七八年
	142～143	『本朝文粋』巻六　天延二年（九七四）十二月十七日　藤原倫寧申文	〔参照刊本〕『新日本古典文学大系』27・本朝文粋、一九九二年
	143	『侍中群要』巻九　受領罷申事	〔参照刊本〕『侍中群要』、吉川弘文館、一九八五年
	143	『北山抄』巻十　吏途指南	〔参照刊本〕『神道大系』朝儀祭祀編三　北山抄
4 受領の世界と中央貴族	＊144～145	『小右記』寛仁二年（一〇一八）六月二十日条（前田育徳会尊経閣文庫所蔵）	〔影印本〕『尊経閣善本影印集成』61・小右記六、二〇一八年 〔参照刊本〕『大日本古記録』小右記五、一九八七年（初版、一九六九年）
5 記録と「まつりごと」	＊148～149	寛弘二年（一〇〇五）四月十四日「陣定定文案」（個人蔵）	
	153	『西宮記』臨時一（甲）陣定事	〔参照刊本〕『神道大系』朝儀祭祀編二　西宮記

	153	『参議要抄』下　陣役事　定文事	〔参照刊本〕『群書類従』第七輯　公事部、続群書類従完成会、一九八三年
6 日記の伝領と部類	＊154	『摂関家旧記目録』(陽明文庫所蔵)	
	＊156	『小記目録』第一　年中行事一・正月上(宮内庁書陵部図書寮文庫所蔵、九条家本)	〔原本画像〕東京大学史料編纂所「Hi-CAT Plus」 〔参照刊本〕『大日本古記録』小右記九・小記目録上、一九八七年
	157	『中右記』保安元年(一一二〇)六月十七日条	〔参照刊本〕『増補史料大成』中右記五、臨川書店、一九七五年。『大日本史料』第三編之二十五、一九九九年、保安元年雑載、学芸条
	＊157	『中右記部類』第十　毎年例事上(宮内庁書陵部図書寮文庫所蔵、九条家本)	〔原本画像〕宮内庁「書陵部所蔵資料目録・画像公開システム」 〔参照刊本〕『大日本古記録』中右記　別巻(九条家本中右記部類)、二〇一一年
7 記録と文書	＊158	『春記』長久元年(一〇四〇)六月三日条(宮内庁書陵部図書寮文庫所蔵、東寺本、巻五)	〔原本画像〕宮内庁「書陵部所蔵資料目録・画像公開システム」 〔参照刊本〕『増補史料大成』春記　春記脱漏及補遺、臨川書店、一九七五年
	161	長久元年(一〇四〇)十二月二十八日官宣旨案	〔参照刊本〕『平安遺文』古文書編第二巻、五八六号、東京堂出版、新訂初版、一九八四年
	＊161	『春記』長久元年(一〇四〇)六月八日条(宮内庁書陵部図書寮文庫所蔵、東寺本、巻五)	〔原本画像〕宮内庁「書陵部所蔵資料目録・画像公開システム」 〔参照刊本〕『増補史料大成』春記　春記脱漏及補遺

注：1　書籍の書誌情報については、再掲の場合、編者、出版社、出版年などを省略した。刊行年は、初版または各章執筆者の使用した版を示した。また、書誌は慣用の表記に従う場合もある。

2　書誌情報に掲げた〔原本画像〕については、一六九頁「古代史料の原本画像が閲覧できるウェブサイト」を参照。

◆古代史料の原本画像が閲覧できるウェブサイト(50音順)

九州国立博物館「収蔵品データベース」 https://collection.kyuhaku.jp/advanced/
　九州国立博物館が所蔵する書跡などのデジタル画像
京都国立博物館館蔵品データベース https://syuweb.kyohaku.go.jp/ibmuseum_public/
　京都国立博物館が所蔵する書跡などのデジタル画像
京都大学貴重資料デジタルアーカイブ https://rmda.kulib.kyoto-u.ac.jp/
　京都大学が所蔵する貴重古典籍資料のデジタル画像
京都府立京都学・歴彩館所蔵「東寺百合文書 WEB」 https://hyakugo.pref.kyoto.lg.jp/
　東寺百合文書(原本)のデジタル画像
宮内庁正倉院事務所「正倉院宝物検索」 https://shosoin.kunaicho.go.jp/search/
　正倉院文書・東南院文書(原本)のデジタル画像
宮内庁「書陵部所蔵資料目録・画像公開システム」 https://shoryobu.kunaicho.go.jp/
　宮内庁書陵部(図書寮文庫)所蔵の典籍・記録などのデジタル画像
皇居三の丸尚蔵館「収蔵品」 https://shozokan.nich.go.jp/collection/
　皇室に代々受け継がれてきた書跡などのデジタル画像
国文学研究資料館「国書データベース」 https://kokusho.nijl.ac.jp/?ln=ja
　国文学研究資料館が収集した国内外に所在する古典籍のデジタル画像
国立公文書館デジタルアーカイブ https://www.digital.archives.go.jp/
　国立公文書館所蔵の歴史資料として重要な公文書など(内閣文庫本を含む)のデジタル画像
国立国会図書館デジタルコレクション https://dl.ndl.go.jp/
　国立国会図書館が収集した図書(古典籍)のデジタル画像
国立文化財機構「e 国寳」 https://emuseum.nich.go.jp/top?langId=ja&webView=
　国立文化財機構を構成する組織のうち、東京・京都・奈良・九州の4国立博物館と奈良文化財研究所が所蔵する国宝・重要文化財のデジタル画像
阪本龍門文庫善本電子画像集 https://www.nara-wu.ac.jp/aic/gdb/mahoroba/y05/shahon-r.html
　公益財団法人阪本龍門文庫所蔵古写本のデジタル画像
東京国立博物館画像検索 https://webarchives.tnm.jp/imgsearch/index
　東京国立博物館が所蔵する書跡などのデジタル画像
東京大学史料編纂所「Hi-CAT Plus」 https://wwwap.hi.u-tokyo.ac.jp/ships/w81/search
　東京大学史料編纂所が撮影・収集した史料のデジタル画像
奈良国立博物館「収蔵品データベース」 https://www.narahaku.go.jp/collection/
　奈良国立博物館が所蔵する書跡などのデジタル画像
奈良文化財研究所「木簡庫」 https://mokkanko.nabunken.go.jp/ja/
　木簡のデジタル画像
早稲田大学図書館「古典籍総合データベース」
　https://www.wul.waseda.ac.jp/kotenseki/
　早稲田大学図書館が所蔵する古典籍のデジタル画像

＊サイトはおもなものに限定した(サイト名・URL は 2024 年 6 月現在)。

2　歴史用語等

◆索引

各節の冒頭史料・参考史料の釈文掲載頁は、ゴチック体で示した。「掲載史料一覧」(162〜168頁)も参照。

1　史料

●あ行

●か行

●さ行

●た行

●な行

●は行

●ま〜わ行

執筆者紹介（五十音順）

石上　英一　いしがみ　えいいち
1946年に生まれる。1974年，東京大学大学院人文科学研究科博士課程中退
現在　東京大学名誉教授，博士（文学）
主要著書　『日本古代史料学』（東京大学出版会，1997年），『古代荘園史料の基礎的研究』上・下（塙書房，1997年）

加藤　友康　かとう　ともやす
1948年に生まれる。1978年，東京大学大学院人文科学研究科博士課程中退
現在　東京大学名誉教授
主要著書・論文　『『小右記』と王朝時代』（共編著，吉川弘文館，2023年），「平安貴族による日記利用の諸形態」（倉本一宏編『日記・古記録の世界』思文閣出版，2015年）

田島　公　たじま　いさお
1958年に生まれる。1986年，京都大学大学院文学研究科博士後期課程中退
現在　東京大学名誉教授，京都府立京都学・歴彩館京都学特任研究員，京都大学博士（文学）
主要著書　『蔵書目録からみた天皇家文庫史―天皇家ゆかりの文庫・宝蔵の目録学的研究―』（塙書房，2024年），編著『禁裏・公家文庫研究』第1～8輯（思文閣出版，2003・06・09・12・15・17・20・22年）

山口　英男　やまぐち　ひでお
1958年に生まれる。1985年，東京大学大学院人文科学研究科博士課程中退
現在　東京大学名誉教授，博士（文学）
主要著書・論文　『日本古代の地域社会と行政機構』（吉川弘文館，2019年），「正倉院文書と古代史料学」（『岩波講座日本歴史』第22巻，岩波書店，2016年）

読み解き古代史料（よみとき こだいしりょう）

2024年7月20日　第1版1刷印刷　　2024年7月30日　第1版1刷発行
著　者　石上英一・加藤友康・田島 公・山口英男
発行者　野澤武史
発行所　株式会社 山川出版社　東京都千代田区内神田1-13-13　〒101-0047
TEL 03(3293)8131(営業)　03(3293)8135(編集)
https://www.yamakawa.co.jp/
装　幀　黒岩二三［fomalhaut］
印刷所　株式会社シナノパブリッシングプレス　製本所　株式会社ブロケード

ISBN978-4-634-59048-9
• 造本には十分注意しておりますが，万一，落丁・乱丁などがございましたら，
小社営業部宛にお送りください。送料小社負担にてお取り替えいたします。
• 定価はカバーに表示してあります。